연결주의와
제2언어 습득

Connectionism and Second Language Acquisition

Connectionism and Second Language Acquisition

연결주의와 제2언어 습득

Yasuhiro Shirai 지음 ㅣ 정병철 옮김

글로벌콘텐츠

시리즈 편집자 서문

'인지과학과 제2언어 습득 시리즈(Cognitive Science and Second Language Acquisition Series, 이하 CS&SLA 시리즈)'는 인지과학 (cognitive science)의 기본적인 개념 및 발견과 제2언어 습득(second language acquisition, 이하 SLA)의 관계를 전반적으로 쉽고 체계적으로 이해할 수 있도록 기획되었다. 이 시리즈의 책들을 통합해서 보면 두 분야가 개념적, 방법론적으로 교차되는 부분을 종합적으로 이해할 수 있게 된다. 이것은 시리즈에 속하는 책을 하나만 읽어도 되지만 묶어서 읽으면 더 좋다는 것을 의미한다.

SLA 분야는 언어학, 응용언어학, 인지심리학, 교육과 관련되기도 하고 구분되기도 한다. 지금까지 출판된 많은 시리즈들이 SLA와 교육적 관심사, SLA와 언어학, SLA와 응용언어학 등을 관련시켜 다루고 있지만, 아직 SLA와 인지과학의 관련성을 다룬 시리즈는 존재하지 않는다. 최근 몇 년 간 인지과학의 발견과 이론적 체계가 SLA 연구에 주는 영향은 점점 더 커져 왔다. 그 결과 미래의 SLA 연구 및 교육적 활용에 대한 연구는 인지과학 및 하위 학문의 관심사에 점차 더 영향을 받을 것으로 예상된다. CS&SLA 시리즈는 이러한 학문간의 이해를 증진시키려는 의도로 기획되었고 다음 4개의 영역으로 나누어져 있다. (1) 지식 표상(Knowledge Representation), (2) 인지 처리(Cognitive Processing), (3) 언어 발달

(Language Development), (4) 개인차(Individual Differences).

1980년대에 PDP 그룹의 작업과 함께 출발하여 현재에 이르기까지, 단어 음성 인식, 단어 범주화, 통사 배열 제약 습득 등의 과정에 대한 연결주의 모델링 작업은 제1언어와 제2언어의 습득 및 사용에 함축된 인지적 기능에 대해 많은 정보를 제공하고 있다. CS&SLA 시리즈에서 내놓은 Yasuhiro Shirai의 책은 독자들이 인지에 대한 연결주의 접근의 발달 과정을 이해하도록 돕고, 고전적인 이슈와 발견들을 설명하고, 이론적인 가정들과 연결주의 모델링에 수반되는 실행 절차들에 대해서 자세히 묘사하고, 이러한 이슈들을 SLA와 언어 교육에 관련짓는다. SLA에 관심을 가진 모든 학생, 연구자, 교사들은 연결주의의 전통 안에서 이루어진 다양한 연구에 대한 통찰력 있는 검토를 담아 명쾌하게 구성한 이 책으로부터 많은 것을 배울 수 있을 것이다. 이 책의 합류는 CS&SLA 시리즈에 매우 귀중한 가치를 보태줄 것이다.

Peter Robinson
시리즈 편집자

감사의 글
ACKNOWLEDGEMENTS

이 책의 집필에는 꽤 오랜 시간이 걸렸다. 이 책의 시작은 Pinker와 Prince(1988)이 출판되었고 UCLA의 대학원생이었던 필자가 Steven Pinker의 초청강연에 참석했던 1988년 겨울로 거슬러 올라간다. 규칙 vs 불규칙 형태를 다룬 그 강연은 해진 후 어두운 세미나실에서 20여명의 인원이 모인 가운데 열렸다. 당시 거주한 대학원생 기숙사 Mira Hershey Hall에서 저녁 식사를 마친 후 강연이 열리는 장소로 걸어가던 것이 기억난다. 이 강연이 너무나 흥미로웠기 때문에, Roger Andersen 교수의 '중간언어(Interlanguage Analysis)'라는 수업(English 241K)에 제출할 기말 과제에 그 내용을 장황하게 끼워넣었다. 과제에는 그 강연의 내용이 너무 잔뜩 인용되었기 때문에, Roger 교수는 내가 그 강연을 녹음했을 거라 생각하고 복사본을 하나 만들어 달라고 할 정도였다. 하지만 사실 녹음을 한 것은 아니었고 단지 강연이 진행되는 동안 필기를 한 것이 전부였다. 하여간 그 이후로 나는 연결주의-기호주의 모델 논쟁과 관련된 이슈에 많은 관심을 가지게 되었다.

집필 계획을 작성한 해가 2000년이었던 걸 보면 이 책이 완성되기까지 정말 오랜 시간이 소요된 것 같다. 집필 계획을 실행에 옮긴 긴 세월 동안 근무하던 대학들(Cornell 1997-2006, Pittsburgh 2006-2014, Case

Western Reserve 2015-현재)을 떠나 여러 연구기관들을 방문하며 연구할 수 있었던 유익한 기회들이 주어졌는데, 이 덕분에 연결주의와 SLA에 관련된 주제에 대해 작업하는 것이 가능했다. 이 기간 동안 방문했던 기관들로는 뉴사우스웨일즈 대학교(1999), 오차노미즈 대학교와 도호쿠 대학교(1999-2000), 펜실베니아 주립대학교(응용언어학 Summer Institute, 2005, 2009), 도쿄 대학교(2007), 나고야 대학교(2009), 가쿠슈인 여자대학교(2010-여름, 2011), 오사카 부립대학교(2012 여름), 막스 플랑크(Max Planck) 심리언어학 연구소(2012-여름), 소피아(Sophia) 대학교(2012-2013), 하와이 대학교(2013), 소르본 누벨(Sorbonne Nouvelle) 파리 제3대학교(2017-2018) 등이 있다. 이들 기관에 머무는 동안 나는 집필을 하거나 관련된 수업을 듣거나 강의를 하며 지냈다. 너그러운 마음으로 나를 초청해 주었던 Chihiro Kinoshita Thomson, Yoshinori Sasaki, Kaoru Horie, Jim Lantolf, Yuki Hirose, Masatoshi Sugiura, Tadayoshi Kaya, Linsheng Zhang, Robert Van Valin, Ken Yoshida, Kamil Deen, William O'Grady, Aliyah Morgenstern에게 감사드린다. 홍콩중문대학(2003-2005)에 방문 교수로 있었던 2년과 NINJAL(National Institute of Japanese Language and Linguistics, 2012-2018)에서 제공한 초빙 학자의 직위 덕분에 많은 것을 얻었다. 두말할 나위 없지만, 나에게 연구년을 비롯하여 타기관 방문을 허가하고 지원해 준 세 곳의 근무 대학에도 감사드린다.

Pittsburgh 대학교에 개설했던 Rules, Associative Memory, and Language Learning Aptitude(2006-가을), Alternative Syntactic Theories(2008-가을), Cognition and Second Language Acquisition

(2013 가을), 나고야 대학교에 개설했던 대학원 세미나(2009-가을), 소피아 대학교에 개설했던 Functional Approaches to Second Language Acquisition(2012-가을), Psycholinguistic Approaches to Second Language Acquisition(2013-가을)에 참석했던 학생들에게도 감사를 표한다. 자료에 대한 학생들의 논평과 토론을 통해 많은 것을 배울 수 있었다. 이 책의 실제 집필은 대부분 2015년과 2016년 여름, 그리고 안식년이었던 2017년-2018년에 이루어졌다. 정착 지원금과 Eirik Borve Professorhip의 연구비 등으로 재정적인 지원을 아끼지 않았던 케이스웨스턴리저브(Case Western Reserve) 대학교 측에도 감사를 표한다. 2016년-2017년에 케이스웨스턴리저브 대학에 방문학자(visiting scholar)로 있으면서 참고문헌 정리 작업에 도움을 준 Xiaoyan Zeng에게도 감사드린다.

이 책을 내가 박사학위를 수여받은 UCLA의 응용언어학 프로그램(Applied Linguistics Program)에 헌정하고자 한다. 그곳에서 대학원생으로 지냈던 4년은 인생이 뒤바뀌는 경험을 안겨주었다. 응용언어학과 제2언어 습득 분야 최고의 학자들과 동문 학생들이 함께 하는, 대부분 작은 규모로 열리는 수많은 세미나와 수업을 수강하고 Steven Pinker, Noam Chomsky, David Rumelhart, George Lakoff, Ray Jackendoff 등의 강연을 포함한 캠퍼스에서 열린 수많은 컨퍼런스에 참석하면서 나의 생각과 사고는 완전히 달라졌다. 지금은 SLA와 응용언어학 분야에서 핵심적인 역할을 하고 있는 응용언어학(Applied Linguistics) 동문들에게도 감사의 마음을 전한다. 그들 중에는 Sarah Cushing, Patsy Duff, Cheryl Fantuzzi, Mike Gasser, Agnes He, Bob Jacobs, Kyu-hun Kim,

Antony Kunann, Amy Snyder Ohta, Charlene Polio, Anne Lazaraton, Miyuki Sasaki, Kyung-hee Suh, Swathi Vanniarajan이 있다. 큰 은혜를 입은 스승님들께도 깊은 감사를 표하고 싶다. 특히 Roger Andersen, Evelyn Hatch, John Schumann, 그리고 Marianne Celce-Mucia의 가르침은 현재 나의 언어 습득에 대한 사용 기반, 연결주의 접근의 관점 형성에 도움을 주었다. 박사과정 프로그램에 책을 헌정하는 것이 특이해 보일 수도 있겠지만, 그렇게 하고 싶다. 또한 SLA와 기능-인지 언어학의 세계로 인도해주신 일본의 Kensaku Yoshida, Shigenori Tanaka 선생님께도 감사드린다.

수 년에 걸쳐 개인적인 교신을 통해 여러 학자 및 동료들로부터 많은 것을 배울 수 있었다. 특별히 언급하고 싶은 중요한 네 분의 학자들이 있다. 1992년 도쿄에서 열린 일본영어학회 학술대회를 통해 직접 만날 수 있었던 Steven Pinker, 1993년 옥스포드에서 열린 연결주의 여름 학교에서 만난 Kim Plunkett, 2000년 산타 바바라의 LSA Summer Institute에서 만난 Elizabeth Bates, 2012년 나가사키의 일본언어과학회에서 만난 Jay McClelland가 그들이다. 직접 만난 것은 아니지만, Brian MacWhinney도 1990년에 나의 학위 논문에 필요했던 CHILDES의 데이터를 플로피 디스크에 담아 보내주면서부터 나를 지원해 주었다. 이러한 연결주의-기호주의 논쟁을 이끌었던 핵심적인 인물들과의 교류는 나의 생각에 많은 영향을 주었고 이 책을 완성하고자 하는 의지를 북돋아 주었다. 또한 이 책에서 논의되는 연결주의 연구의 협력자인 Foong Ha Yap, Catherine Caldwell-Harris, 그리고 Ping Li에게도 감사드린다. 연결주의와 SLA에 대한 책의 집필을 권유했던 Mike Long, 시리즈 편집자로서 도움과 격려를 아끼지 않았던 Peter Robinson에게도 감사드린다. Routledge/Taylor & Francis Group의 Ivy Yip, Kathrene Binag가 보여준 격려와 인내에 감사드린다. 마지막으로 가족들에게 감사드린다. 가족들의 지지와 격려, 그리고 인내가 없었더라면 이 책은 세상에 나올 수 없었을 것이다.

프랑스 파리에서

2018년 7월

한국어판 서문

나의 저서 〈Connectionism and second language acquisition〉 (Routledge, 2019)을 한국어판으로 펴낼 수 있게 되어 매우 기쁘다. 무엇보다도 케이스웨스턴리저브(Case Western Reserve University) 대학교 인지과학과에서 방문 연구원(2020-2021)으로 안식년을 보내면서 이 책에서 한국어로 번역할만한 가치를 발견해 준 경남대학교의 정병철 교수에게 감사한다. 또한 한국어 번역에 대한 유익한 논평으로 도움을 준 듀크(Duke) 대학교의 김혜영 교수에게, 그리고 이 전문적이고 학술적인 책의 출판을 흔쾌히 수락해 준 (주)글로벌콘텐츠출판그룹에도 감사드린다. 아무쪼록 이 한국어판이 한국의 인지과학과 제2언어 습득 분야에서 유용한 것으로 판명되기를 희망한다.

일본과 한국의 지리적, 문화적 근접성 때문인지 모르겠지만 나는 한국의 학술 단체들과 여러 해에 걸쳐 유익한 교류를 해 왔다. 나의 책이 한국에 번역된 것이 이번이 처음은 아니다. 2004년 일본의 이와나미 출판사에서 발행되었던 저서가 2007년 윤희정 박사의 번역을 거쳐 〈외국어 학습에 성공하는 사람과 실패하는 사람 −제2언어 습득론으로의 초대-〉라는 제목으로 출판되기도 했다.

지금까지 학술 행사 참석차 한국을 두 번 방문한 적이 있다. 2002년에는 서울대학교에서의 초청 강연과 부산에서 열린 인지과학회의 기조 강연을 맡아 한국에 방문했다. (이 자리를 빌어 나를 초청해 준 이정민 교수에게 감사드린다.) 2011년에는 서울대학교에서 열린 제21회 일본어/한국어 언어학 컨퍼런스에서 공동 저술한 논문을 발표하였다. 더 최근인 2020년에는 코로나로 인해 온라인으로 진행되기는 했지만 고려대학교에서 초청 강연을 한 적이 있다. 또한 2000년 이후로 서울대학교에서 간행되는 학술지인 〈인지과학〉의 편집위원을 역임해 왔다. 앞으로도 한국의 학술단체들과의 교류가 더욱 확장되기를 소망한다.

여담이지만 나는 한국 TV 드라마의 열렬한 팬이었다. 제일 좋아했던 프로는 '겨울 연가'와 '천국의 계단'이었는데 여러 번을 보았고 아직도 '겨울 연가'의 주제가를 한국말로 부를 수 있다. 한국어를 배워서 그 드라마들을 자막 없이 보면 좋겠는데, 어쩌면 퇴임 후에는 그것이 가능할지도 모르겠다.

Yasuhiro Shirai

역자 서문

    대부분의 독자들은 연결주의가 제2언어 습득 연구에 어떻게 관련되는지 알고 싶은 마음에 이 책을 읽게 되었을 것으로 예상된다. 최근 몇 년 동안 이 책을 발견하기 전까지 나의 모습도 그랬다. 인지언어학과 언어 습득, 그리고 언어 교육은 모두 연결주의와 관련된 키워드들이지만 아직 국내에서는 이런 주제들을 묶어서 다루는 책이나 자료를 찾기가 어렵다. 나는 해외와 국내에서 한국어 교육에 꽤 오랜 기간 몸담았었고 최근에는 몇 년간 대학원에서 한국어 교사 양성에 필요한 교과목들을 개발해 왔다. 이 책의 번역은 대학원에서 언어 습득에 관한 강의를 개설하기 위해 준비하던 중 계획한 것이다. 이와 비슷한 주제의 책을 직접 집필해 보고 싶기도 했으나 도무지 엄두가 나지 않았던 가운데 이 책을 발견한 것은 큰 행운이었다. 개인적으로 나는 이 책의 한국어판을 수업에 활용할 계획이지만 제2언어 교육에 관심을 가진 사람이라면 누구나 이 책에 흥미를 느낄 수 있으리라 생각한다. 내가 대학원에서 공부를 시작했을 때와 지금은 많은 것들이 달라졌다. 이전에는 언어를 생득적인 규칙의 산물로 보는 Chomsky의 생성언어학이 주류를 이루는 가운데 언어학 이론을 실제의 언어 교육과 관련지으려는 시도 자체가 무척 생소했지만, 지금은 언어를 일반적인 학습의 산물로 보는 인지언어학의 관점도 많이 확산되어 언어학 이론을 언어의 습득과 교육에 적용하려는 시도가 가능해졌고 또한 환영받고 있다. 인지언어학과 함께 발생주의 패러다임에 속하는 연결주의는 어떤 측면에서 인지언어학을 보완하면서 그 가치와 유용성을 발휘할 수 있을까? 이미 인지언어학에 대한 배경지식을 갖춘 독자들이라면 이 질문을 마음에 품으며 이 책을 읽어볼 것을 권하고 싶다.

인지언어학은 이미 밝혀진 인간의 일반적인 인지 과정을 토대로 언어 현상에 대한 잠정적인 설명을 제공할 수 있지만 신경학적인 수준에서의 설명이나 검증 가능성에서 한계를 보일 수 있다. 이 책에서 다루고 있는 연결주의 시뮬레이션은 인간의 인지를 모방한 신경망의 모델링을 토대로 인지언어학 이론만으로는 다루기 어려운 다양한 습득 현상들을 어떻게 예측하고 검증할 수 있는지를 보여주고 있다.

이 책은 제2언어 습득을 다루고 있는 다른 책들과 차별화되는 다음과 같은 특징들을 가지고 있다. 첫째, 제2언어 습득에 대한 책들은 대부분 영어를 중심으로 다루고 있지만 이 책은 일반적인 언어와 언어 습득의 맥락을 다루고 있다. 그러므로 이 책의 내용은 영어 교육뿐만 다른 외국어 교육, 그리고 외국인을 위한 한국어 교육 등 제2언어 습득과 연관된 모든 분야에 적용될 수 있다. 둘째, 이 책은 현재 시중에 출판된 서적들 중 연결주의의 관점에서 제2언어 습득을 다룬 유일한 책이며 짧은 시간 안에 이 새로운 학문적 세계에 진입하게 해 줄 좋은 안내자가 될 것이다. 저자인 Yasuhiro는 연결주의가 언어 습득 연구에 적용되기 시작한 초창기부터 오랜 시간 동안 그 논의에 참여해 온 핵심적인 연구자들 중 한 명이며 그의 수십년에 걸친 노력의 성과를 이 책에 담기 위해 노력했다. 셋째, 연결주의는 알파고와 같은 인공지능을 가능하게 하는 핵심적인 이론으로 인공지능을 통해 구현될 언어 처리와 언어 교육을 미리 준비하는 데 필요한 중요한 열쇠가 될 것이다.

바둑에서는 알파고가 이세돌에게 승리를 거두는 광경을 보여주었지만 아직 인간처럼 언어를 배우고 사용하고 번역하는 인공지능은 출현하지 않았다. 인공지능은 인간의 언어 생활 구석구석에 점점 더 깊이 파고들겠지만, 사실 나는 아주 먼 미래에도 그런 인공지능은 만들어지기 어려울 거라 예상한다. 미래의 어떤 시대에도 언어와 언어 습득은 인간의 정체성을 확인시켜 줌과 동시에 인간의 손길을 필요로 하는 중요한 영역으로 남아 있을 것이기에, 언어와 언어 습득에 관심을 가진, 그리고 언어 습득에 관련된 연구와 산업에 종사하는 누구나 이 책에서 중요한 메시지를 발견하게 되리라 믿는다.

이 번역본은 연구년으로 미국에 방문한 기간 중에 집필되었다. 나를 초청해 준 케이스웨스턴리저브(Case Western Reserve) 대학교 인지과학과의 Todd Oakley와 책의 원저자인 Yasuhiro Shirai, 그리고 번역본의 검토를 맡아주신 듀크(Duke) 대학교의 김혜영 교수께 특별한 감사를 표하고 싶다. 의문점이 생길 때마다 Yasuhiro와 연락을 주고받거나 Kelvin Smith 도서관에서 자료를 찾아가며 번역의 정확성을 끌어올릴 수 있었다. 김혜영 교수님은 이 책의 번역에 대해 여러 유익한 조언과 깊이 있는 통찰을 제공해 주셨다. 그럼에도 불구하고 이 책에 남아 있을지 모르는 오류나 어색한 부분들은 전적으로 나의 책임임을 밝힌다. 또한 학술적인 번역서의 출판이 녹록지 않은 현실 속에서도 이 책의 출판을 위해 애써주신 (주)글로벌콘텐츠출판그룹의 여러 분들께 감사드린다. 이런 모든 노력들이 헛되지 않도록 최대한 많은 독자들이 이 책의 가치와 유용성을 발견하고 각자의 자리에서 실제적인 도움을 받을 수 있기를 기대한다.

2020년 12월, 브렉스빌에서 정병철

추천사

이 책은 인지과학과 언어학이 학제적으로 공유하는 연구 주제와 동향을 면밀하게 조망한다. 디지털 기기에서 수행되는 음성인식, 자동번역 등의 인공지능의 개발에 바탕을 제공한 이 두 분야가 어떻게 발전되어 왔으며 어디로 향하고 있는지를 보여준다. 제2언어 습득 연구의 권위자인 저자 Shirai 교수는 언어 습득 연구에 인지과학 특히 연결주의 이론과 방법을 도입하는 데 중심적 역할을 해 온 학자이다. 이 책에서 Shirai 교수는 두 분야를 횡단하며 각각의 분야에서 전개된 흥미로운 논의와 실험들을 주도면밀하게 기술하는 한편, 그 성과 및 한계와 가능성에 엄정한 평가를 내린다. 언어 습득과 인지 과학의 학문적 계보와 주요 논쟁, 그리고 그에 관련된 핵심적인 연구 논문과 실험들을 꼼꼼하게 제시하는 이 책의 역자로 국내 인지언어학계에서 활발한 연구, 저술 활동을 펼치고 있는 정병철 교수만한 적격자를 찾기 어려울 것이다. 그가 교육자, 학자로서의 깊은 열정을 가지고 한국어로 옮긴 이 적확한 번역본은 언어학이나 인지과학에 입문한 국내의 학생들과 연구자들에게 원저의 내용과 중요성을 효율적으로 전달할 것이다.

김혜영 교수, Duke University, USA (북미한국어교육학회 학회지 편집장, 전 회장)

오랜 시간 많은 관심을 받아온 이 주제에 대해 이토록 헌신한 학자는 찾기 어렵다. 그러므로 당연히 이 주제의 역사와 다양한 내용들을 이처럼 종합적으로 다룬 책도 찾기 어렵다. 언어 습득과 제2언어 습득, 이중언어, 그리고 언어와 인지 일반에 대한 연결주의의 관점에 관심을 가진 학생이나 연구자라면 이 책을 꼭 읽어봐야 할 것이다. Shirai와 같은 진정한 학자가 아니었다면 이런 책을 집필할 수 없었을 것이다. 이 책을 통해 이 분야에 주목할 만한 기여를 한 그의 인내와 헌신에 박수를 보낸다.

Ping Li, Pennsylvania State University, USA

Shirai는 누구나 공감할 수 있는 균형잡힌 시각에서 언어와 언어 습득, 그리고 그것들이 연결주의와 신경망 모형에서 어떻게 다루어지는지에 대한 핵심적인 쟁점들을 개관하고 있다. 그는 제2언어 습득 분야에서 현존하는 연결주의 모델링 작업들을 모두 망라하여 완벽하게 검토해 나간다. 제2언어 학습의 모델 개발에서 우리가 어떤 단계까지 왔는지 알고 싶어 하는 모든 이에게 이 책은 매우 훌륭한 지식의 공급원이 될 것이 확실하며, 또한 미래의 탐구를 위한 도약의 발판을 마련해 줄 것이다."

Jay McClelland, Stanford University, USA

차례

제1장

개관:
연결주의와
언어 습득 연구

OVERVIEW: Connectionism and Language
Acquisition Research

제1장

개관: 연결주의와 언어 습득 연구
OVERVIEW: Connectionism and Language Acquisition Research

이 책에서는 연결주의(Connectionism)에 대하여 종합적으로 검토하면서 연결주의와 제2언어 습득(Second Language Acquisition, 이하 SLA)의 연관성을 탐구해 보고자 한다. 1980년대 이후로 줄곧, 연결주의는 인지과학에 지대한 영향을 끼쳐왔으며, 많은 인지과학자들이 인간의 인지(cognition)를 이해하는 과제에 접근하는 방식에 변화를 가져왔다. 비록 SLA의 영역에서 그 영향력은 그 정도로 크게 느껴지지 않았지만, 지난 30여년 동안에 연결주의와 SLA를 직접적으로 다루는 몇 권의 책들이 발간되었다. 이 책의 목적은 이러한 연구 전체를 SLA 연구자들뿐만 아니라 일반 인지과학 연구자들도 더 쉽게 접근할 수 있도록 제시함으로써 SLA를 연결주의 관점에서 더 잘 이해하기 위해 노력하는 연구자들과 SLA의 연구 자료가 전반적으로 인지과학과 어떻게 연관되는지에 관심을 가진 연구자들에게 필요한 정보를 제공하는 것이다.

이 책은 다음과 같이 구성되어 있다. 이 장, 즉 제1장에서는 인지와 언어에 대한 연결주의인 접근에 대하여 소개한다. 그것의 역사적인 발전 과정에 덧붙여 강점과 한계에 대해서도 설명한다. 제2장에서는 연결주의가 제2언어 습득 연구에 제공해주는 것이 무엇인지 논의한다. 제3장부터 제5장까지는 제2언어 습득에 대한 연결주의 접근들을 둘러싼 이슈들을 하나씩 집중해서 살펴볼 것이다. 제3장에서는 1980년대 이후 연결주의와 언어를 둘러싼 이론적인 논쟁의 중심에 있었던 (예를 들면 이원적 메커니즘과 단일 메커니즘 논쟁과 같은) 규칙과 연결주의에 대한 연구들에 관하여, 특히 규칙적 형태와 불규칙적 형태에 대한 처리와 습득에 중점을 두면서 살펴볼 것이다. 제4장에서는 제2언어 습득과 인지과학에서 가장 많은 논쟁을 불러일으켰던 결정적 시기 가설(critical period hypothesis), 혹은 제2언어 습득에서의 연령 요인과 관련된 연결주의 연구들을 검토한다. 제5장에서는 연결주의 관점을 응용하여 새로운 통찰을 제공하거나 제2언어 교육 및 평가와 같은 제2언어 연구의 다른 분야에 적용점을 마련한 연구들을 살펴볼 것이다.

연결주의란 무엇인가?
What is Connectionism?

연결주의는 신경망(neural networks)이라는 연산 모델에 기반하여 인간 인지 현상을 이해하려는 접근법이다. 신경망은 일반적으로 이진법적인 연산장치(컴퓨터)를 사용하기는 하지만, 그것의 연산적인 알고리듬은 인간의 두뇌가 정보를 저장하고 처리하는 방식을 최대한 비슷하게 모방하기 위해 노력한다.

인지과학은 인간의 인지를 심리학, 언어학, 컴퓨터 과학, 인류학 등의 다양한 관점에서 복합적으로 이해하기 위한 학제적인 연구 분야이다. 이 분야는 1950년대에 독립된 학문 영역으로 떠오르기 시작하였고, 초기에는 컴퓨터 과학이 중요한 역할을 했다. 컴퓨터 모델링은 인간의 정보 처리 과정을 이해하는 데 중요한 단초로 여겨졌고 지금도 여전히 그렇다. 초기의 인공지능(Artificial Intelligence, AI)에서는 컴퓨터가 마침내 인간의 인지를 시뮬레이션하거나 모방할 수 있을 것으로 기대되었으며, 막대한 자금이 AI 연구에 부어졌다. 하지만 이 분야에서 많은 진전이 이루어졌음에도 불구하고 인간과 비슷한 지적 능력을 구현하기에는 아직도 갈 길이 멀다. 그 이유는 무엇일까?

기호주의 패러다임과 연결주의
Symbolic Paradigm and Connectionism

컴퓨터가 인간과 비슷한 능력을 갖추기가 어려운 중요한 이유들 중 하나로 어떤 과제는 놀라울 정도로 잘 처리하는 반면 얼굴을 알아보거나 언어를 이해하는 등 인간에게는 아무것도 아닌 손쉬운 과제들을 처리하는 능력은 초라할 정도로 형편없다는 것을 들 수 있다. 이것은 일반적으로 기호 처리에 의존하는 연산 방식의 특성에 기인한 것으로 여겨진다.

이전까지 심리학의 지배적인 패러다임이었던 행동주의(behaviorism)는 1960년대가 지나가기 전에 '인지 혁명(cognitive revolution)'이라 불린 새로운 패러다임에 자리를 내주었다. Skinner(1957)에 의해 주도된 학습과 인지의 자극-반응 이론은 타당성을 잃어버린 것처럼 여겨지게 되었는데, 이는 행동주의가 신봉하는 연상 학습(associative learning)으로는 언어의 무한한 창조성이 설명되지 않는다는 Chomsky(1959)와 그 동조자들의 냉혹한 비판으로 인한 것이었다. 그 결과 소위 '기호주의 패러다임(symbolic paradigm)'이 지배적인 위치를 차지하게 되었는데, 이것이 인지과학계의 '패러다임 전환' (e.g. Newell 1980; Newell & Simon 1976)을 가져온 것으로 여겨지기도 한다.

하지만 이 바뀐 패러다임도 어느 정도의 문제점을 내포하고 있었다. 기호들이 규칙으로 조작되는 기호주의 접근은 자연어 처리를 비롯한 전통적인 AI에서 핵심적인 접근 방식으로 떠올랐지만, 인간이라면 쉽게 처리할 수 있는 애매모호한(fuzzy) 자료를 대할 때마다 그다지 좋은 처리 능력을 발휘하지 못하는 문제점을 노출했다. 이로 인해 연구자들은 대안적인 접근을 찾아 눈을 돌리게 되었다(Allman 1989).

기호주의 접근으로의 패러다임 전환이 있기 전에 퍼지(fuzzy) 데이터를 더 잘 다루는 연산 모델이 존재했었다. '퍼셉트론(perceptron)'이라 불리는 이 모델은 Rosenblatt(1966)에 의해 개발된 것으로, 그 이전의 Pitts와 McCulloch(1947) 및 von Neumann(1965)의 선행연구에 토대를 두고 있었다. 이러한 네트워크 모델들은 시각 및 학습을 포함한 다른 감각 인지를 모방하는 데 사용되었으며, 분산표상(distributed representataion)이나 (밑에서 논의될) 신경학적 개연성과 같은 오늘날의 연결주의 모델들이 지닌 몇 가지 중요한 특성들을 이미 가지고 있었다. 퍼셉트론은 AI에 대한 연구를 진전시키는 데 도움이 될 것으로 기대되고 있었다. 하지만, Minsky와 Pappert(1969)는 수학 추론을 통해 퍼셉트론이 복잡다단한 인간의 인지를 다루기 어렵다는 것을 보여줌으로써 사실상 이 기대를 무산시켜 버렸고, 그 이후에 AI 연구의 주류는 기호주의 기법의 컴퓨터가 차지하게 되었다[1].

기호주의 패러다임은 그 뿌리를 철학적 논리와 컴퓨터 사이언스에 두고 있었다. 그것은 인간의 인지를 기호(symbol)와 규칙(rule)들로 모델링하고자 했다. 예를 들어 "If X, then Y"에서 X와 Y는 기호이며, "If ~, then ~"은 규칙이다. 언어학에서 쓰이는 "S -> NP VP[2]"와 같은 구절구조규칙(Phrase structure rules)도 그러한 예의 하나다. 전통적인 AI는 기호를 규칙으로 조작함으로써 인간 인지의 모델링을 시도했다. 1960년대말까지도 퍼셉트론과 같은 유형의 네트워크적 접근이 추구되었지만, 인지과학 연구자들의 공동체는 기호주의 접근을 향해 움직이고 있었고 1970년대에 들어서는 기호주의 기법의 AI가 지배하게 되었다.

하지만 1980년대에 들어서며 신경망을 모방한 접근 방식은 다시 부활하게 됐다. 1970년대에도 J. A. Anderson(1972), Grossberg(1976)는 네트워크를 기반으로 인간의 인지에 대한 연구를 이어가고 있었다. 1980년대 초반에는 연결주의 운동이 새로운 동력을 얻었다. 많은 연결주의 연구자들이 캘리포니아 대학교 샌디에고(UC San Diego)에서 활동했고, 그 성과가 『병렬 분산 처리(Parallel Distributed Processing)』라는 두 권의 출판물을 통해 뚜렷이 세상에 드러났다(Rumelhart, McClelland, & the PDP research group 1986; McClelland, Rumelhart, & PDP research group 1986).

기호주의 진영에서도 발빠르게 대응했다. Steven Pinker, Alan

---

1) 그 비판은 퍼셉트론을 겨냥한 것이었지만, 일반적인 신경망 접근에 대한 비판으로 이해되었다. (Broeder & Plunkett 1994)
2) 이것은 한 문장(S)이 명사구(NP)와 그 뒤를 따르는 동사구(VP)로 이루어졌다는 것을 나타낸다.

Prince, Jerry Fodor, Zenon Pylyshyn 등은 위 두 책자의 PDP의 연결주의 모델을 비판하는 데 할애된 학술지『Cognition』의 특집 논의에서 연결주의 모델과 원리의 한계, 그리고 특히 Rumelhart와 McClelland(1986)의 (RM 모델이라고도 불리는) 과거 시제 학습 모델의 한계를 비판했다. 하지만 이러한 움직임은 인간 인지에 대한 이해를 위해 연결주의를 추구하는 연구자들의 확신을 꺾지 못했다. 그 이후로 인지과학에서는 연결주의 시뮬레이션을 포함시켜 연구하는 것이 관례처럼 되었다. 사실 인지과학 학술 발표에 가 보면 많은 연구자들이 인간에게서 수집된 행동 데이터와 연결주의 시뮬레이션을 모두 제시하는 것을 쉽게 볼 수 있다. 북미와 영국의 심리학과나 인지과학 학과에서는 연결주의 모델을 다루는 전문가를 교수로 영입하는 것이 통상적이다.

연결주의의 매력
The Attractions of Connectionism

기호주의 기법 진영의 집약된 노력에도 불구하고 연결주의의 확산이 꺾이지 않은 것은 기호주의 기법의 한계에 대한 자각 때문이었다. 위에서 간략히 언급한 바와 같이, 기호주의 기법의 AI는 인간이 쉽게 할 수 있는 것을 잘 해내지 못했다. 연구자들은 이것이 인간 인지의 모방을 어렵게 만드는 핵심적인 특성들인지 궁금하게 여겼다. 대조적으로 연결주의 모델은 인간과 공유하는 중요한 특성들을 지니고 있었기 때문에 더 매력적으로 다가왔는데, 신경학적 개연성, 유연한 제약의 실현, 우아한 성능 저하(graceful degradation), 차등화된 표상(graded representation), 경험으로부터 배우는 능력 등이 바로 그러한 특성들이다(Bechtel & Abrahamson 2002; Gasser 1990).

1. **신경학적 개연성(Neural plausibility)**: 연결주의 모델이 뉴런의 작동을 모방하여 만들어졌다는 사실은 잘 알려져 있다. 신경망(neural networks)이라는 말이 사용되는 이유도 여기에 있다. (앞에서 언급한 Pitts & McCulloch(1947)의 네트워크와 같은) 퍼셉트론의 원형들은 뉴런들을 모델링하기 위하여 고안되었다. 유닛은 뉴런이 쉬고 있는지 아니면 점화되는지를 나타내기 위해 0과 1로 활성화된다. 유닛들 사이의 연결은 뇌의 뉴런들 사이를 이어주는 축색돌기(axon)와 수상돌기(dendrite)를 나타낸다. 또한, 뇌는 병렬적인 처리를 수행하는 뉴런들의 거대한 연결체이기도 하다. 이처럼 신경학적으로 그럴듯한 연결주의 모델의 특성들은 인간의 인지를 모방해 낼 수 있는 모델을 찾고 있던 연구자들에게 즉각적인 관심을 불러일으켰다.

2. **유연한 제약의 실현(Satisfaction of soft constraints)**: 규칙 기반의 체계는 일반적으로 전부 아니면 전무(All or nothing)의 규칙에 의존한다. 즉, 규칙이 적용되거나 적용되지 않는 두 가지 상황 중의 하나만 발생하는 것이다. 이와 대조적으로 연결주의 모델들은 회색 지대를 더 잘 다룰 수 있다. 연결주의 모델에서는 하나의 유닛이 다른 유닛으로부터 흥분 활성을 받으면 점화되지만, 다른 유닛으로부터 억제 활성을 받으면 점화가 안 될 수도 있다. 다양한 공급원으로부터 어떤 활성을 전달받는지에 따라 유닛은 활성화될 수도 있고 활성화되지 않을 수도 있다. 그러므로 연결

주의 모델은 우리가 실생활에서 경험하는 인지적인 활동에서 무수히 나타나는 유연한 제약들을 다루기에 더 적합하다.

3. **우아한 성능 저하(Graceful degradation):** 일반적으로 인간의 행동은 인지적 체계의 일부 측면에 문제가 생긴다고 해서 전체가 무너져 버리지는 않는다. 인간은 걱정이나 피로, 혹은 과다한 정보로 인해 부담을 느끼거나 수술 등으로 인지 능력에 부분적인 손상을 입어도 완전히 실패하지 않고 아주 잘은 아니더라도 그럭저럭 맡은 과업을 해나갈 수 있다. 전통적인 기호주의 체계는 이런 상황을 겪으면 완전히 고장나거나 내려앉아 버리는데, 이것은 기호주의 접근의 대표적인 취약점으로 자주 거론된다. 대조적으로 연결주의 네트워크는 이런 상황에서 완전히 고장나거나 와해되지 않는다. 만약 몇 개의 연결이나 유닛이 손상된다 해도 수행 결과가 현저히 저하되지 않는다.

4. **차등화된 표상(Graded representation):** 기호주의 모델이 개념을 전부 아니면 전무의 방식으로 표상하는 것과 달리, 연결주의 모델은 범주가 더 좋은 구성원과 덜 좋은 구성원을 가질 수 있는 연속적인 성격을 가진 것으로 처리한다. 이런 유형의 표상들은 우리가 매일 접하는 (새, 탁자, 머그, 결정, 전쟁, 진실, 과거 시제 -ed, 복수형 -s, 명사, 동사 등과 같은) 대부분의 자연적, 언어적 범주들과 더 잘 호환될 수 있다.

이와 같은 연결주의의 특성들은 많은 인지과학자들과 심리학자들의 관심을 불러일으켰다. 이러한 연결주의가 광범위하게 적용된 분야들 중의 하나가 언어 습득이다(Seidenberg 1997).

발생주의와 역동적 체계 접근
Emergentism and Dynamical Systems Approach

'발생(emergent)'은 연결주의 연구의 핵심적인 개념들 가운데 하나다. 위에서 언급한 대로 과거 시제의 습득에 대한 RM의 모델은 규칙이 적용된 결과로 여겨져 왔던 것이 사실은 입력-출력 연상의 패턴을 통해 학습된 네트워크의 활성화에서 발생하는 패턴, 즉 발생 현상이라는 것을 보여준다. 규칙의 지배를 받는 것처럼 보이지만 발생이라고 해야 할 이런 유형의 현상들은 사실 어디에서나 찾을 수 있다. 고속도로 요금소 앞에 대기하고 있는 차들의 행렬들은 길이가 비슷할 때가 많다. 물론, 이 차들은 어떤 규칙이나 규제를 따르고 있는 것이 아니다. 이것은 운전자들 모두에게 (예를 들면, 가능한 빨리 톨게이트를 지나가고 싶어 하는 것과 같은) 어떤 동기가 작용하여 발생하는 현상이다. 꿀벌들이 벌집을 지을 때 육각형 모양이 형성되는 것도 같은 원리로 설명될 수 있다. 벌들이 원래부터 벌집을 지을 때 육각형으로 짓도록 프로그램되어 있을 가능성도 생각해 볼 수 있겠지만, 사실 육각형은 가장 적은 재료로 벌집을 지을 수 있는 최적의 구조이기 때문이라고 한다(e.g. Elman, Bates, Johnson, Karmiloff-Smith, Parisi, & Plunkett, 1996). 이처럼 애초에 규칙에 의해 결정된다고 여겨지던 것들이 사실은 다른 요인에 의해 발생하는 현상인 경우가 많다. 달리 말하면, 규칙처럼 보이는 작용을 촉발한 것은 활성화의 패턴이었던 것이다[3].

그런데 어떻게 규칙처럼 보이는 (또 가끔은 무작위적인 것처럼 보이는) 이런 작용들이 발생하는 것일까? 연결주의 관점의 설명에 영향을 주게 된 새로운 접근으로(Port & van Gelder, 1991, 1995) 동적시스템이론 (Dynamical systems theory, 이하 DST)이 있다. DST는 물리학, 경제학, 운동제어, 생물학 등 여러 학문 영역에서 자주 사용되는 수학 이론으로 복잡계의 역동적인 시스템에 대한 설명을 중요한 과제로 받아들인다. DST에서는 통시적으로 일어나는 역동적인 변화가 설명의 대상이며, 시스템의 초기 조건이 그것의 장기적인 행동이 결정되는 데 중요하게 작용할 수 있다. 카오스 이론(Chaos theory)은 이러한 복잡적응시스템 (complex adaptive systems)의 설명을 위해 자주 이용되곤 한다. Tim van Gelder와 Robert Port는 1990년대의 인지과학에서 이 접근법이 인지에 대한 컴퓨터 기반 접근을 보완하는 정도가 아니라 통째로 대체해 버리는, Kuhn이 말했던 것과 같은 패러다임 전환을 가져왔다고 주장한다. 컴퓨터 인지과학의 전통적 접근에 속하는 고전적인 기호주의 AI와 연결주의는 인간의 인지 체계가 신경 조직, 몸, 그리고 환경으로 구성되는 것이 사실임에도 불구하고 생각/두뇌 속에 컴퓨터가 들어있음을 암묵적으로 가정하고 있었다는 점에서 유사하다(van Gelder & Port, 1995, p. 3). 하지만, 그들의 주장에도 불구하고 인지과학계는 연결주의와 역동적 체계이론을 통합하는 방향으로 움직이게 되는데, 이러한 경향은 Spencer, Thomas와 McClelland(2009), 그리고 McClelland 외 (2010)에 반영되어 있다. 이런 통합적 접근법은 (은닉층 유닛 표상에서의

---

3) 언어의 발생주의에 대한 개론으로 MacWhinney(1999), MacWhinney와 O'Grady(2015)를 참고할 수 있다.

비선형적인 변화에 대해 연구한 Elman(1993)처럼) 연결주의 모델의 표상을 동적체계의 관점에서 분석하거나 동적체계이론의 동기를 더 수용한 연결주의 모델을 설계하는 방식으로 이루어질 수 있다(Freeman, 1987).

연결주의와 언어 습득 연구
Connectionism and Language Acquisition Research

언어 습득 연구의 목적은 언어 습득의 메커니즘을 이해하는 것이다. 언어를 습득하는 것은 어떻게 가능한가? 아이들에게 노출되는 언어의 복잡한 구조에도 불구하고 그것을 습득할 수 있게 만들어주는 메커니즘은 무엇일까? 이 질문에 대답하기 위해서는 습득의 목표인 언어의 속성과 언어에 대해서 알고 사용하는 것을 가능하게 만들어주는 정신 과정, 즉 (언어 능력이 없는 영아 단계에서부터 능숙한 언어 능력을 갖춘 성숙한 화자의 단계에 걸친) 언어 학습의 자연적 속성을 모두 이해할 필요가 있다.

이 질문은 오랜 시간에 걸쳐 다양한 방식으로 탐구되어 왔지만, 현대의 과학적 탐구는 1950년대를 전후로 시작되었다. 하지만 처음의 연구들은 대부분 사변적인 이론에 근거한 것들이었다. 자극-반응에 기반을 둔 Skinner의 이론이 영향력이 있었던 것은 그것이 언어학습 데이터에 근거했기 때문이 아니라 행동주의가 심리학 이론으로서 전반적으로 지배력을 행사하고 있었기 때문이었다. Skinner에 대한 Chomsky(1959)의 비판도 대부분 논리와 이론에 치중했지만, 언어 습득에 대한 많은 실증적인 연구에 영감을 불어넣었다. Chomsky가 제기한 중요한 질문들 중 하나는

'플라톤의 문제(Plato's problem)', 혹은 '언어 습득의 논리 문제'라고 자주 불리곤 했다. 인간은 어떻게 명시적인 가르침이나 (틀린 것을 알게 해주는) 교정 없이도 복잡하고 어려운 언어를 습득할 수 있을까? 지금까지 50년이 넘도록 이 문제에 답하기 위해, 부분적으로는 언어 습득의 과정을 기술하기 위해 많은 실증적인 연구들이 이루어져 왔다. 하지만 우리는 아직 언어가 어떻게 습득되는지에 대해 아는 것이 매우 적으며, 피상적인 지식만을 가지고 있다.

지난 50년간 이루어진 언어 습득에 대한 연구는 크게 Ingram(1989)이 명명한 '유아어(child language, 이하 CL)'와 '언어 습득(language acquisition, 이하 LA)'의 두 가지로 나누어서 살펴볼 수 있다[4]. Ingram에 따르면, CL은 유아와 발달이론에 초점을 두고 상향식 접근을 취하며 심리학자들에 의해 연구된다는 특성이 있고, LA는 언어와 형식적인 이론에 초점을 두고 하향식 접근을 취하며 언어학자들에 의해 연구된다는 특성이 있다.

Bloom과 Harner(1989, p. 208)은 두 접근 방법의 차이를 다음과 같이 설명한다.

> 이 두 관점들 간의 갈등은 오래된 역사를 가지고 있다. (Bloom(1970)을 참고하라) … 언어 습득에 대한 형식 이론과 발달 이론 간의 이론적 갈등은 유아어 데이터에 대한 기술이 언어 습득을 설명하는 데 필요하지 않다는 Wexler와 Culicover(1980)의 선언에 의해 더욱 고조된다.

---

4) 이와 비슷한 구분을 제시한 Atkinson(1986)을 보라. 또한, Bennett-Kastor(1986)은 그 둘의 차이점을 실증적으로 조사하였다.

각각의 접근에는 다양한 변이들이 있지만, 여기서는 연결주의와 관련된 갈등, 더 구체적으로는 전통적인 기호주의 접근과 연결주의 접근이 언어능력의 생득성 문제와 데이터에 접근하는 방식에 대해서 어떻게 설명하고 있는지의 문제만 논의하도록 하겠다.

Wexler와 Culicover(1980)의 주장에 암시되어 있듯이, LA는 일반적으로 CL만큼 언어 습득 자료를 중요한 것으로 취급하지 않는다5). 이것은, 추정컨대, 최소한 부분적으로 문법이론의 목표는 언어 수행이 아닌 언어능력에 대한 이론을 창조하는 것이라는 Chomsky(1981)과 같은 입장에서 유래한 것이다. 언어수행을 반영하는 것으로 여겨지는 CL의 데이터, 특히 산출 데이터는 (예를 들면 문법적 표상과 같은) 언어능력을 탐구하는 데는 크게 유용하지 않다는 생각이 그것이다.

생득성 가설
Innateness Claim

언어능력의 생득성을 강조하는 것은 LA의 중요한 특성들 가운데 하나다. 아이들이 복잡한 언어의 체계를 경험을 통해서만 배우는 것은 불가능하기 때문에 선천적으로 내재되어 있는 지식이 있을 것으로 가정하는 것이다. LA에서는 모어 화자들의 언어지식은 습득 과정의 입력(input)만으로 설명될 수 없다는 '자극의 빈곤(the poverty of stimulus argument)'을

---

5) 여기에는 정도의 차이가 있다. 어떤 형식주의자들은 다른 형식주의자들보다 자료의 중요성을 더 강조하기도 한다(Hyams, 1986; Pinker, 1984; Radford, 1990).

주장한다. 위에서 말했듯이 이것은 '플라톤의 문제'라고 불리는데, 언어 습득의 '논리 문제(logical problem)', '투사의 문제(projection problem), '학습 가능성의 문제(learnability problem)'로 알려져 있기도 하다.

이 문제의 기원은 유추론자(analogist)와 변칙론자(anomalist) 간의 논쟁이 있었던 고대 그리스까지 거슬러 올라간다(Bates와 MacWhinney, 1982). 유추론자들은 언어가 정말로 자의적인 것이 아니라 형태-의미의 관계에서 합리적인 토대를 가지고 있다고 보았던 반면, 변칙론자들은 언어의 형태가 그 기능적 토대와 무관하게 자의성이 있음을 강조하였다. 변칙론자의 정신은 언어 능력의 독립성(모듈의 특성)을 주장하는 생성언어학자들의 입장에 더 가깝고, 유추론자들의 입장은 기능주의언어학자들이나 인지언어학자들의 입장에 더 가깝다(Givón, 1979; Fauconnier, 1985; Lakoff, 1987; Langacker, 1987; Fillmore, 1988; Goldberg, 1995, 2003; Hopper, 1987; Van Valin, 1998; Croft, 2001). 후자의 경우 통사 구조를 포함한 언어의 구조가 동기를 가지고 있을 뿐 아니라 언어능력은 자율적이거나 모듈화되어 있지 않고 일반적인 인지능력에 통합되어 있다는 것을 주장한다.

예외적인 경우도 있기는 하지만, 일반적으로 변칙론자들(생성언어학자들)은 언어 습득의 생득적인 구조와 언어능력의 모듈성을 전제한다[6]. 반면, 유추론자들(기능/인지언어학자들)은 아이들의 언어학습능력과 언어와 인지의 통합을 강조한다. 지금까지의 논의에 비추어 보면, 연결주의는

---

6) 예를 들어 Maratsos와 Chalkley(1980), Maratsos(1982)는 변칙론자를 옹호하며, 통사구조에 동기가 개입되지 않는다고 보기는 하지만, 아이들이 언어의 입력 자료에서 유용한 분포적 정보를 통해 그것의 자의적인 체계를 학습할 수도 있다고 주장한다.

언어가 인지적/의미적인 동기를 가지고 있고, 언어 자료의 입력을 통해 아이들이 배울 수 있는 합리적인 구조를 가지고 있다는 입장과 더 잘 호환된다.

생득성 가설과 관련된 또 하나의 이론적인 (혹은 방법론적인 것도 포함한) 이슈는 언어 습득 연구의 서로 다른 두 개의 영가설, 즉 언어 습득의 연속성과 불연속성 가설이다. Pinker(1984)는 언어 습득의 형식적 모델을 창안하기 위한 전략으로 연속성 가설을 제시했다(MacNamara, 1982). "만약 다른 증거가 없다면 언어 수행에서 아이들의 문법이 질적으로 어른들의 문법과 같은 방법으로 실현되어야 한다(Pinker 1984: 8)." 그는 이 입장을 영가설로 택했다. 다시 말해, 이 영가설은 아이들이 성인의 문법을 가지고 태어나고, 이러한 추정으로 데이터가 설명되지 않을 때만 아이의 문법이 데이터에 맞게 수정되어야 한다는 것이다.

한편, 불연속성을 가정하는 영가설은 다음과 같다. 아이들은 내재된 언어지식을 전혀 가지지 않은 채로 출생한다. 언어는 전적으로 인지능력에 의존하는 입력과 상호작용을 통해 학습된다. 이 영가설은 생득성을 가정하지 않는 기능주의적인 접근과 일맥상통한다. 흥미롭게도 연속성 가설과 불연속성 가설은 둘 다 현실적으로 증명하기 어렵다. 어쨌든, 드러내놓고 불연속성 가설을 영가설로 내세우는 이는 찾기가 어려웠는데, 그 이유는 아마도 그것이 이미 Chomsky(1959)의 거센 비판에 의해 설 자리를 잃어버린 행동주의 심리학파의 주장이었기 때문일 것이다.

물론, 이것이 우리가 불연속성 가설을 영가설로 채택해선 안 된다는 것을 의미하지는 않는다. 연구의 전략상, 반대 증거가 없을 경우 생득성 가설에 귀의하지 말아야 한다는 입장을 취하는 것이 가능하다. 만약 우리가 오로지 생득성에 대한 설명에 귀의한 채로 환경적인 요인을 가지고 습득 현상을 설명하려는 노력을 포기한다면, 구문문법과 같은 대안이 떠오른 다 하더라도 그 문제에 관한 정당한 결론에 도달하기가 어려울 것이다. 만 약 생득성 가설이 아무런 도전 없이 받아들여진다면, 정당한 판단을 위해 필요한 정보들을 손에 넣기가 어려워진다. 그러므로, 생득성에 대한 문제 와 관련하여 불연속성 가설을 영가설로 채택하는 것 역시 중요하다7).

연결주의와 패러다임 전환
Connectionism and Paradigm Shift

위에서 논의한 대로, 연결주의 혹은 병렬분산처리 (PDP)는 1980년대 중반까지 기호주의 접근에 의해 주도되어 왔던 인지 과학 분야에서 새로운 패러다임 전환을 가져올 잠재력이 있을 것으로 기 대되었다(Clark 1989; Sampson 1987; Shneider 1987). 연결주의자 들은 Chomsky 모델의 토대가 된 기호주의 규칙 체계를 믿지 않았다. 연 결주의자들에게 기호주의 규칙 체계는 신경망의 활성 패턴이 만들어내는 착시 현상에 지나지 않았으며, 사실은 발생적인 현상으로 간주되었다.

---

7) Pinker(1984)의 연속성 가설은 무엇이 내재되어 있는지를 구체화하기 위한 흥미로운 전략이다. 하지만, 불연속성 가설을 영가설로 택하는 연구자들이 없다면 무엇이 연속성 가설에 대한 반대 증거가 되는지를 명쾌하게 결정하기 어렵기 때문에 내재된 구조의 수가 점점 증가하는 위험에 빠 질 수 있다. 무엇을 증거로 인정할 수 있는지를 결정하는 어려움은 아직도 이 분야에서 많은 혼란 의 근원이 되고 있다. (2005년에 출판된 Cognition에서 Jackendoff와 Pinker, 그리고 Fitch, Hauser와 Chomsky의 논쟁을 참조)

위에서 간략하게 언급했지만, 연결주의, 인지/기능 언어학, 그리고 원형 이론은 수렴되는 부분이 있다(Bates와 MacWhinney 1989; Gasser 1990; Harris 1992; Lakoff 1988a). 형식언어학과 기호주의 체계에 기반한 AI를 포함한 기호주의 모델은 인간의 인지적 행동에서 (예를 들면 범주화에서의 원형 효과, 은유, 다의성 등과 같은) 애매모호한 속성을 다루는 데 유능하지 않다. 하지만, 연결주의와 인지/기능 언어학은 언어적 범주화를 포함한 인간의 범주화가 원형적인 구조를 가지고 있다고 추정한다. 또한, 생득성의 문제에 대해서도 수렴되는 부분이 있다. 언어의 원리에 대한 생득적인 지식을 중요시하는 Chomsky의 언어학과는 달리, 일반적으로 연결주의는 인지/기능 언어학처럼 학습의 중요성을 강조한다(Crain과 Thornton 2012). 연결주의 네트워크는 이미 다양한 유형의 언어 처리, 습득, 표상에 대한 시뮬레이션을 수행했는데, 그 몇 가지 예로 과거 시제 학습(Plunkett와 Marchman 1991, 1993; Rumelhart와 McClelland 1986), 다의성 표상(Harris 1989), 스펠링과 소리의 관계에 대한 학습(Nettalk; Sejnowsk와 Rosenberg 1987), 주어-동사 도치와 구조 의존성(Fitz와 Chang 2017)에 대한 것들이 있다. 이제 언어 습득 연구를 위해 중요한 함의를 가지고 있는 세 가지의 연결주의 시뮬레이션에 대해 논의하도록 하겠다.

논리 문제에 대한 해결책. 점진적인 학습? (Elman 1993)
A Solution for the Logical Problem? Incremental Learning (Elman 1993)

Elman의 점진적 학습 네트워크는 다음과 같은 결과들을 보여주었기 때문에 매우 중요하다. (1) 단순 네트워크는 입력 자료의 분산 정보를 기반으로 복잡한 규칙을 일반화할 수 있다. (2) 학습의 초기 단계에서 단순화된 입력은 차기 단계 습득의 효과를 높일 수 있다. (3) 초기 단계의 제한된 기억용량은 차기 단계 습득의 효과를 높일 수 있다.

Elman(1993)은 인공언어를 사용하여 단순 회귀 네트워크(simple recurrent network)가 'the boys who the girl chases see the dog.'와 같은 문장들의 생성을 학습할 수 있는지에 대한 시뮬레이션을 시도했다. 첫 번째 시뮬레이션은 실패였다. 네트워크가 학습을 하지 못했다. 첫 번째 시뮬레이션에서 그는 시작부터 끝까지 입력을 질적으로 변화시키지 않았다. 두 번째 시뮬레이션에서는 처음에는 입력을 단순한 구조의 문장으로 제한하다가 점진적으로 구조가 복잡한 문장의 수를 증가시켰다. 이번에는 네트워크가 성공적으로 단순한 문장과 복잡한 문장을 모두 학습했다. 마지막 시뮬레이션에서는 시작할 때 네트워크의 메모리 일부를 박탈하고 기억과 일반화를 담당하는 네트워크의 은닉층 유닛을 조절하여 메모리의 크기를 점진적으로 증가시켜 나갔다. 이번에는 첫 번째 시뮬레이션 때와 마찬가지로 입력에 질적인 변화를 주지 않았는데도 네트워크는 복잡한 문장들을 성공적으로 학습했다.

Elman의 시뮬레이션은 단순 회귀 네트워크가 입력된 자료에 드러난 단어들의 공기 관계(co-occurrence)와 관련된 순차적인 정보에만 의존하여 통사적인 구조를 습득하는 것이 가능함을 보여주었기에 중요한 의미를 지닌다. 보편 문법(UG)의 개념은 논리 문제에 대한 해결책으로 제안된 것이기 때문에, 연결주의 모델이 명사나 동사, 그리고 자동사나 타동사와 같은 통사적 범주들을 습득할 수 있다는 사실은 언어의 습득이 입력되는 언어 자료를 처리하는 것만으로도 가능하다는 것을 보여주는 증거로서 중요한 의미가 있다. 만약 어린이들이 연결주의 네트워크만큼의 학습 능력만 있어도 (사실 그럴 가능성이 높지만) 그들은 복잡한 문장들을 성공적으로 습득할 수 있을 것이다.

마지막 시뮬레이션도 중요한데, 그것은 제2언어 습득에 결정적 시기가 있는 이유가 기억용량 때문이라는 것을 암시하고 있기 때문이다. 어린이들의 제한된 기억력은 성공적인 통사 습득을 위해 중요한 조건이다. (결정적 시기에 대한 이와 비슷한 설명으로 Newport(1990)을 보라.) Elman의 시뮬레이션의 이론적 측면은 제4장에서 결정적 시기 가설과 연관지어 더 자세히 논의될 것이다.

유연한 규칙 학습하기: 독일어 격변화 (MacWhinney 1989)
Learning Soft Rules: German Declensions (MacWhinney 1989)

언어 처리와 습득의 기능적 모델인 경쟁 모델(competition model)을 형식화하기 위한 시도로 Brian MacWhinney는 독일어의 격변화를 선택했다(MacWhinney 1989; MacWhinney, Leinbach, Taraban과 McDonald 1989). MacWhinney 외(1989, p. 256)가 밝혔듯 독일어는 복잡하고 자의성이 높아 보이는 체계를 가지고 있어서 독일어 격변화의 습득은 유아어 연구자들에게 언어 습득 이론에 도전이 되는 것으로 여겨져 왔기 때문이다(Braine 1987; MacWhinney 1978; Maratsos 1982; Maratsos 와 Chalkley 1980; Pinker 1984).

독일어 정관사 격변화 습득에 대한 처음 2개의 시뮬레이션에서, 언어학자들(Köpcke와 Zubin 1983, 1984; Zubin과 Köpcke 1986)이 제안한 다양한 성에 대한 단서들이 손으로 입력되었다. 세 번째 시뮬레이션에서는 명사의 원자료들만이 네트워크에 주어졌다. 놀랍게도, 훈련된 데이터와 새로운 데이터의 일반화 능력에서 마지막 시뮬레이션이 다른 앞선 두 개보다 월등한 결과를 보였다. 참고로, 세 번의 시뮬레이션의 학습은 모두 어린이들의 독일어 습득과 유사한 양상을 보여주었다.

이 연구는 언어 이론과 언어 습득 연구를 위한 의미심장한 함의를 지닌다. 첫째, 언어학자들이 정확한 특성을 규명하지 못했던 독일어의 격변화가 단순한 연결주의 네트워크에 의해 습득이 가능했다. 이것은 어떤 언어 현상은 기술하기가 매우 어렵지만, 그러한 구조라 하더라도 어린아이들과 신경망은 쉽게 습득할 수 있다는 것을 시사하는 것이다. 만약 정말로 그렇다면, 그 이유는 무엇일까? 기호주의 접근을 주장하는 언어학자들은 생득적인 언어능력 덕분이라고 주장할지도 모른다. 그러나 다른 설명이 가능하다. 첫째, 어떤 언어 현상에 대한 기호주의/고전적 접근은 적절하지 않거나, 최소한 제약을 받는다. 언어는 기호주의 접근이나 '전부 아니면 전무'의 관점에 토대를 둔 고전적인 범주화 이론에 의존하여 기술하는 것이 불가능한 부분을 가지고 있다. 둘째, 어떤 현상이 언어학자들이 기술할 수 있는 한계를 벗어나더라도 인간 어린이나 단순한 신경망에 의해 학습되는 것이 가능하다. 이것은 형식적인 기술이 불가능한 언어라 하더라도 반드시 학습될 수 있는 구조를 가졌다는 것을 의미한다. 기능주의 언어

학자들이 주장하는 바와 같이, 언어는 인간의 사용에 적합하게 변화하고 발전한다. 그러므로 모든 언어는 인간이 인지적으로 다루기에 적합한 구조를 갖추어야 하고 인지적인 원리와 조화될 수 있어야 한다. 만약 언어가 그렇게 발전해 왔다면, 언어가 아이들에게 쉽게 학습되는 것은 놀라운 일이 아니다. 아이들은 컴퓨터를 통해 수행되는 연결주의 네트워크보다 훨씬 더 강력한 학습 네트워크를 두뇌에 갖추고 있기 때문이다.

부정적 증거 부재의 문제: 시제-상 습득 (Li와 Shirai 2000)
No Negative Evidence Problem: Tense-aspect Acquisition (Li와 Shirai 2000)

오차역전파(back-propagation)는 연결주의 모델링에서 자주 사용되어 온 강력한 학습 알고리듬 중 하나이다. 하지만, 이 방법은 네트워크의 산출 결과가 목표와 다를 때 오류 신호를 은닉 층위와 입력 층위에 다시 보내주기 때문에 언어 습득 현상을 모델링하는 목적에는 적합하지 않다는 비판을 받았다. 바꿔 말하면, 부정적 증거(negative evidence)를 공급받는 것이다. 형식주의 언어학이든 기능주의 언어학이든 상관없이 부정적 증거에 의존하지 않고 제1언어 습득 현상을 설명할 수 있어야 하므로 이것은 문제가 될 수 있다(Goldber 2003). 그 이유는 아이를 돌보는 사람은 의사소통이 방해받지 않도록 문법적인 오류에 대한 부정적 증거를 제공하지 않으며, 아이들 역시 틀린 것을 알려준다 해도 별로 신경을 쓰지 않는 가운데 여전히 문법을 잘 습득하기 때문이다(Brown과 Hanlon 1970).

이런 문제점을 우회하기 위해 Li와 Shirai(2000)는 자가 구성 네트워크(self-organizing network)인 DISLEX를 사용한 시뮬레이션으로 영어의 시제-상 표지인 진행형 '-ing', 과거형 '-ed', 그리고 3인칭 단수 현재형 '-s'의 습득을 모델링했다(비슷한 연구로 Zhao와 Li(2009)도 참고). 이 네트워크에는 오차역전파 방식을 사용하지 않았고, 공기 관계에 대한 정보만 주어졌다.

형태론에서 시제와 상은 논란의 대상이 되고 있었는데, 그것은 시제와 상이 Bickerton(1981, 1984a)의 생물학적 프로그램 가설의 증거가 제시되었던 초점 영역 중 하나였기 때문이기도 하다. 그는 피진-크레올 언어(pidgen-creol languages)에 대한 자신의 연구를 토대로 아이들이 순간(punctual)과 비순간(non-punctual)), 그리고 상태(state)와 과정(process)의 구분을 할 줄 아는 상태로 태어난다고 제안했다. Bates(1984)는 Bickerton(1984a)의 『행동과학과 뇌과학(Behavioral and Brain Sciences)』에 실린 기획 논문에 대한 논평에서 그가 보편성과 생득성을 혼동하고 있음을 비판했다. 무언가가 보편적이라는 사실이 반드시 그것의 생득성을 의미하지는 않는다는 것이다. 이러한 추궁에 대하여 Bickerton(1984b)는 다른 적절한 대안적인 설명이 없기 때문에 생득성 가설은 계속 유지되어야 한다고 대답했다. Shirai(1991)는 유아어의 발달을 검토하여 보편적인 시제-상의 습득 패턴은 입력의 분포적인 편향성에 이끌린 것임을 보여주었다(Shirai와 Anderson(1995)도 참고). Li와 Shirai(2000)는 더 나아가 CHILDES 데이터의 실제 빈도 정보(Goodman, Dale와 Li 2008)를 반영한 입력으로 훈련된 네트워크의 연결주의 시뮬레이션으로 그 증거를 보여주었다. 이 시뮬레이션 결과는 유아어 데이터와 주목할만한 유사성을 보였는데, 여기서 과거 시제는 과정의 끝이 있는 종결성 동사(telic verb)에 사용되었고, 진행상은 활동동사 (activity verb)와, 그리고 '-s'는 상태동사(stative verb)에 사용되었다. 이것은 생득적인 것처럼 보이는 것이 꼭 생득적이지는 않을 수도 있다는 것을 확인시켜주는 또 하나의 증거다. 실제적인 입력이 주어진다면 단순한 연결주의 네트워크도 언어 습득을 모방할 수 있으며, 환경적으로 적절한 조력이 받쳐준다면 어린이들은 부정적인 증거가 없이도 언어를 습득할 수 있다.

생득성과 인식론
Innatedness and Epistemology

완벽하게 겹치지는 않지만 LA는 기호주의 패러다임을 활용하고 CL은 연결주의/기능주의 패러다임과 잘 통하는 것으로 보인다. 그런데 연구자들은 자신이 어떤 입장을 취할지 어떻게 결정하게 되는 것일까? Ingram(1989)는 그 결정이 연구자들이 받은 훈련 과정의 영향을 받는다고 말한다. 대부분의 경우 형식주의 언어학자들은 LA를 추종하고 심리학자들은 CL을 추종하기 때문이다. 이것도 확실히 매우 중요한 요인이지만 가장 중요한 요인은 우리의 인식이고, 그리고 인식은 주로 훈련을 통해 만들어진다. 여기에는 두 가지 측면이 있다. 하나는 유아의 학습 능력에 대한 우리의 인식이고, 다른 하나는 언어의 학습 가능성에 대한 인식이다. 만약 유아의 언어 학습 능력을 최소화하고 언어 습득의 어려움을 최대화한다면 생득설을 따르게 될 것이다. 반대로, 어린이의 학습 잠재력과 언어가 학습 가능한 구조를 가지고 있음을 믿는다면(MacWhinney 외

1989), 그리고 충분한 환경적인 지원이 밑받침된다고 믿는다면(Elman 1991) 생득설을 받아들일 필요를 느끼지 못할 것이다.

대안적 이론: 구문 문법
Alternative Theory: Construction Grammar

언어 습득 연구 분야는 2000년 이후 Michael Tomasello 와 그의 동조자들의 업적으로 인해 큰 변화를 겪었다. 위에서 알아본 것처럼 제1언어 습득 연구는 CL과 LA로 나뉘어 각기 제 갈 길을 가고 있었다 (Benett-Kastor 1986). 하지만, Tomasello와 그의 협력자들은 형식주의 적 접근, 즉 LA의 연구 프로그램으로서의 부적절성을 정면으로 문제 삼았다. Tomasello(2000)은 자신의 딸의 언어 발달에 대한 이전 연구(Tomasello 1992)와 통사 발달에 대한 선행 연구에 대한 종합적인 검토를 바탕으로 아이들이 (과거 시제, 수동, 타동 등의) 특정한 구문들을 사용하기 시작할 때 처음부터 성인의 문법을 가지고 있는 것이 아님을 보여주었다. 그가 '동사 섬 가설(verb island hypothesis)'이라고 부른 구문들의 사용은 특정한 동 사들에 국한되었다. 이것은 형식주의적 접근의 연속성 가설과 정면으로 충 돌한다. 일반적으로 언어 습득에 대한 생성언어학적 접근에서는 많은 문법 적인 구조들이 생득적이므로 일단 구문이 한 번이라도 사용되었다면 그것은 성인과 같은 문법 지식의 실례를 보여주는 것이라고 가정한다(Radford 1990).

Tomasello(2003)의 저서인 『Constructing a Language: A Usage-Based Theory of Language Acquisition』은 여기서 한 걸음 더 나아갔

다. LA와 같은 형식주의적 접근들은 (속성 이론처럼) 언어 이론으로서 강점이 있고, CL과 같은 기능주의적인 접근들은 언어 발달이나 변화 이론으로서 강점이 있다는 것이 자주 거론되어 왔다(Cummins 1983, [속성 이론과 전이 이론의 구분에 대해서는] Gregg 1993). 하지만, Tomasello(2003)는 이러한 현실을 바꾸어 구문문법 이론을 아이들이 습득해야 하는 목표 언어에 대한 이론으로 취급할 것을 뚜렷하게 제안했다. 인지언어학 이론의 한 유형인 이 이론에서 언어는 '형태'와 '의미/기능'의 결속체로 간주된다(Fillmore, Kay와 O'Conner 1988; Goldberg 1995, 2003; Kay와 Fillmore 1999). 모든 종류의 형태-의미 결속체는 구문(construction)으로 간주되는데, 단어(book, die), 굴절(-s, -ed), 우언적 구성(be going to), 관용표현(kick the bucket, put up with), 통사적 구문(피동, 이중타동) 등이 그 예들이다. 언어 지식은 개별적인 형태-의미 결속과 다양한 구문들 간의 관계, 즉 구문들의 네트워크로 구성된다. 예를 들어, 타동구문인 'I bought a book'은 이중타동구문인 'I bought John a book'과 밀접한 관계를 가지고 있다. Tomasello(2003)은 언어 습득이 처음에는 소수의 항목들로 이루어진 구문(항목 기반 표상)에서 시작하여 부분적인 생산성을 지닌 패턴, 그리고 마침내 완전히 생산적인 구문을 습득하는 상향적인 구문 학습으로 진행된다고 주장했는데, 이것은 실증적인 증거가 거의 없거나 아주 드문 '연속성 가설(continuity assumption)'이나 '원리와 매개변인(principles and parameters)'보다 훨씬 더 현실적인 대안이다.

　　Tomasello(2004)는 더 나아가 과학이론으로서 보편문법(UG)이 가지고 있는 내적인 취약성을 지적했다. 거기에는 무엇이 보편문법을 구성하는지를 평가하는 기준의 집합이 제시되어 있지 않다. Chomsky를 포함한 다양한 연구자들이 서로 다른 UG의 목록을 제안했는데, 누구의 목록이 더 적합한지를 평가할 수 있는 사람은 아무도 없다. 연구자들에 의해 제시된 목록들은 UG의 일부분이라고 짐작될 뿐이기에 UG의 가설들은 반증할 수 있는 방법이 없다.

생성적 접근 내부의 균열
Rift within the Generative Approach

위에서 살펴본 형식주의 언어학 이론들에 대한 Tomasello의 비판은 (1) 단어와 규칙 간의 경계, 그리고 (2) 반증 가능성이라는 두 가지의 중요한 이슈와 연관되어 있다.

생성주의 관점의 심리언어학자로 가장 영향력 있는 Pinker는 단어는 학습을 통해 기억되어야 하고 규칙은 생산적이면서 생득적이기 때문에 단어와 규칙은 서로 완전히 다른 언어의 구성물이라는 입장을 취했다. 이러한 입장은 비생산적인 단어들과 생산성이 높은 규칙의 경계가 불분명하며, 그 사이에 'let alone', 'VERB one's way' 등의 관용표현들처럼 부분적인 생산성을 지닌 항목들이 존재한다고 가정하는 구문문법과 정면으로 대립된다. 하지만 Pinker는 나중에 그의 입장을 전환한 것으로 보인다[8].

---

8) Chomsky의 이론에 대한 Pinker의 입장 변화는 그의 저서 『Learnability and Cognition』(2013, pp. xiv-xv)의 새 개정판에 더 분명하게 서술된다. Pinker는 그의 관점이 새로운 통찰력을 별로 제공하지 않는 Chomsky의 최소주의 프로그램보다는 LFG(lexical functional grammar), GPSG(generalized phrase structure grammar), 그리고 CG(construction grammar)와 더 부합한다고 밝히고 있다.

회귀(recursion)만이 UG의 본질적인 구성 요소라고 제안한 Hauser, Chomsky와 Fitch(2002)에 대응하여 Pinker와 Jackendoff(2005), 그리고 (이후 Fitch, Hauser와 Chomsky(2005)에 대응하여) Jackendoff와 Pinker(2005)는 자신들이 문법의 구조가 어떻게 형성되는지에 대한 관점에서 구문문법의 편에 선다는 것을 명백하게 밝혔다.

> …인간의 기억은 개별적인 형태소에서부터 관용적인 문장에 이르기까지 모든 크기의 언어적 표현들을 저장해야 한다. … 이러한 표현들은 더 나아가 그것이 가지고 있는 '변항(variable)'의 수와 범위에 따라 규정되는 '일반성(generality)'의 연속변차선(contunuum) 어딘가에 위치하게 된다. 한쪽 극단에는 'dog'와 같은 '불변항(constants)'이 있고, … 연속변차선을 따라 조금 더 올라가면 고유의 고정된 부분과 개방된 변항이 섞여 있는 'How dare NP VP'와 같은 관용표현을 만난다. … 'dismantle NP[NP를 해체하다]'와 같은 논항구조는 그보다 더 일반성이 높은 표현이다. … 마지막으로, 다른 극단의 끝부분에는 규칙과 같아 보이는 표현들이 있는데, 이런 표현들은 'V/V-suffix'처럼 매우 일반적인 변항들로만 구성되어 있다.
>
> (Jakendoff와 Pinker 2005, pp. 221-222)

Hauser 외(2002)는 검증 가능성, 혹은 반증 가능성이 더 높은 가설을 제안하고, Fitch 외(2005)는 다른 (Pinker와 Jackendoff를 포함한) 생성언어학 연구자들이 UG에 대해 견지하고 있는 반증가능성이 없는 가정을 비판했다는 것이 흥미롭다. 이것은 UG의 접근 방식에 내재되어 있는 문제점을 내비친다. 생성언어학 연구가 시작된지 60해가 지난 지금, 이제 Chomsky는 UG의 진화론적인 증거를 찾는 쪽으로 방향을 선회하였고,

어쩌면 그로 인해 일부 형식주의 언어학자들과 멀어지게 된 것일지도 모른다. 이전에는 생성주의의 노선에 헌신적이었던 거물급의 생성언어학자들이 이제는 Chomsky의 접근, 특히나 최소주의(minimalism) 프로그램에 대한 관심을 잃고 방향을 돌린 것으로 보인다(Culicover 1999, Culicover와 Jakendoff 2005). Pinker(1984)는 Chomsky(1981)의 '지배-결속(government and binding, GB)'이 아닌 '어휘기능문법(lexical functional grammar, LFG)'을 프레임워크(framework)로 사용했지만, 형식주의적인 문법 모델이라면 단어와 규칙을 분리시켜 다루어야 하기 때문에 어떤 모델을 택하든 상관이 없다고 주장했다(Pinker 1988, 1999). 그러므로 일반적인 형식주의 언어학의 판도는 구문문법의 노선에 가깝게 전환되고 있는 것으로 보인다.

인용 자료들의 트렌드를 통해서도 언어에 대한 사용 기반(usage-based) 접근과 기능적/인지적 접근의 약진을 볼 수 있다. LLBA(Linguistics and Language Behavior Abstracts)를 검색한 결과(Geeraerts 2010), 지난 20년간 생성언어학 분야에서 발행된 논문의 편수는 큰 변동이 없었는데, 인지언어학 분야에서 발행된 논문의 편수는 10배 정도 많아졌음이 확인되었다(〈표 1.1〉 참조).

또한, Dahl(2010)도 생성언어학의 영향력이 쇠퇴하고 있다는 것을 보여주는 많은 사례들을 보고하였다. 예를 들어, 인지언어학과 언어유형론에 대한 참고문헌의 언급은 지난 20년간 지속적으로 늘어난 데 반해, 최소주의 프로그램에 대한 언급은 2000년과 2004년 사이에 정점을 찍은 후 2005년과 2009년 사이에는 줄어들었다.

표 1.1 LLBA에서 인지언어학과 생성문법 출현 빈도 (Geeraerts 2010)

	1988-1991	1992-1997	1998-2001	2001-2007
생성문법	304	538	337	296
인지언어학	81	337	376	916

연결주의/기능주의에 대한 도전들
The Challenges for the Connectionist/Funtionalist Approach

연결주의는 언어학, 심리학, 신경과학, 철학, 인공지능을 포함하는 인지과학의 영역에 새로운 패러다임 전환을 가져올 것으로 예상되었다(Clark 1989, Sampson 1987, Schneider 1987). 수십년 동안 인지과학은 우리의 인지적인 처리 과정이 규칙을 사용하여 기호를 조작한다는 가정 하에 기호적인 층위에서 인간의 지적 활동을 이해하고자 노력했는데(Allman 1989, Bates와 Elman 1993), 생성언어학이 그 좋은 예다. 기호주의 패러다임 안에서 많은 연구들이 이루어졌지만, 그 한계는 점점 더 분명해져 왔다. 기호 조작을 통해 인간의 행동을 모방해 내기 위해 사용되었던 디지털 컴퓨터들은 계산이나 체스 시합과 같은 과제에서는 인간을 뛰어넘거나 인간과 비슷한 수준의 성능을 보였으나 자연어 처리와 같이 인간 어린이도 쉽게 처리하는 어떤 과제는 제대로 감당할 수가 없었다. 인지에 대한 접근 방식의 근본적인 전환을 요청하는 연결주의자들은 기호주의 규칙 체계를 믿지 않는다. 연결주의자들에게 기호주의 규칙 체계는 신경 네트워크의 활동에서 발생한 패턴에 의해 발생하는 착시 현상에 지나지 않는다. 규칙에 의해 만들어진 것처럼 보이는 어떤 행동은 신경 네트워크에서 활성화된 특정한 패턴의 결과물로 여겨진다.

하지만, 연결주의에 대한 비판론자들(e.g. Fodor와 Pylyshyn 1988, Pinker와 Prince 1988)[9]은 연결주의가 새롭게 위장한 행동주의의 지나지 않는다고 주장했다. 연결주의의 학습은 행동주의의 전유물이었던 '자극-반응' 유형의 학습을 통해 얻어지기 때문이다. 이러한 추궁에는 맞는 부분도 있긴 하지만, 연결주의는 블랙박스 안에 무엇이 있는지, 즉 입력(자극)과 산출(반응)의 사이에 어떤 일이 일어나고 있는지를 다루고 있다는 점에서 행동주의와 근본적으로 다르다. 연결주의는 인간의 두뇌가 어떻게 작동하는지에 대한 지식들을 바탕으로 블랙박스 안에서 일어나고 있는 일을 컴퓨터로 시뮬레이션하기 위해 노력하고 있다. 예를 들어 신경 네트워크는 다양한 강도(weight)의 연결을 가지고 있고 자극에 반응하여 활성화된다는 것, 활성화는 순차적으로 발생하지 않고 대규모의 병렬적인 형태로 발생한다는 것은 이러한 시뮬레이션 모델을 만들 때 적용할 수 있는 지식들이다. 다른 말로, 연결주의는 지식의 내적인 표상과 그것을 지원해주는 구조에 관심을 두지만, 행동주의는 그렇지 않다. 내적인 표상이 얼마나 중요시되고 있는지는 그들이 시도한 네트워크 분석들을 통해 알 수 있다. 앞서 언급했던 Elman(1993)에서 알 수 있듯이, 사실 많은 연결주의 연구에서는 학습을 통해 얻어진 지식의 구조를 조사하기 위해 네트워크의 활성화 상태를 다양한 단계의 시뮬레이션을 통해 분석하고 있다.

비록 모든 연구자들이 인지과학에 대한 연결주의 접근에 확신을 가지고 있지는 않지만, 지금까지 연결주의가 인간의 인지를 바라보는 인지과

---

9) Fodor와 Pylyshyn(1988), Pinker와 Prince(1988)에 대한 비판으로 Clark(1989)의 제8장, 제9장을 참고할 수 있다.

학 공동체의 시각을 근본적으로 바꿔놓은 것은 사실이다. Cognitive Science의 특별 논의에서 Rogers와 McClelland(2014)는 PDP가 출판된 1986년 이후 25년이 흐르기까지 연결주의가 끼친 영향[10]을 다음과 같이 회고하였다.

> PDP의 핵심 제안들, 즉 인지 구조가 표면상 규칙적이고, 행동은 복합적인 위계의 제약에 민감하며, 처리 과정은 차등적임과 동시에 연속적이고, 표상은 분산적이라는 것, 인지 발달은 대체로 학습에 의해 주도된다는 것, 그리고 인지적인 기능들이 어떻게 신경적 메커니즘에서 발생하는지 고려하는 것이 유용하다는 것 등은 이제 많은 연구 영역의 가정에서 표준적인 출발점이 되었다. 자신이 PDP에 찬동한다고 공식적으로 천명한 사람들은 인지과학자들과 신경과학자들의 일부이지만, 그 신념의 전부는 아니라 하더라도 많은 부분이 학술 공동체에 매우 넓게 확산되었다.
>
> (Rogers와 McClelland 2014, pp. 1065-1066)

딥러닝
Deep Learning

아마도 최근 연결주의 연구에서 가장 중요한 발전은 '딥러닝(deep learning)'일 것이다. '머신러닝(machine learning)' 분

---

10) 이에 대한 반론으로 Marcus(2009, 2014)를 참고할 수 있다. 하지만, 이제는 그가 통사구조를 나타내는 수형도의 심리적 실재성에 대해 의문을 가지고 있음을 주목할 필요가 있다.

야에서 신경망에 대한 관심은 1990년대 후반에 시들해졌는데, 그 이유는 '국부 최소점(local minima)'에 갇혀서 학습을 효과적으로 지속하기 어려워지는 것과 같은 신경망의 한계가 인식되었기 때문이다. 하지만, 실제로 국부 최소점은 주로 학습 과제에 대한 해결책을 찾아내는 거시적인 네트워크에서는 문제가 되지 않는다(LeCun, Bengio와 Hinton 2015).

미가공 데이터로부터 학습이 가능한 '다층 네트워크(multi-layered networks)'인 딥러닝의 인상적인 성능에 힘입어, 머신러닝에 신경망을 적용하는 것에 대한 관심은 2012년 이후에 다시 살아났다. 딥러닝은 사람이 속성을 코딩하는 수동 작업을 필요로 하는 전통적인 머신러닝에 비해 훨씬 유리하다. 딥러닝의 네트워크에서는 한 층위의 네트워크가 초점을 맞춘 속성의 특정한 측면을 다음 층의 네트워크에 보내는 작업을 최종적으로 출력을 담당하는 층의 네트워크에서 적절한 반응을 얻을 때까지 반복하면서 수동 작업 없이 과업을 달성한다. 현재 효과적인 성능을 보이는 심층망으로는 합성곱신경망(convolutional neural networks, 이하 CNN)과 순환신경망(recurrent neural networks, 이하 RNN)이 있다. Fukushima(1980)의 네오코그니트론(neocognitron)을 전신으로 하는 CNN은 보통 합성곱 층(convolutional layer)과 통합 층(pooling layer)을 사용하는데, 합성곱 층에서는 국부적인 특성을 검출해 내고, 통합 층에서는 의미론적으로 유사한 특성들을 병합하여 하나로 만든다. 2000년대 초반 이후 CNN은 안면 인식이나 문자, 보행자, 자연 영상 속 인체 이미지 인식과 같은 영상 이해 과제에서 매우 성공적이었다. 2012년에 열린 시각인식경연(ImageNet competition)에서는 CNN이 그 경쟁자의 성능을 절반이나 뛰어넘으면서 신경망에 대한 머신러닝 공동체의 관심이 폭증했고, 지금은 CNN이 컴퓨터 비전의 인식과 탐지에서 지배적인 역할을 하고 있다(LeCun 외 2015).

RNN(순환신경망)은 이 책의 다른 부분에서 기술된 'Elman net'의 예처럼 보통 (말이나 글처럼) 순차적인 입력을 포함하는 과제의 입력 문자열(input string)에서 다음 문자를 예측하는 작업을 한다. 명시기억모듈(explicit memory module)이 추가되고 RNN의 성능이 극적으로 개선됨에 따라 RNN은 재빨리 최첨단 기계번역(machine translation) 기술의 경쟁력을 확보하게 되었다(Sutskever, Vinyals와 Le 2014).

딥러닝이 머신러닝과 자율주행자, 로봇, 기계번역, 음성처리, 음성인식, 질문응답시스템과 같은 인공지능의 실제 적용 영역에서 독보적인 입지를 차지하면서, IBM, 페이스북, 애플, 마이크로소프트, 트위터, 아마존과 같은 대기업들이 제품 개발을 위해 이러한 기술들을 적용하는 연구를 활발히 수행하고 있다.

최근 딥러닝의 성공을 통해 찾을 수 있는 이론적인 함의는 무엇일까? Rogers와 MaClelland(2014, pp. 1062-1063)은 다음과 같이 제안하였다.

> 가장 중요한 발전은 네트워크가 방대한 말뭉치의 학습 자료와 컴퓨터의 검색 엔진들을 활용할 수 있게 된 것이다. 경험과 연산능력의 규모가 어린이의 그것에 근접하기 시작하면서 마침내 신경망의 모든 능력과 기능을 동원하여 자연적인 연산을 구현하는 것이 현실화되기 시작했고, 이로 인해 인공지능시스템이 인간 두뇌의 생물학적인 네트워크에서 작동하는 자연 지능을 보다 완벽하게 따라잡을 수 있게 해주었다.

이것은 앞에서 논의되었던 유추론자(analogist)와 변칙론자(anomalist) 간의 논쟁을 떠올리게 한다. 만약 언어가 오랜 변화의 과정을 겪으면서 인간에 의해 학습과 처리가 가능한 구조를 갖추게 되었다고 가정한다면, 그리고 어린아이가 연결주의 네트워크와 같은 혹은 그보다 더 좋은 능력을 갖추고 있다고 가정한다면, 굳이 영역 특정적인 생득적인 언어능력을 상정할 필요는 없다. 컴퓨터의 성능이 발전하여 인간의 능력에 점점 더 근접해지면서 기계 학습이 인간의 학습과 비슷해지게 되었는데, 이는 코딩 작업 없이도 데이터에서 속성을 추출함으로써 자동적인 학습이 발생하는 것이 가능하기 때문이다.

요약과 결론
Summary and Conclusion

이 장에서는 연결주의의 발달 과정을 역사적으로 개관해 보았다. 연결주의는 발생 이후 일시적인 쇠퇴를 겪다가 1980년대에 다시 부흥을 맞게 되었다. 연결주의는 전통적인 기호주의 접근이 처리하기 어려웠던 다양한 인지적인 기능들을 구현하는 데 강점을 가지고 있다. 특별히 연결주의 네트워크는 그 유연성 덕분에 부분적인 시스템의 실패가 발생하더라도 갑자기 무너져내리지 않고 인간처럼 우아한 성능 저하로 대응한다. 기호주의 모델은 인간과 달리 시스템의 일부만 실패해도 완전히 무너져 버린다. 연결주의는 훈련(즉 학습)의 과정을 겪는 뉴런과 비슷한 처리 유닛들을 수반하는데, 분산처리 모델에서는 개념이 많은 유닛에 걸쳐 표상되고 연결의 증가와 감소를 야기하는 데이터에 대한 반복되는 노출을 통해 개념이 획득된다. 연상과 연결의 패턴들이 지식의 표상을 구성하고, 그 패턴의 변화가 곧 학습으로 여겨진다.

표상의 변화에 대한 연결주의의 강조는 인지과학 분야에 학습에 대한 관심을 다시 불러일으켰다. 전통적인 기호주의 모델들이 지식의 고정된 상태를 이해하는 것에 초점을 맞추는 경향이 있었던 반면, 연결주의자들은 발달적인 변화에 더 관심이 많았다(Bates와 Elman 1993). 『Parallel Distributed Processing(병렬 분산 처리)』가 출판된 후 25년이 지나는 동안 연결주의는 인지에 대한 인지과학자들의 관점뿐만 아니라 신경과학에 초점을 두는 인지과학의 접근 방법을 극적으로 변화시켰고, 연결주의 네트워크는 '컴퓨터 인지과학'에서 뇌의 기능을 새롭게 이해하는 데 필수적인 요소가 되었다(Rogers와 McClelland 2014). 언어 습득에 대한 생성주의와 기능주의 접근 가운데, 연결주의는 발달 심리언어학에 대한 기능적이고 인지적인, 사용 기반의 언어학적 접근에 더 부합한다. 이 접근에서는 입력의 처리를 통한 학습을 강조하는데, 입력의 빈도가 매우 중요하게 여겨지며 UG와 같은 생득적이고 언어 특정적인 제약을 가정하지 않는다.

다음 장에서 우리는 SLA 분야가 연결주의로부터 어떤 영향을 받아 왔는지를 살펴볼 것이다. 만약 우리가 Long과 Doughty(2003)에서 주장한 바와 같이 SLA를 인지과학의 한 부분으로 받아들인다면, SLA가 인간 인지에 대한 연결주의적 접근의 영향에 의해 어떤 변화를 겪어 왔는지 평가하는 것은 중요하다. 제2장에서 우리는 이 새로운 패러다임이 SLA 분야에 어떤 영향을 끼쳐 왔는지 알아볼 것이다.

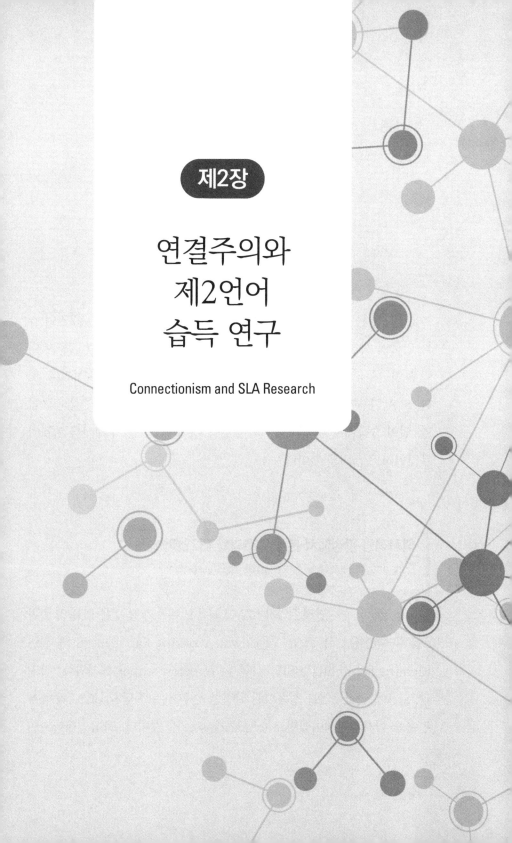

연결주의와
제2언어
습득 연구

Connectionism and SLA Research

연결주의와 제2언어 습득 연구
Connectionism and SLA Research

연결주의는 인지과학에 강력한 영향을 끼쳐왔지만, 그것이 제2언어 습득 연구에 끼친 영향은 그만큼 분명하지 않았다. 이 장에서는 1980년대 이후 연결주의가 SLA 분야에 어떤 영향을 끼쳐 왔는지 논의될 것이다. 또한, SLA 연구에서 떠올랐던 이슈들, 즉 명시적 지식과 암묵적 지식의 역할, 언어 습득에서 입력과 출력의 역할에 대해 연결주의가 시사하는 것이 무엇인지도 논의될 것이다.

역사적인 관점에서 본 연결주의와 제2언어 습득
Connectionism and SLA in a Historical Perspective

연결주의가 SLA에 처음으로 소개된 것은 PDP의 출판 2년 후 출간된 University of Hawaii Working Paper in ESL에 실린 Richard Schimdt(1988)의 서평 논문(review paper)에서였다. 하지만, SLA에 연결주의를 접목시킨 진정한 선구자는 그 당시 UCLA의 응용언어학 박사과정생이었던 Michael Gasser일 것이다. 응용언어학자인

Evelyn Hatch와 컴퓨터 과학자인 Michael Dyer의 공동 지도를 받은 그의 박사학위 논문(Gasser 1988)은 (5장에서 더 자세히 논의될) 국부 연결주의 모델(localist connectionist model)을 사용하여 일본어-영어 이중언어 화자를 시뮬레이션한 결과를 담고 있다. 이어서 그는 UCLA의 Roger Andersen이 "제2언어 습득의 보편적 특징들"이라는 주제로 객원 편집한 『Studies in Second Language Acquisition』 (1990)의 특집 이슈에 연결주의와 SLA에 대한 논문을 발표했는데, 이 논문은 분산 연결주의 네트워크를 사용한 제2언어 습득의 시뮬레이션에 대해 보고하고 있다. Gasser에 의한 이 두 개의 연결주의 모델들은 SLA에서 연결주의 연구가 시작된 출발점이다. Gasser는 1988년에 박사학위 논문을 마무리하던 중 Evelyn Hatch[1]와 함께 컴퓨터를 이용한 언어 처리에 대한 응용언어학 대학원 수업을 개설하게 되었다. 당시 이 과정에 참여했던 Shirai(1992)는 연결주의 관점에서 제1언어의 전이 현상을 검토한 논문을 발표했고, 이 논문은 같은 수업을 수강했던 Cheryl Fantuzzi(1992)의 비판을 받았다. 이에 대해 Shirai와 Yap(1993)가 제시한 답변은 다시 Fantuzzi(1993)의 비판을 받았고, 최종적으로 Yap과 Shirai(1994)에 가서 논의는 일단락되었다. 하지만, 이 논의는 대부분 연결주의와 기호주의/생성주의 패러다임의 일반적인 가치에 관한 것이었고 반드시 SLA에 초점을 둔 것은 아니었다.

비슷한 시기에 SLA 연구에 새롭게 접근하여 연결주의의 가치에 주목한 연구자들도 있었다(Hatch, Shirai와 Fantuzzi 1990, Hawson 1996,

---

1) Duff(1997)도 이 세미나를 통해서 성장한 사람이다. 그의 논의는 제5장에서 검토된다.

McLaughlin과 Harrington 1989, Ney와 Pearson 1990, Sokolic 1990, Spolsky 1988). 오직 Sokolik(1990)만이 (3장에서 논의될) 네트 워크 시뮬레이션에 대해 보고했다는 점이 주목되는데, 다른 연구들은 모 두 이론적인 논의로 이루어졌다.

Gasser는 나중에 제2언어 연구에 대한 관심을 다른 곳으로 돌렸기 때문 에, 1990년대 중반 이후로는 Nick Ellis가 SLA에서 가장 중요한 연결주의 의 주동자가 되었다(Ellis 1998, 2002, 2003). 그는 SLA에 대한 연결주의 적이고 발생주의적인 사용기반 접근을 옹호했다[2]. Tomasellog(1998, 2003)처럼 Ellis(2003)은 제1언어와 제2언어 습득을 이해하기 위한 대안 으로 인지언어학, 특히 구문문법을 지지했다[3]. Ellis와 Robinson(2008) 이 편집한 『Handbook of Cognitive Linguistics and Second Language Acquisition(인지언어학과 제2언어 습득 핸드북)』과 SLA의 사 용 기반 접근을 특집으로 다룬 Ellis와 Collins(2009)가 편집한 『Modern Language Journal(현대언어저널)』에는 이와 관련된 중요한 논의들이 집 성되어 있다.

더 최근에, Ellis는 미시간 대학교의 동료이자 역동적 체계 이론 (dynamic system theory, DST)(Larsen-Freeman 1997)을 옹호해 왔 던 Dianne Larsen-Freeman과의 공동 작업으로 언어 습득을 '복잡적응 계(complex adaptive system)'로 다룬 『Language Learning』 특집호

---

2) Nick Ellis의 접근에 대한 비판으로 Gregg(2003)을 보라. 그는 Chomsky의 보편문법적인 접 근을 옹호하고 있다.

3) Mellow(2004; Mellow와 Stanley(2002)도 참고 바람)는 HPSG(head-driven phrase structure grammar)와 구문문법의 유사성에 주목하며 연결주의 접근과 호환될 수 있는 언어학 적 프레임워크로 HPSG를 옹호했다.

를 출간하였다(e.g. Ellis와 Larsen-Freeman 2009b). SLA 연구에서 역동적 체계 이론은 꾸준히 영향력을 키웠고(de Bot, Lowie와 Vespoor 2007, Larsen-Freeman 1997, Larsen-Freeman과 Cameron 2008), Kees de Bot가 편집한 Modern Language Journal의 DST에 대한 특집호 출간을 통해 더욱 추진력을 얻게 되었다.

　인지과학에서 생성언어학의 영향력이 시들해지는 일반적인 추세와 함께 SLA에 대한 비생성언어학적인 접근이 증가하고 있다. 어떤 경우든 상관없이, SLA가 인지과학의 한 부분을 구성해야 한다면 인지에 대한 우리의 시각을 변화시켜 온 연결주의의 영향을 무시하는 것은 좋은 생각이 아니다. 아래에서는 SLA에서 중요한 이슈로 떠오른 명시적 지식과 암묵적 지식, 그리고 입력과 출력의 역할에 대해 연결주의가 어떤 통찰을 제공해 주는지 간략히 살펴볼 것이다.

입력 주도의 암묵적 학습으로서의 언어 습득
Language Acquisition as Input-driven Implicit Learning

　　　SLA의 초창기인 1970년대부터 암묵적 지식과 명시적 지식의 역할은 중요한 이슈였다. 초기 SLA 연구에서 가장 영향력 있는 존재였던 Stephen Krashen(1977)은 습득(acqusition)과 학습(learning)을 구분할 것을 제안했는데, 이 말은 곧 암묵적 지식과 명시적 지식은 본질적으로 다르다는 것을 의미한다. 그는 의사소통을 목적으로 언어를 사용하는 능력은 무의식적으로 '습득된(acquired)' 지식인 암묵적 지식으로부터 온 것이며, 의식적으로 '학습된(learned)' 지식인 명시적 지식은 단지 우리의 언어 산출이 정확한지 감시하는 것을 도와줄 뿐이라고 주장했다. 그에 따르면 습득된 지식은 오직 하나의 공급원, 즉 입력을 이해하는 것을 통해 만들어진다. Krashen의 이론은 SLA 연구에 엄청난 충격을 주었다. 그의 주장은 우리가 사실로 알고 있는 것과 우리가 실시간 의사소통에서 실제로 사용할 수 있는 것은 다르다는, 많은 언어 학습자들과 교사들의 경험을 너무나 잘 설명해 주기 때문에 제2언어 교육에도 막대한 영향을 끼쳤다. 많은 SLA 연구자들이 이러한 지식의 이중적인 구조를 다루었는데(e.g. Bialystok 1978, Hulstijn과 Hulstijn 1984, McLaughlin 1978), 그들 중 일부는 J. R. Anderson(1976)의 모델과 선언적(declarative)-절차적(procedural) 지식을 구분했다(O'Malley, Chamot과 Walker 1987).

그렇다면, 명시적 지식은 어떤 역할을 하는 것일까? 제1언어 습득에서 그것은 최소한의 역할을 해야 한다. 아이들은 다른 사람들이 하는 말을 듣고 상호작용에 참여하면서 언어를 습득한다. 일반적으로 모어 화자들은 학교에서 특별히 배우는 것 외에는 자신들이 사용하는 언어의 문법 규칙에 대한 지식을 많이 가지고 있지 않다. 그럼에도 그들은 모어를 자유롭고 원활하게 사용할 수 있으며 문장의 문법성에 대한 직관을 가지고 있다.

그러한 암묵적 지식은 어디에서 오는 것일까? Krashen은 그것이 입력을 이해하는 데서 비롯되며, 말하기나 쓰기 같은 출력은 언어 습득에 꼭 필요한 것이 아니라고 주장한다. 그는 이 주장에 대한 증거들 중 하나로 '침묵기(silent peoriod)'를 들었다. L1과 L2의 맥락에서 언어를 습득하는 아이들은 한동안 말을 하지 않다가 일단 말을 하기 시작하면 오류가 없는 완전한 문장으로 말을 하게 된다[4]. 이것은 언어학습을 위해 언어의 출력 자체가 필요하지는 않다는 추측을 뒷받침해준다.

하지만 이해할 수 있는 입력이 주어져도 언어가 습득되지 않는 경우들이 있다. TV만 보면서 자란 아이들의 경우 일반적으로 자란 다른 아이들보다 언어의 정확도가 떨어진다(Sachs, Bard와 Johnson 1981). 그리고 수용적(receptive) 이중언어 사용자의 경우 계승어(heritage language)로 이해하기는 하지만 말은 잘 못한다(e.g. Sherkina-Lieber, Pérez-Leroux 와 Johns 2011). 이해 가능한 입력만으로 충분하다는 증거도 있고 그렇지 않다는 증거도 있는데, 이렇게 서로 충돌하는 증거들을 어떻게 조화시킬 수 있을까?

여기서 핵심은 '출력의 필요성(need for output)[5]'이다. 위에서 논의된 사례들 중에서 이해 가능한 입력만으로 언어 습득이 충분히 일어나지 않았던 경우는 그 언어를 말할 필요가 없었던 상황에서 발견된다. 이민자 가정의 어린이는 수용적 이중언어 화자가 될 가능성이 높은데, 예를 들어 한국인 이민자 부모가 주류 언어인 영어를 알아들으면 그 아이들은 계승어인 한국어를 사용할 필요가 없는 상황이기 때문에 그 결과 한국어를 알

---

4) 이에 대해서는 문서로 정리된 근거가 충분하지 않으며 보다 체계적인 조사가 필요하다. 하지만, 그런 아이들이 실제로 있다는 것은 확실해 보인다(Katherine Nelson이 2010년 3월 31일에 onfo-childes(http://listserv.linguistlist.org/prpermail/info-childes/2010-March/005312.html)에 올린 자료를 보라). Thal, Tobias와 Morrison(1991)도 참고하면 좋다.

5) 출력의 필요성이 중요하다는 것은 Roger Anderson에 의해 지적되었다. Swain(1985)은 그녀의 각주 (3)에서 다음과 같이 말했다.

Roger Anderson(개인적인 교신, 3월 7일, 1984)은 출력의 또 다른 기능에 대해 제안했다. "제 주장은 이것입니다. 만약 학습자가 제2언어를 선명하게 확실한 방법으로 사용해야 한다는 기대를 가지고 있다면, 학습자는 언어의 사용에 대해 선명하고 확실한 예상을 가지고 있지 않을 때와 매우 다르게 입력의 양상을 인식하게 될 것이다.

(Swain 1985, p. 252)

아듣기만 할 수 있는 계승어로 습득하게 되는 것이다. 같은 원리로 오랜 기간 말을 하지 않고 있는 어린이는 자신이 하고 싶은 말을 마음 속으로 되뇌이며 연습하고 있을 가능성이 높다. 단지 그들이 준비가 될 때까지 말이 입밖으로는 나오고 있지 않을 뿐이다. 이러한 침묵기는 제2언어를 습득하는 아이들, 특히 외국에서 부모님과 함께 사는 아이들에게서도 관찰된다 (e.g. Saville-Troike 1988).

그러면, 이해 가능한 입력은 언어 습득에서 어떤 역할을 하는 것일까? 바로 여기서 연결주의 학습이 등장하게 된다. Oller(1976, 1983)는 입력을 이해함으로써 '기대문법(expectancy grammar)'이 습득된다고 제안한다. 언어를 듣고 이해하면서 우리는 어떤 말이 왔을 때 그 뒤에 어떤 말이 오는지에 대해 통계적인 확률을 집계하고 이를 기반으로 무의식적으로 어떤 말 뒤에 무엇이 올지를 예상하는 법을 배우게 된다. 이것을 기대문법이라고 한다. 이것은 언어의 어떤 층위에서나 작동하기 때문에, 다양한 공기 정보로부터 구조화된 지식을 도출하여 이를 구현하기 위한 연결주의 시뮬레이션 모델이 연구되어 왔다. 몇 가지 예로 Elman(1990, 1993)은 음운론, Gasser(1997)은 형태론, Elman(1990, 1993)은 통사론, Li와 Shirai(2000)는 의미론의 층위에서 이루어진 연구들이다. 한 문장에서 뒤에 오는 단어를 예측하는 Elman의 단순 회귀 네트워크는 주어와 서술어의 일치와 같은 '원거리 의존 관계(long-distance dependency)'도 다룰 수 있었다6). 이 네트워크는 아무런 명시적 지식을 제공받지 않고 암

---

6) 어린이들은 풍부한 정보 자극으로 둘러싸인 환경의 혜택을 누리며 살지만, 이 연결주의 모델의 학습은 이 형태들이 무엇을 지시하는지에 대한 정보도 없이 학습의 목표를 달성했다. 네트워크는 무엇 다음에 무엇이 오는지에 대한 정보는 공급을 받지만, 무엇이 무엇을 지시하는지에 대한 정

묵적인 연결주의 네트워크만으로 학습에 성공을 한 것이다.

제2언어 습득에서 암묵적 학습은 왜 실패하는가?
Why Does Implicit Learning Fail in L2 Acquisition?

모어의 경우 입력 처리 과정을 통한 암묵적 학습만으로도 언어 습득의 충분한 조건이 거의 갖추어진다. 하지만 제2언어의 경우는 어떨까? 1970년대에 Krashen은 SLA에서도 이해 가능한 입력을 통한 암묵적 학습만으로 언어 습득의 조건이 갖추어진다는 'L1=L2 가설'을 제안했다(Ellis 1985). 하지만, SLA 연구자들의 학습자 언어에 대한 조사가 계속되면서 입력만으로 제2언어 습득이 가능하다는 Krashen의 입력 가설(input hypothesis), 혹은 입력과 상호작용만으로 충분하다는 Wesche와 Skehan(2002)의 습득 가설(acquisition hypothesis)은 더 이상 성립할 수 없게 되었다.

왜 입력과 상호작용만으로 충분하지 않은지를 설명하기 위한 다양한 제안들이 있었다. L1의 전이(e.g. '학습된 주의', Ellis와 Sagarra 2010, 2011), 형태에 대한 충분한 의식적 주목의 부족(noticing hypothesis (주목 가설), Schmidt 1990), 충분한 문법적 처리의 부족(VanPatten 1996), 목표 언어 공동체에 통합되려는 동기의 부족(Meisel, Clahsen과 Pienemann 1981) 등은 모두 L2 학습자들이 모어 화자와 같은 언어능력

보는 공급을 받지 않는다. 그러므로 우리가 기대문법을 우리 마음속에 발달시킬 때는 형태-의미 관계를 구축하기 위해 훨씬 더 풍부한 의미론적 정보가 이용될 수 있는 것이다.

을 획득하는 데 실패하는 요인이 될 수 있다.

연결주의의 맥락에서 본다면, L1의 전이는 L2의 입력을 여과하는 초기의 표상적 필터로 작동하게 된다. 예를 들어, Hernandes와 Li(2007)의 시뮬레이션은 두 언어가 순차적으로 습득되면 L2의 지식이 L1의 네트워크 연결에 기생하는 단일 지식 구조가 만들어지는 반면, 두 언어가 동시에 습득되면 두 개의 서로 구분된 시스템이 만들어진다는 것을 보여준다(이 모델에 대한 더 자세한 내용은 제4장을 참조). 이것은 만약 L1이 견고하게 습득되고 고착화되면, L2의 입력은 오직 L1의 체계를 거쳐서만 처리될 수 있다는 것을 시사한다. 그러므로 영어를 배우는 일본인들은 아무리 많은 훈련을 거쳐도 /r/과 /l/의 차이를 식별하는 데 실패하는데(e.g. Goto 1971; McClelland 2014), 그 이유는 일본어의 음소체계에서는 /r/과 /l/이 같은 음소에 속하기 때문이다.

'학습된 주의(learned attention)'는 L2가 L1에 기생하는 학습의 좋은 예이다. 제1언어를 학습할 때 우리는 중요한 단서에 주의를 할당하고 중요하지 않은 단서에 주의를 할당하지 않는 것을 배운다. 전자를 '학습된 주의'라 하고 후자를 '학습된 부주의'라 하는데, 이것은 L2의 학습에 영향을 준다. 그러므로 영어를 배우는 중국인 학습자들은 굴절형태소에 주의를 기울이지 않고(Sagarra와 Ellis 2013), 영어를 배우는 일본인 학습자들은 /r/과 /l/의 구분에 주의를 기울이지 않는다(McClelland 2014). 그리고 일본어를 배우는 미국 사람들은 일본어에서 음운적으로 구분되는 장모음과 단모음을 구분하기 어려워 한다(Hiraga 2004).

의미 있는 문법적 처리 과정의 기회가 충분하지 않다는 것은 L2 학습자들이 L2의 문법적인 능력에서 원어민과 비슷한 수준에 도달하지 못하는 또 다른 이유가 된다(VanPatten 1996). Krashen은 비언어적인 지식, 사진이나 실물과 같은 언어 외적인 정보, 주제에 대한 배경 지식 등이 학습자에게 노출되는 입력을 더 이해하기 쉽게 만들어준다고 제안했다. 그런데, 비언어적인 정보에 의존하는 것은 이해에는 도움을 줄 수도 있지만, 문법적인 정보에 의존하지 않고도 더 쉽게 이해할 수 있게 해주기 때문에 오히려 진정한 문법적인 처리 과정에 집중하지 못하게 되는 부작용이 생길 수도 있다.

(1) The ball was kicked by John. (공이 존에게 차였다.)
(2) Mary was kicked by John. (메리가 존에게 차였다.)

(1)은 수동 구문에 대한 지식이 없어도 이해가 가능한데, 그 이유는 실제 세계에 대한 지식에 기대어 공이 존을 찰 수는 없다는 것을 알 수 있기 때문이다. 그에 반해 (2)는 수동 구문에 대한 지식이 있어야 이해가 가능한데, 그 이유는 실제 세계에 대한 지식을 동원해도 누가 누구를 찼는지를 알 수 없기 때문이다. 활동성(animacy)과 관련된 정보가 있으면 문법적인 정보가 없어도 행위자를 식별하는 것이 가능한 경우가 자주 있다(Bates와 MacWhinney 1989). 사실 문법적인 정보는 문법의 많은 영역에서 잉여적이며, 친숙하지 않고 드물게 발생하는 상황을 표현할 때만 형식적인 문법에 대한 부호화된 정보가 필요하다는 것이 논의되기도 했다(Shibatani 2016, Tanaka와 Shirai 2014). 이것은 문법적인 정보를 해독해야만 하는 문장은 그렇게 많지 않기 때문에 만약 학습자가 문장의 이해에만 초점을 맞추고 있다면 문법적인 항목에 대한 지식을 습득할 기회는 매우 제한될 수 있다는 것을 의미한다. 누군가 문법적인 구문을 습득하

고자 한다면 (2)와 같이 문법적인 지식이 있어야 해석될 수 있는 문장을 처리하는 경험을 하는 것이 좋다. 하지만, 이것은 기본적으로 이해 가능한 입력을 통해 이루어지는 암묵적인 학습이고, 어린이가 L1을 습득하는 상황에서는 성공적인 결과를 낳을 수 있지만 성인의 L2 학습에서는 성공적이지 못한 다른 결과를 낳을 수도 있다. 그 이유는 아마도 성인은 어휘적 지식에 의존하는 정도가 크고(VanPatten 1996), 아이들은 형태적인 구성 요소에 집중하는 능력이 크기 때문일 것이다('작은 것이 더 크다(the less is more)' 가설, Newport 1990, 제4장 참조).

명시적 지식의 역할
The Role of Explicit Knowledge

명시적인 지식의 역할은 인식 가설(noticing hypothesis)에서 더 뚜렷하다. 위에서 언급한 이유들로 인해 단순히 입력을 이해하는 것만으로는 L2 습득의 성공을 장담하기 어렵다. L2의 다양한 양상들은 학습자들에게 불분명하며, 특히 상응하는 요소가 L1에 없을 때 이해하기 위해 듣는 것만으로 그 차이를 알아차리려면 오랜 기간이 걸린다(e.g. Williams 2004). Schmidt(1990)는 형태를 의식적으로 주목하는 것이 습득의 전제 조건이라고 주장했다. 형태의 암묵적인 학습이 불가능한지는 아직 확실하지 않지만, 형태를 인식하는 것이 언어 습득에 크게 도움이 된다는 것에는 의심의 여지가 없다. 그러한 인식은 입력 자료에 대한 학습자 스스로의 분석에서 얻어질 수도 있고 교실 수업의 가르침을 통해 외부에서 얻어질 수도 있다. 예를 들어, 학습자는 부정관사 'a'와 'an'의 차이를 영어로 된 기사를 읽다가 스스로 깨달을 수도 있고 교사나 교과서를 통해 배울 수도 있다. 어떤 경우이 건 간에 형태와 형태-의미 관계를 인식하는 것은 (a) 입력을 이해함으로써 이루어지는 암묵적 학습과 (b) 형태적인 정확성에 주의를 기울이는 명시적 학습에 도움이 될 수 있다.

SLA에서 피드백의 역할도 논란이 되었다. 제1언어 습득 이론이 부정적 증거에 의존하지 않고 언어 습득을 설명할 수 있어야 한다는 점은 인정되고 있다(Goldberg 2003, Marcus 1993). 그에 반해 L2에서의 언어 습득은 전적으로 입력을 이해하는 것에만 의존한다면 대부분 원어민과 비슷한 정확성에 도달하기 전에 중단되므로, 많은 연구자들이 오류를 수정해주는 것이 중요하다는 것을 인정한다(e.g. White 1991). Flege, Yeni-Komshian과 Liu(1999, 그리고 Murphy 1997)도 영어를 외국어로 배우는 한국인 학습자들이 문법적인 문장을 수용하는 것보다 비문법적인 문장을 가려내는 것에 더 많은 어려움을 겪는 반면, 영어가 모어인 사람들은 이와 같은 차이를 보이지 않음을 보고한 바 있다. 그들은 문법성 판단 점수가 나이에 따라 달라지는 현상에 대해서도 이렇게 설명했다. "이것은 명백히 많은 수의 비문법적인 문장들을 문법적인 것으로 받아들인 AOA(age of arrival, 즉 미국에서 거주하기 시작한 연령)가 12세 이상인 참가자들의 수가 증가했기 때문인 것으로 보인다. … 이러한 증가의 근본적인 원인이 무엇인지는 확실치 않다(Flege외 1999, p. 88)."

잘못된 문장을 거부하는 능력과 문법적인 문장을 승인하는 능력의 불일치를 우리는 어떻게 설명할 수 있을까? 먼저 성인인 L2 학습자의 암묵적 학습의 한계가 원인일 가능성도 생각해 볼 수 있다. Rod Ellis(2004, 2005, 2006)는 제2언어 학습자의 명시적 지식과 암묵적 지식의 역할에 대한 연구에서 문법성 판단 과제와 관련하여 암묵적 지식은 올바른 형태의 문장을 판단하는 능력과 관련되어 있지만 명시적 지식은 잘못된 형태의 문장을 퇴짜놓는 능력과 관련되어 있다는 것을 보여주었다. L1의 습득에서는 입력을 통한 암묵적 학습이 올바른 문장을 판단하는 능력과 잘못된 문장을 판단하는 능력을 모두 끌어올린다는 것에 주목하자. 그러므로 L2 학습에서는 긍정적인 증거, 즉 올바른 문장에 대한 암묵적 학습만으로 비문법적인 문장을 가려내는 능력을 갖추기는 것이 상대적으로 더 어려워 보인다. 성인 학습자의 경우 잘못된 문장을 거부하기 위해 (부정적 증거를 포함한) 명시적 지식이 필요한 것 같다. 생각해 보면, 입력을 통해 들었던 문장들이 긍정적인 증거로 작용하기 때문에 어떤 문장이 올바른지를 판단하는 것은 그리 어렵지 않겠지만, 잘못된 문장은 들어본 적조차 없기 때문에 그 문장이 잘못되었다는 것을 판단하기가 쉽지 않을 것이다. 어린이들은 궁극적으로 L1에서 잘못된 문장을 가려내는 능력을 습득하는데, 그 메커니즘에 대해서는 아직도 논쟁이 계속되고 있다(Blything, Ambridge와 Lieven 2014; MacWhinney 2004). 그리고 어린이들은 결국 잘못된 문장을 가려낼 수 있게 되지만, 성인 L2 학습자가 그렇게 되지 않는 원인이 무엇인지는 아직 알려지지 않았다(Robenalt와 Goldberg 2016, 이 문제에 대한 사용 기반 접근과 생성적 접근에 대해서는 Yang과 Montrul 2017). 어쨌든 통계적인 속성에 대한 연결주의 네트워크의 암묵적인 집계는 L1의 습득을 충분히 설명해 주지만, L2의 습득은 잘 설명해 주지 못하는 것처럼 보인다. 그런 이유로 L2의 습득을 위해서는 부정적 증거, 혹은 명시적 지식이 필요하다는 주장도 제기되었다(N. C. Ellis 2005, White 1991).

마지막으로, 부정적 증거나 오류 수정은 명시적인 지식에 영향을 준다는 것이 자주 주목되어 왔다(e.g. Krashen 1981). 하지만 맥락 속에서 올바른 형태를 제공해 주는 것은 긍정적인 증거로 작용하므로 암묵적인 학습에도 도움을 줄 수 있다는 것을 잊지 말아야 하겠다. 그러므로 오류의 정정은 많은 경우 부정적 증거로도 작용할 수 있고 긍정적 증거로도 작용할 수 있다. 틀린 것을 지적하지는 않고 고쳐서 쓰거나 말해주는 암묵적인 방식의 부정적 피드백은 아이러니하게도 긍정적인 증거로 작용할 가능성이 더 높은데, L2 학습자들이 이러한 피드백을 통해 잘못된 것이 무엇인지를 알아채기는 어렵기 때문이다.

출력의 역할
The Role of Output

그러면 언어 습득에서 출력은 어떤 역할을 하는 것일까? 위에서 논의한 대로 출력 자체는 L1의 습득에서 꼭 필요하지 않아 보인다. 다만, 입력 위에 출력의 필요성이 더해지는 것이 열쇠인 것 같다. 이렇게 될 경우 입력 처리 과정, 즉 암묵적 학습의 수준은 출력의 요구를 감당하기 위해 더욱 높아지게 된다. 그 이유는 누군가 단지 듣는 것에 그치지 않고 말을 하기 위해서는 보다 상세한 부분에까지 주의를 기울여야 하기 때문이다. 다시 말해, 출력의 압박을 받는 학습자는 자신의 중간어(interlanguage)가 무엇을 더 충족시켜야 하는지를 인식할 수 있게 된다는 것이다(Gass와 Alvares-Torres 2005, Swain 1985)[7]. 그러므로 이러한 입력에 대한 절심함은 (인식하기와 같은) 입력과 (조정하기와 같은)

출력의 양면에서 명시적인 학습을 향상시킬 수도 있지만 이해 가능한 입력을 통한 암묵적 학습의 증진에도 도움을 준다. 많은 연구자들이 주목하고 동의하는 출력 연습의 또 다른 기능은 말하기 출력의 자동화이다. L2의 말하기에서 어휘 인출이 느리다는 것은 누구나 다 아는 사실인데, 말하기 연습을 통해 이 어휘 인출과 접근 속도를 높이는 것이 가능하다. 하지만, L1의 발달과 같이 입력이 충분한 경우에는 이러한 연습이 필요하지 않다.

출력이 가져오는 많은 유익들이 알려져 있지만, 그것이 학습자에게 새로운 지식을 주는 일은 드물다는 것을 기억할 필요가 있다. 출력은 단지 이미 알고 있는 것으로 무언가를 하는 것이기 때문이다[8]. 그러므로 출력 자체가 언어 발달을 견인하는지는 분명하지 않다(Shehadeh 2002). 언어 발달에서 출력의 긍정적인 효과를 보여주는 많은 연구들을 보면 그 안에 입력의 효과도 포함되어 있다는 점에 유의할 필요가 있다(e.g. Mackery 1999).

마지막으로 동기의 역할에 대해 논의하고자 한다. SLA 연구에서는 강한 동기가 문법의 발달(e.g. Meisel 외 1981)을 촉진하고 발음의 정확성

---

7) Shintani, Li와 Ellis(2013)는 이해 중심의 지도와 출력 중심의 교육을 비교한 연구들을 메타 분석하였는데, 이해 중심의 지도 방식은 (처방 후 1주일 이전의 사후 검사 결과) 단기적인 이해 능력을 월등하게 향상시킨 것으로 나타났고 출력 중심의 지도 방식은 (처방 후 1주일 이후의 사후 검사 결과) 장기적인 이해 능력의 향상을 눈에 띄게 향상시킨 것으로 나타났다. 그들은 이유는 밝히지 않았지만 출력 연습이 암묵적 학습에 기여한 것일 수 있다고 제안했다. 이것은 아마도 출력이 목표 구조와 비교하여 부족한 부분을 인식하게 해주는 효과 때문일지도 모른다. 그 결과 입력 이후에 이어지는 목표 구조에 대한 입력 처리는 향상되지만, 암묵적 학습은 시간이 걸리기 때문에 그 효과가 늦게 나타나는 것이다.

8) Swain(e.g. 1995)이 주목했던 출력의 유익한 점들은 사실 출력 그 자체로부터 오는 것이 아니라 학습자의 출력에 대한 대화 상대의 반응으로부터 온다. 그러므로 그런 것들을 모두 출력이 가져오는 유익에 포함시켜 다루는 것은 개념의 혼란을 야기할 수 있다.

(e.g. Purcell과 Suter 1980)을 높였음을 보고했다. 중요한 것은 학습자들이 '의사소통적인 필요'를 넘어 '표현적인 필요', 그리고 '사회언어학적인 필요'를 충족시키는 데까지 도달해야 한다는 사실이다(R. Ellis 1992). L2 학습자는 문법과 발음의 정확성이 부족해도 대부분의 의사소통 상황을 그럭저럭 처리해 나갈 수 있다. 만약 메시지만 겨우 주고받는 수준을 넘어서 더 높은 효율적인 의사소통의 수준에 도달하고자 한다면, 예를 들어 다른 사람에게 영향을 끼치거나 목표 공동체에서 존중을 받기 원한다면 더 정확한 문법과 발음을 습득할 필요가 있다. 이러한 동기는 원어민과 비슷한 발음과 악센트를 습득함으로써 (혹은 습득한 것처럼 보임으로써) 목표 언어의 공동체에 자격을 제대로 갖춘 일원으로 소속되고자 하는 열망에서 오는 것일 수도 있다. 이런 시나리오에서는 암묵적 학습이 작동하는지 아니면 명시적 학습이 작동하는지 분명하지 않은데, 어쩌면 둘 다일지도 모른다. 학습자가 원어민처럼 말하게 되기를 바란다면 원어민이 말하는 방식을 주의 깊게 관찰하고 그것을 모방하는데, 이것은 명시적인 과정(explicit process)이다. 이러한 긍정적인 정서는 다시 입력의 체득을 강화할 수 있는데 이것은 암묵적인 과정(implicit process)이다. 그밖에도, 학습자는 원어민과 대화하면서 의도치 않게 그 화자가 사용하는 목표 언어의 변이에 가까워지게 될 수도 있는데(Beebe와 Giles 1984), 이것은 암묵적인 과정이다.

〈표 2.1〉에는 언어 습득에 수반되는 암묵적 학습과 명시적 학습에 대해 요약되어 있다.

표 2.1 LLBA에서 인지언어학과 생성문법 출현 빈도 (Geeraerts 2010)

암묵적 학습(implicit learning)	명시적 학습(explicit learning)
이해 가능한 입력	명시적 지도
입력 처리	학습자의 의식적인 주의
긍정적 증거	부정적 증거
문법적인 문장 승인	비문법적인 문장 거부

연결주의적인 학습과 명시적 지식
Connectionist Learning and Explicit Knowledge

앞에서는 이해 가능한 입력을 통한 암묵적인 학습이 연결주의 모델을 통해 시뮬레이션될 수 있다고 제안했다. Nick Ellis(e.g. 1998, 2003)도 빈도와 입력 처리에 기반한 구문의 학습이 L1의 습득을 특징짓는다고 하였다. 하지만, 그는 L2 습득에서 암묵적 학습의 한계를 지적하고, 명시적인 학습이 필요하다고 주장했다(e.g. N. C. Ellis 2005).

명시적 학습과 암묵적 학습을 구분하는 문제와 관련해서 McClelland, McNaughton, 그리고 O'Reilly(1995)는 암묵적 기억은 신피질(neocortex)과 기저핵(basal ganglia), 소뇌(cerebellum) 등에 의존하고 명시적 기억은 해마시스템(hippocampa system)에 의존한다는 (McClelland 1998, O'Reilly, Bhattacharyya, Howard와 Ketz 2014) CLS(complementary learning systems; 보완학습시스템)의 프레임워크를 제안하였다. 그들은 신경과학과 연결주의 시뮬레이션의 데이터에 대한 고찰을 바탕으로 암묵적 (과정적) 기억은 연결주의적인 느린 학습을 통해 형성되고, 명시적 (서술적) 기억은 해마(hippocampus) 및 그와 연결된 시스템을 통해서 매우 빠르게 형성된다고 제안했다.

신경과학에서는 (사람과 동물의) 해마 손상이 과정적 기억에는 특별한 영향을 주지 않지만 최근 기억과 일화 기억(episodic memory)의 소실을 초래한다는 강력한 증거를 제공하고 있다. 이런 유형의 순행성 기억 상실(anterograde amnestic)을 가진 환자(e.g. HM, Squire 1992)는 과정적인 수행을 요구하는 과제에 참여해서 과제 수행 능력을 향상시키기도 하지만 자신이 그러한 과제를 했었다는 것을 기억하지 못할 수도 있다. 더 나아가 (해마 체계의) 뇌 손상이 있기 직전에 무슨 일이 있었는지 기억을 못하고, 손상이 있었던 시기와 더 먼 이전의 기억일수록 더 기억을 잘하는 역행성 건망증(retrograde amnesia)도 있다. McClelland 외(1995)는 그 이유가 해마에 기반한 명시적, 일화적인 기억들이 신피질에서 굳어지는 과정은 오랜 시간이 걸리고 해마와 신피질 사이의 양방향 상호작용을 통해, 즉 잠을 잘 때도 발생하는 (회상이나 능동적 시연을 포함하는) 신피질 기억 체계 연결 패턴의 작고 점진적인 변화들을 만들어내는 다양한 과정들을 통해 달성되기 때문이라고 하였다.

이처럼 구분된 기억 체계가 필요한 이유는 무엇일까? McClelland 외(1995)는 연결주의 시뮬레이션을 통해 이를 보여주었다. 한 시뮬레이션에서 그들은 네트워크가 생물에 대한 지식을 학습하게 했다(Quillian 1968, Rumelhart 1990). 처음에는 '날 수 있는', '노래할 수 있는', '피부가 있는'과 같은 다양한 동물의 의미적 속성에 점점 더 많이 노출시키는 전형적인 연결주의 시뮬레이션의 느린 학습이 이루어졌는데, 이를 통해서 네트워크는 생물들의 개념망을 500에포크(epoch)[*]만에 성공적으로

---

[*] 【역주】에포크(epoch)는 신경 네트워크가 모든 데이터의 집합에 대하여 1번씩 훈련을 마친 상태를 의미한다.

학습했다. 그 후에 네트워크는 비전형적인 구성원인 '펭귄'에 노출되었는데, '수영할 수 있고', '움직일 수 있으며', '자라날 수 있는'과 같은 속성이 부각된 초점화된 학습(focused learning)이 100에포크에 걸쳐 진행되었지만 그 결과는 참담했다. 네트워크는 예를 들면 모든 새들이 수영을 할 수 있다는 것과 같은 잘못된 지식을 학습했다. 파국적 간섭(catastrophic interference)이라고도 불리는(McCloskey와 Cohen 1989) 이러한 실패는 펭귄에 대한 학습이 다른 생물과 함께 느리게 이루어진 경우에는 발생하지 않았는데, McClelland 외(1995)는 이를 두고 (초점화된 학습과 반대의 의미로) 교차 학습(interleaved learning)이라고 불렀다.

McClelland 외(1995, p. 435)는 두 개의 핵심적인 질문에 대한 답으로 두 개의 메모리 시스템을 제안하였다.

1. 만약 최종적으로 모든 종류의 기억 과제가 신피질의 시스템에서 일어나는 연결의 변화에 의존하여 수행된다면 해마 체계가 필요한 이유는 무엇인가? 왜 처음부터 신피질 안에서 변화가 만들어지지 않는가?

그들은 "해마는 신피질 조직이 이미 습득한 지식에 혼선을 일으키지 않도록 기억을 적절한 형태로 초기 보관하는 매개체이다."라고 제안했다. 다른 말로 해마는 파국적 간섭이 발생하지 않도록 하기 위해 새로운 정보가 이미 구조화된 지식을 갖춘 신피질의 기억 체계에 서서히 통합되게 해주는 완충 지역의 역할을 하는 것이다.

2. 새로운 내용들이 신피질의 체계에 통합되는 데는 왜 그렇게 긴 시간이 소요되는가? 신피질의 연결들은 왜 해마 체계에 초기 저장된 직

후 신속하게 만들어지지 않는가?

마침내 새로운 지식이 신피질에 이미 담겨 있는 구조화된 시스템에 병합될 수 있도록 이미 존재하는 지식 구조의 본보기들과 함께 번갈아 가며 노출되어야 하는 통합에는 오랜 시간이 소요된다. 만약 그러한 변화가 순식간에 일어난다면 선행 경험을 통해 만들어진 구조화된 지식의 시스템에 혼선을 일으키게 될 것이다.

O'Reilly 외(2014)[9]에 따르면, 1995년에 제안된 (연결주의와 유사한 신피질의 기억 체계에 기반한 암묵적 메모리와 해마의 기억 체계에 기반한 명시적 메모리로 구성된) 이중 기억 체계는 그 후 20년간의 데이터와 대체로 일치해 왔다. 그리고 이중 기억 체계는 명시 기억과 암묵 기억의 상호작용에 대한 제2언어 습득 연구에도 중요한 통찰을 제공한다. 하지만 아직 Gasser(1988)이 지적했던 근본적인 문제가 남아 있다. 연결주의 네트워크가 암묵적인 과정의 시뮬레이션에는 뛰어나지만, Krashen이 말한 '감시(monitor)'와 같은 명시적인 지식은 그다지 잘 처리하지 않는다.

L2 학습자의 지식을 모델링할 때 의식적, 명시적, 서술적인 지식에 대한 취약성은 사소한 문제가 아니다. 위에서 언급한 것처럼, L1의 지식은 다면적인 성격을 가지고 있기 때문에 이것이 큰 문제가 안 될 수도 있다. 원어민 화자의 언어 지식은 이해와 산출에서 기본적으로 자동화된 방식으로 접근되는 것이 가능하다. 이와 대조적으로, 명시적인 교육을 받은 L2

---

9) O'Reilly 외(2014, p. 1229)는 그 두 개의 시스템에 대해 다음과 같이 요약했다. "해마는 듬성듬성하고 패턴과 분리된 시스템으로 일화 기억을 빠르게 학습한다. 신피질은 분산되어 있고 중복되어 있는 시스템으로 일화 기억을 단계적으로 통합하여 잠재적인 의미 구조를 추출해 낸다."

학습자들은 3인칭 단수의 '-s'와 같이 의사소통 중심의 환경에서는 바로 학습되기 어려운 명시적, 서술적 지식을 가지고 있다. 더 나아가 의식적인 지식의 요소를 암묵 지식을 표상하는 네트워크에 추가한다 하더라도 명시 지식이 네트워크에 표상된 무의식적인 지식의 변화에 어떤 영향을 끼칠지 는 구체적으로 밝히기 어렵다.

연결주의 모델은 이 문제를 어떻게 다룰 수 있을까? Norman(1986)이 제안한 것처럼, 의식적인 지식이 무의식적인 지식의 네트워크에 긴밀하 게 사상(mapping)되어 관련된 교점(node) 사이의 연결을 활성화하거나 억제하는 것이 가능할지도 모른다. Clark(1989)는 연결주의 시스템이 명 시적인 지식을 암묵적인 연결주의 네트워크로부터 발생시키는 방식으로 그러한 의식적인 과정을 처리할 수 있다고 주장했다. 하지만 어떤 메커니 즘에 의해서 이것이 가능한지는 명확히 설명하지 않았다.

이런 문제점을 극복하기 위해 네트워크 내부의 암묵적 지식과 명시적 지 식의 구조가 상호작용할 수 있는 연결주의 아키텍처를 제작하기 위한 시도 들이 있었다. 주목할 만한 모델로 CLARION(connectionist learning with adaptive rule induction online; e.g. Sun 2017, Sun, Slusarz와 Terry 2005)이 있는데, 이것은 어떻게 (제5장에서 논의될 국부 연결주의 모델로 표상된) 암묵 지식이 세부적인 것으로부터 출발하여 (분산 네트워크 로 표상된) 명시적인 지식으로 발전하는지, 그리고 그것들이 어떻게 상호작 용하는지를 직접적으로 모델링했다. (기호-연결주의 모델이라고도 불리 는) 이런 유형의 혼합형(hybrid) 모델은 미래에 언어를 포함한 인간의 인지 를 시뮬레이션하기 위한 유망한 루트가 될 수도 있다. 이미 기호-연결주의 모델 LISA(Hummel과 Holyoak 1997)의 확장형 모델인 DORA

(Doumas, Hummel과 Sandhofer 2008)는 유추적 개념이 사전에 주입되지 않은 상태에서 예시 자료에 대한 분산 학습을 통해 유추적인 구조의 명시적 표상을 발생시키는 유추적 추론을 시뮬레이션하는 데 성공한 바 있다. 그러므로 1989년에 Andy Clark가 예측한 것처럼 미래에는 의식적인 지식을 발생시키는 분산형 연결주의 네트워크 모델을 만들 수 있을지 모른다.

요약과 결론
Summary and Conclusion

이 장에서는 제2언어 습득 맥락에서의 연결주의 접근에 대해 살펴보았다. 1986년에 PDP가 출판되면서 연결주의는 신속하게 SLA 분야에 소개되었다. Richard Schmidt는 그에 대한 비평 논문을 썼고, 그 당시 UCLA의 학생이었던 Michael Gasser와 Maggie Sokolic은 일련의 연결주의 모델을 제작했다. UCLA의 또 다른 학생들이었던 Shirai, Fantuzzi, Yap, Duff는 제2언어 습득에 대한 초기의 연결주의 접근에 가속을 붙이고 관심을 불러일으킨 이론적인 논문들을 발표했다. 그 다음, 연결주의 접근은 초기에 Nick Ellis에 의해 옹호되다가 나중에는 역동적체계이론(dynamic systems theory, DST) 연구자들이 가세하여 그 당시 지배력을 행사하고 있었던 UG 접근에 대한 이론적 대안을 마련하였다.

이 장 후반부는 입력과 출력, 명시적 지식과 암묵적 지식의 역할 등과 같은 제2언어 습득의 핵심적인 이슈들을 살펴보고, 연결주의의 시각에서 그러한 문제들을 어떻게 처리할 수 있는지 논의하였다. 본질적으로 L1의 습득은 (부정적 증거 없이) 주로 언어에 대한 암묵적 지식을 만들어내는 연결주의적인 입력 처리를 통해 이루어지지만, L2의 습득은 대부분 여러 가지 원인으로 인해 원어민의 수준에 미치지 못하며 명시적인 과정들을 추가로 요구한다. 연결주의의 아키텍처가 어떻게 암묵적 과정과 명시적 과정의 접점을 다룰 수 있는지는 아직 알려져 있지 않지만, 미래가 기대되는 새로운 연구들이 시도되고 있다. 다음 장에서는 제2언어 습득의 과정을 이해하는 데 연결주의가 어떻게 적용될 수 있는지를 탐색하기 위해 실제로 수행된 연구들을 더 자세히 살펴볼 것이다.

제3장

규칙과
연결

RULES VS. CONNECTIONS

제3장

규칙과 연결
RULES VS. CONNECTIONS

연결주의자들과 기호론자들은 인간의 인지가 연결주의 원리에 기반을 두고 있는지 아니면 규칙에 기반을 두고 있는지에 대한 문제에서 의견의 불일치를 보인다. 이 문제는 제1장에서도 논의가 되었지만, 더 상세하게 살펴보면 언어의 영역에서 그리고 특히 규칙 형태론과 불규칙 형태론에 대한 논쟁에서 더 광범위하게 다루어졌다. 이 논쟁에서는 형태론적 표상, 처리, 그리고 습득이 단일 메커니즘(Bybee 1995, McClelland와 Patterson 2002, Plunkett 1995)에 기반하는지 아니면 규칙적인 형태는 규칙 기반 체계가 담당하고 불규칙적인 형태는 연상(association), 혹은 메모리 기반 체계가 담당하는 이중 메커니즘(Pinker 1991, 1998, 1999, Pinker와 Prince 1988, 1991, Pinker와 Ullman 2002)에 기반하는지가 핵심적인 이슈가 되어 왔다. 이 장에서는 먼저 규칙-불규칙 형태에 대한 논쟁을, 그리고 그와 연관된 '보편문법 대 연결주의' 및 (주로 문법적인 성 표지의) '유연한 규칙(soft rules)' 학습에 대한 논쟁을 살펴볼 것이다.

규칙과 불규칙 논쟁, 혹은 이중 vs 단일 메커니즘 모델
The Regular-Irregular Debate, or the Dual- vs. Single-Mechanism Model

영어의 과거시제 형태와 그와 관련된 이슈들은 인지과학에서 가장 논쟁이 많이 되어 온 영역들 가운데 포함된다. 제1장에서 논의했듯이, Rumelhart와 McClelland(1986)은 영어 과거시제 학습에 대한 PDP 모델에 입각하여 동사어간에 '-ed'가 결합되는 것과 같은 과거시제 규칙은 불필요하다고 주장했다. 과거시제의 규칙과 불규칙을 구분하지 않는 그들의 연결주의 네트워크가 규칙 같은 것을 포함하지 않은 단일 시스템, 즉 단일 PDP 신경망만으로도 과거시제의 규칙과 불규칙 형태를 성공적으로 학습했기 때문이다. 이러한 주장의 타당성에 관한 치열한 논쟁이 뒤따랐다.

특히 과잉규칙화(over-regularization)와 회복(recovery)처럼 흥미로운 현상들로 인해(e.g. Ervin 1964, Karmiloff-Smith 1986), 과거시제 규칙과 불규칙 습득 간의 관계는 언어 습득 연구에서 중요하게 여겨져 왔다. 아이들은 불규칙 동사들의 과거시제 형태를 만들 때 '*goed, *eated'처럼 규칙적인 과거시제 접미사인 '-ed'를 붙이는 오류를 범하고, 나중에서야 그러한 과잉규칙으로부터 회복되는 것으로 알려져 있다. 만약 아이들이 규칙을 체득하지 못했다면 '*comed, *goed'와 같은 형태들은 나타나지 않았을 거라는 이유로 과잉규칙화는 의심의 여지가 없는 규칙 학습의 사례로 여겨져 왔다.

규칙 기반 모델과 달리 연결주의 모델에서는 처리 유닛(processing units)들 사이의 연결 강도(connection weights) 변화를 통해 표상이 변화하는 것이 곧 학습이다(Plunkett 1995). Rumelhart와 McClelland(1986)

의 연결주의 모델은 명시적인 규칙의 규칙의 표상이 없이도 영어를 습득하는 인간 아이와 비슷한 행동을 보여주었다. 단일 메커니즘으로 규칙과 불규칙 과거 시제를 모두 성공적으로 학습한 것이다. Rumelhart와 McClelland는 영어의 과거시제 학습에 대한 그들의 시뮬레이션 결과가 규칙 형태와 불규칙 형태의 체계 습득을 구분해서 다루기 위해 기호적인 규칙을 표상할 필요가 없음을 보여준다고 제안했다. 더 나아가 그들은 규칙처럼 보이는 행동은 단지 네트워크의 활성화 패턴에서 비롯되어 발생되는 현상(emergent phenomenon)임을 제안하기도 했다.

하지만, 기호주의 모형론자들은 Rumelhart와 McClelland의 주장에 대해 다음과 같은 강한 비판을 제기했다(e.g. Pinker와 Prince 1988). (1) R-M 모델의 수행은 인간과 닮지 않았으며 아이들이 만들지 않는 많은 이상한 오류들을 범했다. (2) 네트워크는 실제로는 입력 표상에서 기호들을 많이 사용한다. (3) 이 모델에 입력이 제시되는(처음에는 불규칙 동사들만 제시되고 그 다음에 규칙 동사들이 제시되는) 방식은 실제성이 떨어진다. 이와 같은 비판에 대응하여 MacWhinney와 Leinbach(1991), Plunkett와 Marchman(1991, 1993)의 수정된 모델은 비판에서 제기된 많은 문제점들을 다루고 있다. 규칙-불규칙 형태론에 대한 기호론적 모델 개발자들과 연결주의자들의 논쟁은 끝나지 않았고 아직도 진행중이다 (e.g. Albright와 Hayes 2003, Blything, Ambridge와 Lienen 2018, Kielar, Joanisse와 hare 2008, Marsen-Wilson과 Tyler 2003, Matthews 2013, McClelland와 Patterson 2002, Pinker와 Ullman 2002, Seidenberg와 Plaut 2014, Westermann과 Ruh 2012).

단일 vs 이중 메커니즘과 관련된 규칙-불규칙의 논쟁은 명사에서 파생된 동사*의 인지적 처리에 관한 문제(Bandi-Rao와 Murphy 2007, Harris 1992b, 1993; Harris와 Shirai 1997, Huang과 Pinker 2010, Kim, Marcus, Pinker, Hollander와 Coppola 1994, Kim, Pinker, Prince와 Prasada 1991, Keuleers 외 2007, Ramscar 2002, Shirai 1997), (규칙에는 영향을 안 끼치고) 불규칙에 영향을 끼치는 빈도 효과(Prasada, Pinker와 Snyder 1990, Sereno와 Jongman 1997), 특정 집단에서 나타나는 이중 해리**(Marchman 1993), 음성학적 유사성(phonological similarity)과 (과잉) 규칙화(Marchman 1997, Matthews와 Theakston 2006, Prasada와 Pinker 1993), 그리고 규칙 vs 불규칙 굴절에 대한 뇌 활성화의 차이(Jaeger 외 1996, Ullman 외 1997)와 같은 다양한 영역에 걸쳐져 있다. 다음 절에서는 이런 이슈들이 SLA 분야에서 어떻게 다루어졌는지 살펴볼 것이다.

---

* 【역주】 영어 동사들은 'walk-walked'처럼 규칙적인 것도 있고 'sing-sang'처럼 불규칙적인 것도 있는데, 'ring-ringed'처럼 명사에서 파생된 'denominal verbs'들도 있다. 'ring'의 과거형으로 'rang'이 아닌 'ringed'가 선호되는 것이 'VERB + -ed'라는 내정된 규칙의 적용에 의한 것인지 아니면 동사의 의미론적 특성에 의한 것인지에 대한 논의가 있었다.

** 【역주】 두 가지 능력이 뇌에서 서로 분화되어 있다는 결론을 내리게 하는 가장 확실한 증거 유형. 예컨대, 능력 A는 우수한데 능력 B는 문제가 있는 사례와 그 반대 사례를 찾아낸다면, 능력 A와 B 사이에 이중 해리가 있다고 볼 수 있다.

빈도 효과는 불규칙에만 나타나는가?

Frequency Effect for Irregulars, but not for Regulars?

이중 메커니즘 모델을 있는 그대로 수용한다면 불규칙 형태에는 '빈도 효과(frequency effect)'가 나타나지만 규칙 형태에는 나타나지 않을 것으로 예상하게 된다(Pinker와 Prince 1991, Prasada와 1990). '이중경로이론(dual route theory)'에 따르면 불규칙은 빈도의 영향을 받는 메모리 기반 체계가 담당하고 규칙은 단어의 빈도가 ('walked'처럼) 높은 경우와 ('procrastinated'처럼) 낮은 경우에 모두 차별 없이 적용되는 규칙 기반 체계가 담당하기 때문이다.

Prasada 외(1990)는 영어 원어민 화자들을 대상으로 이와 같은 예측을 검증했는데, 결과가 약간 애매하게 나왔다. 영어 동사의 기본형을 제시했을 때 과거시제 형태를 생각해 내는 반응 시간(reaction time) 연구를 통해서 불규칙에는 빈도 효과가 나타나고 규칙에는 나타나지 않는 것을 발견했다. 하지만, 그들은 예상했던 것과 달리 '역빈도 효과(anti-frequency effect)'도 나타나는 것을 발견했다. 영어 원어민 화자들은 고빈도 과거시제의 규칙 형태보다 저빈도 과거시제의 규칙 형태를 더 빨리 생각해 냈던 것이다.

Beck (1997)

Prasada 외(1990)의 연구를 확장 복제한 Beck(1997)은 컴퓨터 스크린에 하나씩 나타나는 동사를 보고 그것의 과거시제 형태를 말하는 과제에서 영어 원어민 화자(NS)와 비원어민 화자(NNS)의 반응 시간(RT)을 측정하였다. 그녀의 전반적인 가정은 원어민을 대상으로 했을 때는 (Prasada 외 (1990)에서와 마찬가지로) 빈도 효과가 오직 불규칙에서만 나타나고 비원어민을 대상으로 했을 때는 규칙과 불규칙에서 모두 나타난다는 것이었다. 비원어민에 대한 예측은 이론적인 측면에서 비원어민의 경우 규칙 기반의 수행이 제약되는지를 확인할 수 있다는 점에서뿐만 아니라 입력의 빈도가 (어린이 L1이 아닌) 성인 L2의 형태론적 습득 순서에 대한 예측변수로 작용한다는 과거 Larsen-Freeman(1976), Larsen-Freeman과 Long(1990)의 경험적 연구와도 연관되어 있다는 점에서 특별히 흥미롭다. Beck은 비원어민이 원어민에 비해 언어적 표상에 대한 입력 빈도의 영향을 더 많이 받는다고 가정한 것이다.

하지만, 이번에도 결과는 다소 확정적이지 않게 나왔다. 그녀가 (원어민들과 TOEFL이 최소 530점 이상인 다양한 L1의 비원어민들에게 각각 3번씩) 진행한 6개의 실험은 〈표 3.1〉에 요약되어 있다.

원어민에 대한 실험 〈1〉은 기본적으로 Prasada 외(1990)을 복제한 것이었는데, 불규칙에서는 빈도 효과가 나타났고, 규칙에서는 역빈도 효과, 즉 저빈도의 규칙 형태들이 고빈도의 규칙 형태들보다 훨씬 빠르게 처리되는 결과가 나타났다. Beck은 이와 같은 결과가 이중 메커니즘 모델과 일치하는 것이라고 주장했는데, 그 이유는 만약 연상기억이 규칙적인 굴절형태를 처리하는 데도 관여하고 있다면 규칙적인 형태에서 역빈도 효과가 나타나지 않아야 한다는 것이었다. 하지만, 비원어민에 대한 실험 〈2〉에서는 Beck이 예상했던 규칙 동사에 대한 빈도 효과가 관찰되지 않았다. 더 나아가 실험 〈2〉에서는 규칙 동사에 대한 근소한 차로 유의미한 (marginally significant) 역빈도 효과도 발견되었다. 이는 L2 학습자는 원어민에 비해 입력 빈도에 영향을 더 받을 거라는 그녀의 예측을 거스른다. 이 결과에 대해 그녀는 L2 학습자들이 불규칙 과거 형태를 반복적으로 자주 연습하기 때문에 그러한 빈도의 차이가 상쇄되어 아무런 빈도 효과가 나타나지 않은 것이라고 해석했다.

규칙 동사의 역빈도 효과와 관련하여, Beck은 Prasada 외(1990)나 그녀가 발견한 역빈도 효과가 심리학 자극 세트에 규칙과 불규칙이 모두 포함되어 있어서 발생한 것이라고 해석했다. 규칙과 불규칙의 과거가 모두 활성화되면서 음성적으로 유사한 불규칙 형태들이 규칙 과거형의 인출을 지연시켰다는 것이다. 왜 고빈도의 규칙 형태들만 처리 속도가 느려지는지는 명확해 보이지 않지만, Beck은 불규칙 동사들 대신에 동사가 아닌 (전치사, wh-words, 대명사처럼 '불규칙 형태가 없다'고 대답하도록 지시된) 방해 자극(distractor)들을 포함시킨 후에 원어민들을 대상으로 규칙 굴절에 대한 실험인 실험 〈3〉을 실시했다. 그녀는 정말로 원어민들에게서 유의미한 빈도 효과를 발견할 수 없었다. 비원어민을 대상으로 한 실험 〈4〉에서는 'jxtjq'처럼 의미 없는 자음의 연쇄를 방해 자극으로 사용했지만 L2 학습자들에게서 유의미한 역빈도 효과를 발견했다. 그녀는 이러한 역빈도 효과가 'head'나 'own'처럼 동사가 아닌 것으로 해석될 수도 있는 동사들이 포함되어 있어서 발생한 것이라고 주장했는데, 이들 동사에 대해 참가자들은 'headed', 'owned'와 같은 적절한 과거형을 말하는 대신 과거형이 없다고 잘못 대답했다는 것이다.

이제 Beck은 자극 세트를 수정하기 위해 원어민 화자들로부터 동사다움에 대한 평가 순위를 수집하고, 이번에는 '진짜 동사일 것이다'와 '아마 동사일 것이다'로 평가된 동사들과 임시어(nonce word)로 이루어진 자극 세트를 가지고 원어민(실험⟨5⟩)과 비원어민(실험 ⟨6⟩)을 대상으로 규칙 굴절에 대해서만 실험하였다. 이번에는 두 집단에서 모두 빈도 효과가 나타나지 않았다. 그러므로 Beck은 원어민에 대해서는 이중 메커니즘 모델이 정당하지만 L2 학습자가 규칙과 불규칙에서 모두 빈도에 영향을 받는다는 가설은 뒷받침되지 못했다고 결론지었다. 사실 전반적인 결과들은 L2 학습자들이 (실험 ⟨2⟩의) 불규칙 과거나 (실험 ⟨6⟩의) 규칙 과거에서 모두 빈도의 영향을 받지 않았다는 것을 보여준다. L2 학습자들은 각각 다른 이유로 빈도에 영향을 받지 않는 것으로 보이는데, 불규칙에서는 ('come-came', 'go-went'처럼 불규칙 과거 형태를 반복하여 외우는) 과거시제에 대한 연습의 효과 때문에, 규칙에서는 원어민과 같은 이유에서 그런 것 같다.

표 3.1 Beck(1997)에서 발견된 유의미한 효과들

실험(원어민)	1	3	5
	(방해 자극 없음)	규칙형만 있고 방해 자극 있음	실제 동사들
빈도 효과	불규칙	--	--
역빈도 효과	규칙	X	X
실험(비원어민)	2	4	6
	(방해 자극 없음)	규칙형만 있고 만들어낸 단어의 방해 자극 있음	실제 동사들
빈도 효과	X	--	--
역빈도 효과	규칙(근소한 차)	규칙	X

Note
X=발견된 유의미한 효과 없음

Beck(1997)의 연구는 Prasada 외(1990)가 발견했던 영어 원어민의 역빈도 효과를 본격적으로 다루었다는 점에서 중요성을 띤다. Prasada

외(1990)의 연구는 자주 인용되어 오긴 했지만 학회에 발표된 후로 논문으로 정식 게재된 적은 없었기 때문이다. 동시에 이 연구는 반응 시간(RT) 연구에서 빈도 효과와 역빈도 효과가 자극 세트의 조합, 방해 자극(distractor)의 속성, 그리고 원어민이 아닌 경우 언어 학습의 내력과 같은 다양한 요인에 영향을 받을 수 있다는 것을 보여주었다. 원어민들은 주어진 동사의 과거시제 형태를 언어를 이해하고 산출하는 언어 사용을 통해 습득하므로 비원어민들처럼 그것을 연습해서 만들어낼 필요가 없다. L2 학습자들, 특히 교습을 받는 학습자들은 대부분 동사의 패러다임을 학습하는 어떤 시점에서 그러한 연습을 거치게 된다. 이러한 현실을 감안한다면 원어민과 비원어민을 동등한 선상에서 비교하는 방식의 타당성에 의문이 제기된다.

게다가 원어민에게조차 규칙과 불규칙에 관련된 과제는 매우 다르게 다가온다. 규칙의 과거형을 만드는 것에는 '-ed'를 붙이는 작업이 수반되는데, 이 과정은 의식적인 전략을 통해 더욱 촉진될 수 있고, 그로 인해 실험의 데이터가 어느 정도 오염될 수 있다. 실제의 삶에서 경험하는 언어 처리의 이해와 산출에서 그와 같은 의식적인 전략은 수반되기가 어렵다. 이에 반해, 불규칙을 산출하는 것은 '-ed'를 가져다 붙이는 단순한 전략이 통하지 않기 때문에 상당히 다르다. 불규칙의 경우 (주로 초성, 때로는 어미에서의) 소리나 동사 의미의 유사성에 대한 기억을 더듬어서 과거형을 생각해내는 과정을 거치게 된다. 다른 말로, 기본형으로부터 규칙 과거형을 생각해내는 과정은 참가자가 의식적인 (그러므로 자연적이지 않은) 노력과 전략의 영향을 심하게 받지만, 불규칙 과거형을 생각해내는 과정은 의식적인 노력과 전략의 영향을 덜 받는다.

Jaeger 외(1996)은 신경촬영술(neuroimaging)인 PET를 사용하여 원어민 화자의 영어 규칙과 불규칙 과거형 산출 과정을 연구하였는데, 그 결과 의식적인 전략이 명백하게 수반되고 있음을 알아냈다. 그들의 실험에서는 규칙형과 불규칙형이 따로 묶여서 진행되었기 때문에 '-ed'를 붙이기만 하면 되는 규칙형의 과제는 매우 쉬웠고, 그 결과 불규칙 과거형을 산출할 때의 신경 활동과는 매우 다른 패턴이 나타났다. 사실 Seidenberg와 Hoeffner(1998)이 지적했듯이, 그러한 패턴의 차이는 언어적 표상의 차이보다는 제시된 과제의 속성을 반영했을 가능성도 있다. 그러므로 기본형으로부터 과거형을 산출하는 과제는 조심스럽게 해석되어야 한다.

Birdsong과 Flege (2001)

연령 효과가 문법의 규칙 기반적인 양상보다 어휘 기반적인 양상에서 더 강하게 나타난다는 것을 보고했던 Flege 외(1999)[1]의 선행 연구를 토대로, Birdsong과 Flege(2001)은 미국에 거주하기 시작한 연령(AOA; age of arrival)이 다양하게 나타나는 ESL 학습자들의 규칙과 불규칙 과거 및 복수형에 대한 선다형 검사에서 과거시제와 복수 형태에 대한 규칙성과 빈도의 상관성을 검사하였다. 예를 들어, 학습자들은 컴퓨터 스크린에서 다음과 같은 선택형 문항들이 제시되는 것을 보면서 맞는 것을 고르도록 지시받았다.

---

1) Flege 외(1999)는 이곳에서 검토되지 않았다. 그들이 사용한 규칙 기반과 어휘 기반 항목들이 규칙과 불규칙을 구분하는 방식과 잘 대응하지 않기 때문이다.

1. There are five   a. knuckli   on each hand.

b. knuckle

c. knuckles

d. knackle

e. knuckleses

(각 손에는 다섯 개의 손가락 마디가 있다)

2. Yesterday the little girl a. swim   for the first time.

b. swam

c. swimmed

d. swims

e. swammed

(어제 그 작은 소녀는 처음으로 수영을 했다)

　　정확도에 관한 데이터는 불규칙에 대한 빈도 효과를 명확하게 보여주지만 규칙에 대한 빈도 효과는 보여주지 않는다. 특히 저빈도 규칙은 고빈도 규칙에 비해 현저히 더 어려웠지만, 규칙에 대해 두드러지게 나타나는 빈도 효과는 없었다. Birdsong과 Flege는 그 결과가 "기호적으로 표상된 규칙형들의 연산은 기본형의 빈도에 영향을 받지 않는 반면 기억에 자리잡은 어휘적인 표상은 입력의 빈도에 영향을 받는다는" 이중 메커니즘 모델과 일치한다고 주장했다(p. 128).

표 3.2 Birdsong과 Flege(2001)에 보고된 규칙성과 빈도의 상관성

	스페인어 L1		한국어 L2	
	비례적 정확도	표준 편차	비례적 정확도	표준 편차
고빈도 규칙	0.94	0.15	0.97	0.06
고빈도 불규칙	0.72	0.27	0.87	0.13
저빈도 규칙	0.90	0.17	0.94	0.07
저빈도 불규칙	0.54	0.37	0.66	0.23

그들의 결과는 단순하게 보면 이중 메커니즘 모델을 뒷받침해주는 것처럼 보이지만, 우리는 반응 시간 연구에서 불규칙에 대한 어떤 빈도 효과도 찾아내지 못했던 Beck(1997)과 관련지어 그들의 해석에 조심스럽게 다가갈 필요가 있다. Birdsong과 Flege의 과제는 주어진 문장의 맥락에서 맞는 형태를 선택하는 것이었는데, 이것은 Beck의 실험에서보다 더 자연스러운 것처럼 보인다. 하지만 학습자들은 규칙형의 과거시제를 생각해 내기 위해 명시적 지식과 같은 의식적인 전략을 사용할 수 있기 때문에, 실시간으로 이루어지는 언어 이해와 산출에서 과거형이나 복수형의 굴절을 사용하는 능력은 평가받지 못할 수 있다. 한편, L2 학습자들은 올바른 과거 시제 형태를 알아야 하는데, 고빈도 항목보다 10배까지 더 빈도가 낮은 저빈도 항목에 대해서 이것이 반드시 쉽지는 않았을 것이다. 그러면, Beck의 실험 참가자들에게서는 왜 불규칙에 대한 빈도 효과가 나타나지 않았을까? 우리는 Beck의 실험 〈2〉에 참가한 사람들이 북텍사스대학교(University of North Texas)에 다니는 ESL 학습자들이었고, TOEFL 점수 530 이상에, 거주 기간이 평균 3.2년으로 2개월부터 13년까지 다양한 이들이었음에 유의할 필요가 있다. 그러므로, 그들은 미국에서 공부를 하고 있는 전형적인 '외국인 학생들'이었던 것이다. Beck은 다음과 같이

말한다.

　　고빈도와 저빈도 동사의 기본형과 과거시제 형태를 선정하기 위해 Francis와 Kučera(1982)에서 연구한 빈도수가 고려되었다. Prasada 외(1990)의 설계를 따라 규칙과 불규칙 동사의 비교를 위한 짝들이 선정되었다. 하지만, 현재의 실험들은 L2 화자들을 동원한 것이기 때문에 동사의 풀은 상대적으로 더 빈도수가 높은 것들로 한정되었다. 이러한 제약이 필요한 이유는 비원어민 대상자들의 경우 짝지어진 원어민에 비해 영어에 대한 노출이 적기 때문이다. 그러므로, 전반적으로 빈도수가 높은 동사들을 사용함으로써 비원어민에 대한 불균형이 어느 정도 상쇄될 수 있을 것이다.

(Beck 1997, p. 102)

　그러므로 Beck의 저빈도 불규칙의 목록은 (그녀의 부록을 보면) Birdsong과 Flege가 실험에서 사용했던 불규칙 (명사와) 동사들보다 훨씬 더 빈도수가 높은 것들로 구성되었을 것이다(Birdsong과 Flege의 논문에는 목록이 나와 있지 않다). 더 나아가, Birdsong과 Flege의 연구에서 조사된 L2 학습자들은 원어민들처럼 미국에서 입력과 상호작용을 통해 영어를 더 자연스럽게 습득하고 있었던 것으로 보인다. 그들의 연구는 본질적으로 연령 효과를 다루고 있었기 때문에 이미 언어 습득이 종결된 상태에 있는 학습자들로부터 자료를 수집할 필요가 있었기 때문이다. 실제로, 연구에서 다루어졌던 학습자들의 미국 거주 기간은 10년에서 16년 사이에 걸쳐 있었기 때문에 Birdsong과 Flege는 "우리는 참가자들의 L2 습득이 큰 변화가 없는 상태로 안정되어 있다는 것을 확신할 이유가 있다고 느꼈다(p. 125)"

라고 밝히기도 했다. 이것이 바로 그들의 연구에서 Beck의 연구와 달리 빈도 수가 극도로 낮은 불규칙적인 동사들을 목록에 포함시킬 수 있었던 이유일 것이다. 요약하자면, Beck의 연구와 Birdsong과 Flege의 연구의 차이는 (1) 저빈도 불규칙 항목들의 목록이 Birdsong과 Flege의 연구에서 사용된 것이 훨씬 더 어려웠고, (2) 두 연구의 참여자들이 이질적이었던 것에서 기인한 것일 수 있다. 앞에서 언급했던 주의 사항이 이번에도 적용된다. 어떤 가설을 뒷받침하는 것처럼 보이는 결과들은 자극 항목들의 목록이나 학습자들의 특성과 같은 다양한 과제 특정적 요인으로부터 영향을 받을 수 있다.

이것은 '이중 메커니즘'을 가지고 있다는 것이 진정으로 의미하는 것이 무엇인지를 다시 생각하게 해준다. Beck의 연구와 Birdsong과 Flege의 연구들은 원어민들을 대상으로 수행되었던 기존의 연구들과 마찬가지로 항목과 요구되는 반응의 상호작용으로 인해 참가자들에게 완전히 다른 요구를 지닌 과제로 비치게 된다. 이 발견들은 애초에 제안된 것처럼 이중 메커니즘에 대한 증거로 여겨질 수 있을까? 과제의 요구가 두 개의 다른 정신적 과정들을 인위적으로 발생시키지 않도록 과제와 자극의 조합을 잘 구성하여 규칙과 불규칙 항목의 처리를 담당하는 두 가지의 정신적인 표상을 모두 도청해 내는 것이 앞으로 해야 할 일이다.

Lalleman, van Santen과 van Heuven (1997)

Lalleman 외(1997)은 네덜란드어 원어민 27명과 네덜란드어를 배우는 고급 L2 학습자 28명을 대상으로 Prasada 외(1990)의 실험 패턴을 모방한 네덜란드어 과거시제 산출 과제를 사용한 연구를 반응 시간을 종속 변수(dependent measure)로 설정하여 수행하였다. 원어민과 비원어민 모두 불규칙에서는 빈도 효과가 나타났지만, 규칙 과거형에서는 나타나지 않았는데, 이는 이중 메커니즘 모델과 부합한다. 학습자들의 L1은 영어 6명, 중국어 4명, 독일어 4명, 폴란드어 2명, 일본어 2명, 프랑스어 2명, 헝가리어 2명, 이탈리아어 2명, 세르보-크로아티아어 1명, 인도네시아어 1명, 아일랜드어 1명, 에스토니아어 1명으로 다양했지만, L1의 영향을 분석해 본 결과 아무런 영향도 발견되지 않았다. L1이 영어/독일어인 네덜란드어 학습자와 L1이 일본어/중국어인 네덜란드어 학습자 모두 질적으로 같은 결과를 보였다. 놀라울 정도로 과거시제의 형태를 과도하게 일반화하여 사용하는 이들의 공통적인 경향은 L1의 영향이 미미하다는 것을 시사한다. 하지만, 이 연구에서 일본인과 중국인 참여자들을 한 그룹으로 묶은 것에는 의문이 제기된다, 일본어는 과거시제 표지 '-ta'가 필수적이지만 중국어는 그렇지 않고 중국어에서 이와 유사한 완료의 '-le'는 선택적이기 때문이다. 일본어는 교착어(agglutinative language)이고 중국어는 굴절이 거의 없는 분석적 언어(analytic language)라는 점에서 유형론적인 차이가 큰 편이다.

Ellis와 Schimidt (1998)

학습자의 L2에 대한 과거의 경험과 같은 몇 개의 변수들을 통제하기 위해서, Ellis와 Schmidt(1998)[2]은 7명의 영어 원어민을 대상으로 인공어(artificial language)의 복수 형태 학습에 대한 실험을 수행했다. 그들은 20개의 어휘 항목과 그것의 복수형(plural forms)을 15일 동안 (대부분

---

2) 이 연구에 대한 1차적인 보고는 Ellis와 Schmidt(1997)에서 나타난다.

하루 1시간씩) 학습했다. 그 어휘들은 학습의 수월성을 위해 영어와 어원적인 유사성을 가지도록 고안되었고 복수의 상태를 접두사로 표시했다. 예를 들어 규칙형의 경우 'garth(자동차)', 'pid(침대)'에 복수형 접두사 'bu-'가 붙어서 'bugarth(자동차들)', 'bupid(침대들)'이 되고, 불규칙형의 경우 'feem(전화)', 'brol(우산)'에 복수형 접두사 'go-', 'gu-', 'zo-', 'nu-', 'ni-', 've-', 'vu', 're-', 'ro-'가 붙어서 'gofeem(전화기들)', 'gubrol(우산들)'이 되는 식이다. 빈도와 규칙성의 상관성 효과를 검증하기 위해서 고빈도 항목들은 저빈도 항목들에 비해서 5배 더 많이 제시되었다. 그리고 기본형과 복수형의 학습은 모두 그림과 단어의 연상(association)을 통해서 진행되었다.

Ellis와 Schmidt는 축소판의 인공어를 사용했기 때문에, 형태를 습득하는 과정에서 빈도와 형태론적 규칙성이 시간의 흐름에 따라 어떤 상관성을 보이는지를 자세히 추적할 수 있었다. 그들은 정확도와 반응 시간을 종속변수로 사용하여 이중 메커니즘 모델이 예상하는 빈도와 규칙성의 상관성을 발견했다. 빈도 효과는 규칙적인 복수형보다 불규칙적인 복수형에서 전반적으로 더 두드러지게 나타났다. 하지만 Ellis와 Schmidt는 다양한 유형의 항목들이 발달하는 상황을 지켜보면서 (1) 학습의 처음 시작 단계에서 규칙형에 대한 빈도 효과가 나타나는 것과 (2) 규칙적인 항목들이 급속도로 높은 정확도에 도달함으로써 고빈도와 저빈도 항목에서 모두 천정 효과(ceiling effects)가 나타나는 것을 발견했다(〈그림 3.2〉를 보라). 이것은 학습자가 일단 bu-가 어떤 명사들의 복수형 표지라는 것을 깨닫는다면 바로 그것을 쉽게 적용할 수 있기 때문일 것으로 이해된다. 이와 대조적으로, 불규칙 복수형 표지들은 다양하기 때문에 습득하는 데 시간이 오래 걸린다. 그러므로 불규칙 복수형 표지들에 대한 학습의 정확도는 전반적으로 낮은데, 특히 저빈도 항목에서 더욱 낮다.

　　Ellis와 Schmidt(1998)은 인간 대상 실험에서 사용되었던 빈도-규칙성 구조와 거의 같은 네트워크 시뮬레이션을 수행했다. 〈그림 3.1〉에서 보이는 것처럼 그들은 22개의 입력 유닛을 사용했는데, 그 중에서 20개는 학습자들에게 훈련되었던 '자동차', '침대', '우산'과 같은 목표 명사의 그림을 표상했다.

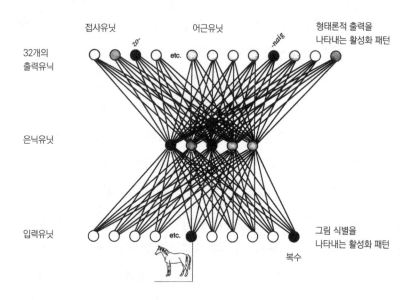

[그림 3.1] 연결주의 모델의 구성

유닛들과 연결의 일부만 제시되어 있다. (생략된 유닛들은 'etc.'로 표시되어 있다. 입력 유닛의 어두운 명암은 활성화의 증가에 대응한다. 이 그림은 입력이 복수의 말 그림 자극을 표상하고 출력이 *zo-naig* 반응을 표상하도록 훈련된 네트워크의 활성화 상태를 묘사하고 있다. (Ellis와 Schmidt 1997, p. 157).

남은 2개의 입력 유닛들 중 하나는 20개의 유닛에 의해 표상되는 훈련 세트에 포함되지 않은 일반화 항목을 나타냈고, 다른 하나는 그 명사가 단수인지 복수인지를 나타냈다. 출력 유닛들은 32개로 구성되어 있는데, 이들 중에서 20개는 그 단어의 어근(stem)이 입력 유닛에서 표상되는 그림들에 대응하는 단어들의 어근 형태를 표상했다. 나머지 12개의 유닛들은 접사들 표상했는데, 그 중 11개는 'go-', 'gu-', 'zo-' 등의 불규칙 접사를 나타냈고, 1개는 규칙 접사 'bu-'를 나타냈다.

은닉 유닛 규모의 효과를 검사하기 위한 목적으로 은닉 유닛의 수는 3, 5, 8, 15개로 다양화하였다.

이 네트워크는 처음에는 인간과 유사한 경험을 하도록 단수 형태에 대한 훈련을 받았고 주어진 그림의 올바른 단수형을 출력하도록 학습했다. 그리하여, Cotrell과 Plunkett(1994)에서와 마찬가지로 의미에서 형태로의 직접적인 연상을 학습했다. 네트워크는 500에포크(epoch)에 걸쳐 단수 형태에 대한 훈련을 마친 후에 700에포크에 걸친 복수 형태에 대한 훈련을 받았다. 복수 형태에 대해서는 빈도와 규칙성을 조작한 81번의 훈련이 무작위적인 순서로 이루어졌다.

A. 단수 형태에 대한 훈련에서와 같은 21개의 단수 형태 1회 제시

B. 5개의 고빈도 규칙 형태 5회 제시 (HiFreqReg)

C. 5개의 고빈도 불규칙 형태 5회 제시 (Hi FreqIrreg)

D. 5개의 저빈도 규칙 형태 1회 제시 (LoFreqReg)

E. 5개의 저빈도 불규칙 형태 1회 제시 (LoFreqTrreg)

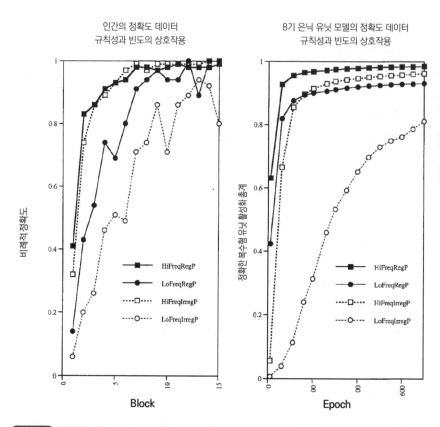

그림 3.2 인간과 8개의 은닉 유닛을 가진 연결주의 시뮬레이션의 수행 비교 (Ellish와 Shmidt 1998, p. 324)

Ellis와 Schimidt는 네트워크 시뮬레이션이 인간의 데이터와 대체로 비슷한 습득 패턴을 보이는 것을 발견했다(〈그림 3.2〉 참조). 모든 유형의 빈도-규칙성 상호작용에서 빈도 효과가 나타났는데, 이 빈도 효과는 불규칙뿐만 아니라 규칙에서도 발견되었다. 이 결과는 Bybee(1985), Stemberger와 MacWhinney(1986)과도 일치한다. 이를 통해 기존의 연구에서 발견했던 규칙에 대한 빈도 효과의 부재는 불규칙을 학습하는

데 더 많은 시간이 필요하기 때문에 비롯된 결과임을 짐작할 수 있다. Ellis와 Schmidt는 다음과 같이 설명한다.

인간과 모델은 둘 다 비슷하게 고빈도 항목들을 저빈도 항목들보다 현저하게 빨리 학습했다. 규칙적인 항목들은 불규칙보다 눈에 띄게 빨리 학습되었다. 빈도 효과가 불규칙보다 규칙에서 더 적은 구간에서도 빈도와 규칙성의 상관성은 유의미하게 나타났다. (Ellis와 Schmidt 1998, p. 327)

인간과 네트워크 시뮬레이션으로부터 구한 Ellis와 Schmidt의 병렬적 데이터는 "규칙에는 빈도 효과가 나타나지 않는다는" 이중 메커니즘 모델의 주장에 저항하는 강력한 증거를 제공한다. 이중 메커니즘을 주장하는 사람들은 불규칙 항목은 (그것이 출현 빈도가 높다는 바로 그 이유로 인해 불규칙으로 남을 수 있는 것이므로) 자연언어에서 매우 높은 출현 빈도를 보이는 경우가 대부분이고(Pinker와 Prince 1991, p. 122), 따라서 Ellis와 Schimidt의 연구에서 사용된 규칙과 불규칙 항목의 균형은 자연언어의 실제 모습을 반영하지 못한다고 반론할 수 있다. 하지만 이러한 문제점은 규칙과 불규칙 항목의 빈도적인 편향성을 반영한 새로운 시뮬레이션을 통해 검증하는 것이 가능하다.

마지막으로 시뮬레이션의 인식론상의 지위에 대한 논의가 필요해 보인다. 이 절에서 지금까지 검토했던 (규칙과 불규칙에 나타나는 빈도 효과에 대한) L2 습득 분야 4개의 연구 중에서 Ellis와 Schmidt(1998)만이 네트워크 시뮬레이션을 적용하고 있다. 여기서 보고된 인공어를 학습하는 영어 원어민의 데이터는 인공어가 영어 원어민들에게는 L2나 마찬가지이기 때문에 인간이 새로운 L2를 배우는 하나의 사례로 간주될 수 있다. 이와 반대로, 학습을 수행한 네트워크 시뮬레이션은 Rosi(2009b)가 지적한 바와 같이 어떤 L2의 요소도 가지고 있지 않으므로 L2가 아닌 L1의 습득을 시뮬레이션한 것으로 간주되어야 한다. 혼란을 피하기 위해 이 연구에 대한 예비 발표문(Ellis와 Schmidt 1997)이 『Studies in Second Language Acquisition(제2언어 습득 연구)』에 실렸음을 밝힌다[3]. 네트워크가 영어 복수형을 먼저 학습하게 하고, 그 다음에 인공어를 학습하도록 해 본다면 흥미로울 것이다. 그리고 필수적인 복수 표지가 없는 다른 L1에 대한 시뮬레이션과 결과를 비교해 보는 것도 흥미로울 것이다.

영어(Beck 1997, Birdsong과 Flege 2001)와 네덜란드어(Lalleman 외 1997), 그리고 인공어(Ellis와 Schmidt 1998)의 규칙과 불규칙 (과거와 복수) 굴절에 대한 빈도 효과를 검증하고자 했던 이들 초기 연구들은 불규칙에서 빈도 효과가 나타난다는 원래의 주장을 대체로 지지해주지만, 이들 연구에서는 동시에 (Lalleman 외의 연구를 제외하고) 이중 메커니즘 모델이 맞다면 나타나지 말아야 할 규칙에서의 빈도 효과와 역빈도 효과도 발견되었다. 위의 연구들은 또한 이러한 효과들이 과제 요구, 구성 항목의 조직, L2 학습에 대한 참여자의 과거 경험 등 간의 상호작용에 기인한 것일 수 있고, 특히 수많은 의식적인 전략들이 개입되었을 가능성도 있으므로 반드시 L2 학습자의 두뇌에 규칙과 불규칙 굴절이 조직되는 방식을 반영한다고 보

---

3) Jensen과 Ulbaek(1994)의 연결주의 시뮬레이션은 『Applied Linguistics(응용언어학)』에 게재되었고 L2의 습득에 대한 한계를 밝히고 있지만 여기에서 검토되지 않았다. L2의 요소를 가지고 있지 않기 때문에 덴마크어 과거시제의 규칙과 불규칙, 즉 L1에 대한 시뮬레이션으로 간주되어야 하기 때문이다.

기 어렵다는 것을 보여준다. 의식적인 전략이 결과에 영향을 줄 수 있다는 이와 같은 유의 사항은 Seidenberg와 Hoeffner(1998)에서 보고한 것과 같은 원어민들로부터 얻어진 데이터에도 어느 정도 적용이 된다.

Babcock, Stowe, Maloof, Brovetto와 Ullman (2012)

기존의 L2 연구들이 빈도 효과에 대해서 서로 충돌하는 결과를 내놓자, Babcock 외(2012)는 Beck(1997)과 같은 기존의 연구에서 통제되지 않았던 요인들을 더 체계적으로 식별함으로써 어떤 요인들에 결과에 영향을 주는지를 조사하였다. 그들은 규칙성, 거주 기간, 거주하기 시작한 나이(age of arrival), 모어(중국어 vs 스페인어), 성별을 조사했다. '혼합 효과 회귀 모델(mixed effects regression model)'을 사용하여 70명의 미국 영어 원어민과 (28명의 중국어 화자와 28명의 스페인어 화자로 구성된) 56명의 비원어민들로부터 얻은 데이터가 분석되었다. 그들은 Berko(1958)가 창안했던 'wug' 테스트(e.g. *Fail: Every day I fail an exam. Just like every day, yesterday I _____ an exam.*)처럼 빈칸을 완성해서 문법적인 문장을 만드는 과제에서 참가자들이 과거형을 만드는 반응 시간을 조사하고, 어떤 요인이 동사의 과거시제 빈도와 유의미한 상관성을 보이는지 검사했다. 여기서 제시된 동사의 과거시제 빈도는 Francis와 Kučera(1982), Baayen, Piepenbrock과 van Rijn(1993), 그리고 CELEX 데이터 베이스에 근거한 것이다. 이 연구에서는 중국어나 스페인어 같은 학습자의 L1은 유의미한 효과가 없다는 것과 영어 원어민에게서는 빈도 효과가 규칙보다 불규칙에서 훨씬 더 유의미하게 나타났다는 것을 발견했지만, 비원어민에게서는 유의미한 차이가 없었다. 또한 비원어민들이 원어민들보다 규칙에 대해 훨씬 더 유의미한 빈도 효과를 보였지만 불규칙에 대해서는 그렇지 않았다. 이러한 결과들과 데이터에 대한 분석을 토대로, Babcock 외(2012)는 불규칙 과거시제는 언제나 기억에 저장되는 반면 규칙 과거시제는 다양한 요인들의 작용으로 인해 즉석에서 구성되기도 하고 저장되기도 한다고 제안했다. 그들은 "남성과 여성 모두 L2에서 규칙을 저장한다. 하지만 L1에서는 오직 여성만이 규칙을 저장한다. 여성의 경우에는 거주 기간이 길수록 저장하는 방식에 덜 의존하는 경향이 나타나고, 성인의 경우 거주 시작 연령이 높을수록 저장 방식에 더 의존하는 경향이 보인다."라고 결론을 내렸다(p. 820).

　빈도 효과가 규칙과 불규칙, 혹은 화자가 원어민인지에만 관련된 것이 아니라 성별[4]이나 학습자의 유창성과 같은 개인적인 차이와도 관련되어 있다는 것을 밝혔다는 점에서 Babcock 외(2012)는 특별한 기여를 했다.

　하지만, 규칙-불규칙 논쟁이 주로 영어 형태만을 중심으로 이루어져 온 것에 대한 비판도 제기된다. 영어는 규칙과 불규칙 형태의 구분이 뚜렷한 언어지만, 그러한 형태론적인 구분을 필요로 하지 않는 언어들도 많기 때문이다. 딘카(Dinka)어는 명사가 수에 따라 굴절하지만 규칙적인 형태는 없다(Ladd, Remijsen과 Manyang 2009). 러시아어의 경우 실제적으로 완벽하게 불규칙적인 동사는 없으며, 동사들은 형태론적인 복잡성에 따라 정도의 차이는 있지만 언제나 규칙성을 가지는 것으로 간주된다(Gor와 Cook 2010, 밑에서 다시 논의됨). 사실 세계의 언어들 중 대다수는 형태론적 패러다임이 영어와 다르다. 또한 L1 처리에 관한 문헌들을 살펴보

---

4) 규칙 대 불규칙 형태의 처리에서 성별의 차이는 Ullman(2004)의 서술/절차 모델에 제안되어 있다.

면 어떤 언어에 대한 연구는 이중 메커니즘을 지지하고(히브리어: Frost, Deutsch와 Forster 2000, 그리스어: Tsapkini, Jarema와 Kehayia 2002, 포르투칼어: Veríssimo와 Clahsen 2009, 헝가리어: Lukács와 Pléh 1999), 어떤 언어에 대한 연구는 단일 메커니즘을 지지한다(이탈리아어: Orsolini와 Marslen-Wilson 1997, 프랑스어: Meunier와 Marslen-Wilson 2000, 폴란드어: Reid와 Marslen-Wilson 2002). 이와 같은 결과들은 L2 처리에 대해서도 범언어적인 연구가 필요하다는 것을 깨닫게 해준다. 그리하여 제2언어 습득에서 단일 메커니즘과 이중 메커니즘의 문제를 다루는 연구는 자연스럽게 데이터베이스를 다른 언어들로 확장되는 다음 단계로 넘어가게 되었다.

Bowden, Gelfand, Sans와 Ullman (2010)

Bowden 외(2010)은 스페인어 현재시제와 비완료과거의 규칙과 불규칙에 대한 산출 연구에서 17명의 원어민과 (스페인어를 외국어로 배우는 영어가 모어인 중급, 고급 학습자) 14명의 비원어민에 대한 다양한 빈도 효과의 패턴을 발견했다. Bowden 외(2010)는 반응 시간을 종속변인으로 설정하고 굴절형의 빈도를 사용하여 빈도 효과를 측정했다. 원어민들은 현재시제에 대한 과제에서 원형이 '-er'이나 '-ir'로 끝나는 II/III 부류 동사 현재시제 형태의 'vendor-vendo(to sell-I sell)'과 같은 규칙형과 'perder-pierdo(to lose-I lose)'와 같은 불규칙형 모두에서, 그리고 원형이 '-ar'로 끝나는 I 부류 동사들 중 'pensar-pianso(to think-I think)'과 같은 불규칙형에서 빈도 효과를 보였지만, 'pescar-pesco(to fish-I fish)'와 같은 I 부류 규칙형에서는 빈도 효과를 보이지 않았다. 하지만, 비원어민들은 Ⅰ부류 동사의 규칙형을 포함한 모든 경우의 규칙과 불규칙의 현재시제 형태에서 빈도 효과를 보였는데, 이것은 이중 메커니즘 모델의 예견과 충돌한다. 비완료시제에 대한 과제에서는 L1 집단이 Ⅰ 부류를 제외한 Ⅱ/Ⅲ 부류 동사에서 굴절형태의 빈도 효과를 보였으나, L2 집단의 참여자들에게서는 Ⅱ/Ⅲ 부류 동사와 마찬가지로 Ⅰ부류 동사에서도 빈도 효과가 발견되었다. Bowden 외(2010)는 원어민들의 데이터가 (일반적으로) 규칙 굴절에서만 빈도 효과가 나타나지 않는다는 점에서 이중 메커니즘 모델에 부합하는 반면, 비원어민 데이터는 불규칙 굴절에서뿐만 아니라 규칙 굴절에서도 빈도 효과를 보인다는 점에서 이중 메커니즘 모델에 부합하지 않는다고 결론을 내렸다.

Gor와 Cook (2010)

Gor와 Cook(2010)은 러시아어 형태의 규칙성을 이분법적으로 보기보다는 연속성을 띤 것으로 이해해야 한다고 주장했다. 러시아어에서는 가장 불규칙한 동사조차도 규칙절인 굴절의 집합을 활용하므로, 실제적으로 완전히 불규칙적인 동사는 없다. Gor와 Cook(2010)은 러시아어가 매우 유창한 성인 L2 학습자 36명과 태어났을 때부터 러시아어를 쓰다가 어린 시절에 중단한 사람 24명, 그리고 성인 러시아어 원어민 화자 10명을 대상으로 '진짜 동사와 위조 동사 생성 과제' 및 '점화를 수반한 어휘 판단 과제(lexical decision task with priming)'의 두 가지 실험 데이터를 수집하여 동사 기본형의 규칙과 불규칙 굴절형의 처리 과정을 조사했다. 동사 생성 과제에서는 동사의 기본형을 두 번에 걸쳐 들려주고 참여자들에게 먼저 비과거시제형의 일인칭 단수형을 생성한 후에 이인칭 단수형을 생성하라고 요청했다(p. 103). 정확도를 종속변인으로 설정한 결과, 실험에 사용된 다섯 개의 모든 동사 부류(-aj-, -a-, -e-, -i-, -ova-)에서 빈도 효과가 발견되었는데(선택된 동사의 범주에는 빈도가 높고 생산적인 '-aj-', '-i-', '-ova-'에 걸치는 형태론적 복잡성을 보이는 세 부류와 이와 비등하게 '-a-', '-e-', '-i-'의 형태론적 복잡성을 보이는 타입(type) 빈도와 생산성에서 차이가 나는 세 부류가 포함되어 있었다), 빈도가 높은 동사일수록 원어민과 비원어민 모두 생성의 정확성이 높아지는 결과를 보였다.

청각적인 어휘 판단 과제의 경우, '정합 조건(matched condition)'에서는 일인칭 단수 비과거형의 '점화 단어(prime)'와 그와 동일한 동사의 기본형인 '표적 단어(target)'가 사용된 반면 '비정합 조건(unmatched condition)'에서는 정합 조건에서와 동일한 표적 단어들과 함께 그와 다른 동사들의 일인칭 단수 비과거형이 '불일치 점화 단어(unmatched prime)'로 사용되었다[*]. Gor와 Cook(2010)은 규칙형 (-aj-)와 반규칙(-i-), 그리고 불규칙을 포함한 모든 동사 범주에서 점화 효과가 발생한 것을 보고했다. 러시아어 비원어민과 원어민 화자들 모두 불규칙 동사에 대해 더 큰 점화 효과를 보였다. 그들은 이러한 발견들이 (몇몇의 불규칙 동사들을 포함한) 그들이 사용한 대부분의 동사들의 '분해(decomposition)'를 의미한다고 해석했다. Gor와 Cook(2010)은 이와 같은 규칙 기반의

---

[*] 【역주】 정합 조건의 한 예로 점화 단어로 'noshu(옮기다)', 표적 단어로 'NOSIT(carry의 기본형)'이 사용되는 경우를 들 수 있다. 점화 단어로 'sluzhe(섬기다)', 표적 단어로 'NOSIT(carry의 기본형)'이 사용되는 경우는 비정합 조건의 예인데, 여기서 점화 단어는 표적 단어와 상관 없는 다른 단어의 일인칭 단수 비과거형이다.

분해에 대한 고도의 민감성이 L2 학습자들이 받았던 글쓰기 중심의 지도 방식에 기인한 것이라고 설명했다. 글쓰기 중심의 지도 방식은 기억에 기반한 전체 단어의 청각적인 표상을 막을 수 있기 때문이다. 이러한 결과를 바탕으로, Gor와 Cook은 러시아어의 데이터가 단일 메커니즘과 이중 메커니즘 모두와 잘 맞지 않으므로 입력 빈도와 같은 입력 주도 요인과 규칙을 결합한 혼합 모델이 필요하다고 주장했다(Albright와 Hayes 2003, Baayen, Dijkstra와 Schreuder 1997, Dabrowska 2008, Langacker 1987).

연구자들은 규칙과 불규칙 형태의 표상을 조사하기 위한 다른 조사 방법들을 모색하여 '차폐 점화 과제(masked priming)', '자기 조절 읽기(self-paced reading)', '뇌 영상화(brain imaging)' 등의 방법들을 빈도 효과에 대한 실험과 병행하고 있다.

차폐 점화 과제, 자기 조절 읽기, 그리고 뇌 영상화 연구
Masked Priming, Self-paced Reading, and Neuroimaging Studies

Silva와 Clahsen(2008)

Silva와 Clahsen(2008)은 영어 원어민을 통제집단으로 두고 영어를 배우고 있는 독일인, 중국인, 일본인을 대상으로 차폐 점화 과제 실험을 진행하였다. 차폐 점화 과제에서는 점화 단어가 표적 단어를 점화하기 위해 제시되었다는 것을 참가자가 알아차리지 못하도록 참가자에게 점화 단어를 신속하게 보여준다. 이처럼 차폐 점화 과제는 위에서 논의했던 '의식적인 전략'의 알 수 없는 효과를 감소시킬 수 있기 때문에 Silva와 Clahsen(2008)은 기존의 연구들보다 개선된 측면을 가지고 있다. Silva와 Clashen은 〈실험 1〉과 〈실험 2〉를 통해 규칙 과거시제 형태가 점화 효과를 보이는지 검사했는데1), 그 결과 원어민은 규칙 과거시제에서 (예컨대 'walked-walk'와 'walk-walk'에서 동등한 점화가 얻어지는 것 같은) 완전한 점화를 보인 반면, 비원어민은 그러한 점화를 보이지 않는 것(즉 규칙 과거시제 형태가 그것의 어근을 점화하지 않음)을 발견했다. 일본인과 독일인 학습자 사이에는 차이가 발견되지 않았는데, 이는 L1의 영향이 없었음을 시사한다. Silva와 Clahsen은 이러한 원어민과 비원어민의 차이가 비원어민은 원어민에 비해 기억 기반의 어휘 저장에 더 의존하고 형태론적으로 복잡한 단어들에 대한 규칙 기반의 결합 과정에는 덜 의존한다는 것을 의미한다고 주장했다. 안타깝게도 이 연구에서 불규칙에 대한 검사는 이루어지지 않았기 때문에 이중 메커니즘 모델이 맞는지를 완전하게 다루기는 어렵게 되었다. 분해의 증거로 불규칙에서도 점화 효과가 발생하는지 확인할 수 없기 때문에 이중 메커니즘 모델을 지지하는 Silva와 Clahsen의 주장(p. 255)은 완벽한 근거를 갖추지 못했다. 이 연구는 동사의 빈도를 독립변수로 다루지 않고 원어민과 비원어민 사이에 규칙 과거시제 굴절(그리고 파생형태소인 '-ity'와 '-ness')에 대한 점화 효과에 차이가 있는지를 검사하려고 했다는 점에 주목할 필요가 있다.

---

1) 그들은 또한 〈실험 3〉과 〈실험 4〉에서 파생형태소인 '-ity'와 '-ness'의 점화 효과도 검사했다.

Newbauer와 Clahsen (2009)

독일어 '과거 분사(past participle)'는 접미사 '-t'가 붙는 규칙형과 어미의 '-n'과 함께 때때로 어간이 변화하는 불규칙형으로 구분된다. Neubauer와 Clahsen(2009)은 독일어 원어민과 독일의 대학교에서 독일어를 공부하고 있는 독일어가 매우 유창한 폴란드 학습자인을 대상으로 한 심리학적인 실험(어휘 판단 과제와 차폐 점화 과제2))를 통해 독일어 과거 시제 분사에 나타나는 빈도 효과를 검사하였다. 〈실험 2〉의 어휘 판단 과제에서 독일어 원어민들(N=30)은 과거 분사의 불규칙형에서만 빈도 효과를 보이고 규칙형에서는 빈도 효과를 보이지 않은 반면, 비원어민들(N=31, L1 폴란드어)은 규칙형과 불규칙형에서 모두 빈도 효과를 보였다. 그러므로 원어민들의 결과는 이중 메커니즘 모델과 부합하지만 비원어민들의 결과는 그렇지 않았는데, 이는 L2 학습자들이 규칙 형태에서조차도 빈도에 대한 민감하다는 것을 시사한다.

Neubauer와 Clahsen(2009)는 그들의 〈실험 3〉에서 '-t'와 '-n' 분사에 대한 분해(decomposition)의 역할을 조사하기 위해 차폐 점화 과제를 사용했다. 이 실험에는 39명의 독일인과 39명의 비원어민이 참여했는데, 그 결과 불규칙 분사들에 대한 점화 패턴은 L2 집단과 L1 집단이 동일하게 나타난 반면, 규칙 분사들에 대한 점화 패턴은 다르게 나타났다. 더 상세히 밝히자면, 기본적인 규칙 분사인 '-t'에 대해 원어민들은 (검사와 식별 과제의 반응 시간은 비슷했는데, 둘 다 관련성이 없는 점화에 대

---

2) 그들의 문법성 판단과 관련된 〈실험 1〉에서는 명사에서 파생된 동사와 관련된 'denomial' 이슈가 다루어지는데, 이에 대해서는 나중에 따로 검토될 것이다.

한 반응 시간보다 짧게 나타나는) 완전한 점화 효과를 발생시킨 반면 비원어민들은 아무런 점화 효과도 발생시키지 않았다. 즉, 비원어민들은 검사에서의 점화 및 관련성이 없는 점화에 대해 (주제별 비교에 따른) 식별 과제에서보다 현저히 더 긴 비슷한 반응 시간을 보인 것이다. 하지만, 반규칙(semi-regular)/불규칙(irregular)에 해당되는 '-n' 분사들에 대해서는 원어민과 비원어민 그룹이 모두 부분적인 점화를 보였다.

Neubauer와 Clahsen(2009)는 이러한 발견들이 L1 그룹이 규칙과 불규칙 굴절을 다르게 경험한다는 것과 L2 그룹이 불규칙에 대해서는 원어민과 같은 수행을 보이지만 규칙 굴절에 대해서는 그렇지 않다는 것을 보여준다고 제안하였다.

Pliatsikas와 Marinis (2013)

Pliatsikas와 Marinis(2013)은 형태론적 처리 과정을 측정하는 또 다른 방법으로 '자기 조절 읽기(self-paced reading)'를 사용했다. 그들은 그리스인 고급 EFL 학습자 30명과 고급 ESL 학습자 30명, 그리고 영어 원어민 30명을 대상으로 과거시제 규칙과 불규칙 형태의 읽기 과정을 조사했다. 문장을 맥락 단위로 하여 참가자들이 올바른 형태와 잘못된 형태를 읽는 과정이 측정되었는데, 잘못된 형태에는 ('he came' 대신 '*he comed'가 쓰인 경우처럼) 불규칙 동사가 규칙 형태로 변형된 것과 ('he reached' 대신 '*he raught'가 쓰인 경우처럼) 규칙 동사가 불규칙 형태로 변형된 것이 있었다. 그들은 영어 원어민과 고급 비원어민들이 올바른 과거시제 형태에 동일한 패턴으로 반응하는 것을 발견했는데, 모든 그룹들이 불규칙보다 규칙에 대해 더 긴 반응 시간을 보인 것이다. Pliatsikas

와 Marinis(2013)은 이것이 규칙형을 처리할 때 '-ed'를 분절하는 데 추가된 비용 때문이라고 보고, 이것이 이중 메커니즘 모델을 지지해주는 발견이라고 주장했다.

Festman과 Clahsen(2016)은 이와 같은 해석에 대하여 다음과 같이 비평했다.

> 하지만, 만약에 이 해석이 맞는다면 불규칙 동사가 규칙 동사로 변형된 형태와 규칙 동사가 불규칙 동사로 변형된 형태에서도 동일한 대조가 기대되어야 한다. 왜냐하면 전자의 경우에도 'taked'처럼 '-ed'의 분절이 수반되기 때문이다. 이와 같은 대조는 L2 학습자의 한 하위 그룹(ESL 그룹)에서만 발견되었고, L1과 다른 L2 그룹(EFL 그룹)에서는 발견되지 않았다. 이 두 그룹의 반응 시간은 중요성이 높은 4구간과 5구간에서 잘못된 불규칙 동사보다 잘못된 규칙 동사에 대해 더 짧게 나타났다(Pliatsika와 Marinis 2013, p. 957). 이러한 관찰들은 올바르게 굴절된 동사 형태에 대해 그들이 제안한 해석과 부합되지 않으며, 이 영역에서 L1/L2의 차이가 있음을 시사한다.
>
> (Festman과 Clahsen 2016, p. 489)

규칙과 불규칙의 분리에 대한 행동주의적인 조사 방법에 대해 논의했는데, 이러한 방법들은 시사하는 바가 있기는 하지만 마음과 뇌에서 만들어지는 실제의 형태적인 표상에 대해 간접적으로만 알려준다는 한계가 있다. 규칙과 불규칙 같은 형태론적 자극의 차이에 뇌가 어떻게 반응하는지를 보다 직접적으로 조사하기 위해서 연구자들은 ERP나 fMRI와 같은 뇌 영상술을 사용한 연구도 시도하고 있다.

Hahne, Mueller, and Clahsen (2006)

Hahne 외(2006)는 독일어를 배워서 유창하게 구사할 수 있는 러시아인들의 굴절 오류 처리 과정을 조사하기 위해 두 개의 행동실험과 두 개의 ERP 실험을 수행했다. 이들은 모두 비원어민으로서 분사(participle) 생성 과제(실험 1A)와 복수형 수용도 판단 과제(실험 2A) 및 2개의 ERP 실험에 참여했는데, ERP 실험들 중 하나는 분사에 관한 것이었고(실험 1B), 다른 하나는 복수형에 관한 것이었다(실험 2B).

행동실험에서 독일어 비원어민들은 동일한 자료가 사용된 Clahsen(1997)의 선행 연구에 참여했던 원어민들과 비슷한 행동을 보였다. 임시어(nonce-word) 분사 생성 과제(실험 1A)에서 비원어민들은 규칙 분사의 '-t'를 모든 유형의 임시어 동사에 넓게 적용한 반면, 분사형 '-n'은 새로운 강변화동사(strong verbs)에만 제한하여 사용했는데 이는 Clahsen(1997)이 발견했던 것과 비슷하다. 지필 검사로 이루어진 명사 복수형의 수용도 판단 과제(실험 2A)에서는 불규칙 복수형에 대한 수용도가 규칙형인 '-s' 복수형에 대한 수용도보다 전반적으로 높게 나타났고, 불규칙 복수형 (-n)과 반대로 '-s' 복수형은 운(rhyme)3)이 맞는 형태보다 안 맞는 형태와 더 잘 어울리는 것으로 판단되었다. 원어민보다 비원어민이 규칙과 불규칙 조건에서의 차이가 적기는 하지만, 이는 Marcus, Brinkmann, Clahsen, Wiese와 Pinker(1995)의 원어민에 대한 연구와 유사한 결과를 보여준다.

---

3) 예를 들면, Pund는 불규칙 복수형을 취하는 현존하는 독일어 명사 Hund-Hunde(개-개들)에 운을 맞춘 형태이다.

Hahne 외(2006)는 그들의 ERP 실험에서 4가지 유형의 독일어 분사들을 사용했다. 규칙적인 올바른 굴절형과 불규칙적인 올바른 굴절형, 그리고 과잉규칙화된 불규칙형과 원래 규칙형이어야 하는데 불규칙 형태로 변형된 불규칙형의 분사들이 참가자들이 읽을 문장에 끼워넣어졌다. 이는 위에서 논의되었던 Pliatsikas와 Marinis(2013)의 자기조절읽기에서 사용된 것과 비슷한 방식이다. 과거 분사에 대한 실험 1B에서 비원어민 참가자들에게서는 전측 대상회의 실수 관련 '부적 전위(anterior negativity)'와 이에 이어지는 P600[*]이 관측되었는데, 이는 독일어 원어민 화자들에게 동일한 자료로 진행했던 Penke 외(1997)의 결과와 비슷하다. 이와 대조적으로 실험 2B에서 비원어민들은 복수형에 대해 원어민들과 다른 패턴을 보였다. 불규칙에 '-s' 복수형을 붙이는 과잉규칙화는 P600을 발생시킨 반면, 규칙에 불규칙 패턴을 과잉 적용한 경우에는 N400이 도출되었다. 이는 원어민들이 '-s' 복수형 과잉 적용에 대해 전측 대상회의 부적 전위(anterior negativity)를 나타내지 않았다는 점에서 독일어 원어민에 대한 Lück, Hahne, Friederici와 Clahsen(2001)의 연구와 차이가 있다. 이러한 결과들을 바탕으로 Hahne 외(2006)은 비원어민들을 통해 관찰된 규칙과 불규칙의 분리는 이중 메커니즘 모델이 독일어 원어민뿐만 아니라 비원어민에게까지 적용되는 것을 보여준다고 주장했다. 과거 분사형과 복수형 사이의 차이는 L2 학습자들의 복수형에 대한 숙달도가 과거 분사형에 비해 뒤처지는 것에 기인한다.

---

[*] 【역주】 이는 일반적으로 문법적인 오류에 의해 도출되는 것으로 여겨지는 전기생리학적 반응이다.

Festman과 Clahsen (2016)

Festman과 Clahsen(2016)은 참가자가 목표 형태를 머릿속으로 말할 때 EEG의 반응을 기록하는 침묵-생성-발성지연(silent-production-plus-delayed-vocalization) 방식에 ERP 기술을 사용하여 고급 수준의 독일인 영어 학습자 24명을 대상으로 한 실험을 수행하였다. 그들은 침묵-생성을 진행하는 동안 'held'와 같은 불규칙 과거시제 형태에 비해 'asked'와 같은 규칙 과거시제 형태에 대한 전두중심의 '부적 전위(frontocentral negativity)'가 더 나타나는 것을 발견하였고, ('asks'와 'holds'의 관계에서와 같은) 현재시제 조건에서는 이러한 차이를 발견하지 못했다. 이 결과는 Budd, Paulmann, Barry와 Clahsen(2013)에서 도출된 영어 원어민 화자들에 대한 ERP 반응과 마찬가지의 것이었다. 그들은 이 ERP 반응이 원어민과 비원어민의 경우 모두 규칙 과거시제 형태를 (마음속으로) 생성할 때 형태를 조합하는 과정이 수반됨을 시사하며, 이는 이중 메커니즘을 지지하는 것이라고 주장했다.

Hernandez, Hofmann과 Kotz (2007)

Hernandez 외(2007)는 규칙보다 불규칙에서 신경이 더 많이 활성화되는 것을 발견한 기존의 연구들을 발판으로 스페인어의 성별표지 처리 과정에서 규칙성의 어떤 역할을 하는지 기능적 자기공명영상(fMRI) 연구를 통해 살펴보았다. 스페인어가 모어이지만 영어 사용이 더 지배적인 학습자 12명과 영어가 모어이지만 12세 이후에 스페인어에 노출된 학습자 12명을 언어 유창성 수준에 맞게 짝지워 시각적으로 제시된 ('-o'가 남성이고 '–a'가 여성인) 규칙 명사와 ('e, l, n, r, s, t, z' 등으로 끝나는) 불규칙 명사의 성별을 결정하도록 하였다. 참가자들은 해당 명사가 남성인지 여성인지 버튼을 눌러 결정하였다.

반응 시간과 정확성을 따져본 결과 성별표지의 규칙성이나 습득 연령의 영향은 유의미하지 않았다. 이와 대조적으로 fMRI의 결과는 두 집단 모두 좌측 브로드만 영역(BA) 44에서 규칙에 비해 불규칙에 대한 활동이 증가한다는 것을 보여주었다. 또한 불규칙에 대한 신경의 활동이 다르게 확장되는 것이 발견되었는데, 스페인어를 12세 이후에 배운 집단은 BA 47 방향으로 활동의 증가가 나타난 반면, 어릴 때부터 스페인어를 배운 집단은 BA 6 방향으로 활동의 증가가 관찰되었다. 더 나아가 두 집단을 직접적으로 비교해 본 결과, 스페인어를 늦은 나이에 배운 집단이 어릴 때 배운 집단에 비해 좌측 BA 44/45에서의 신경 활동이 더 많이 증가했다. 이는 나이가 들어 스페인어를 배운 학습자들에게 더 광범위한 통사적 처리 과정이 필요하다는 것을 말해준다.

Hernandes 외(2007)는 Ullman(2004)이 제안했던 선언적/절차적 모델 형식의 이중 메커니즘 모델이 그들의 발견을 설명할 수 없다고 주장했다. 그 이유는 언어를 늦게 배운 학습자들이 불규칙 성별 항목을 처리할 때 BA 44/45의 신경 활동이 증가했는데, 이 부위는 통사적인 처리를 할 때와 관련되어 있기 때문이다(Bookheimer 2002, Hernandez 외 2004). 선언적/절차적 모델에서는 불규칙이 통사적인 규칙이 아닌 어휘를 담당하는 메모리에 의해 처리된다고 가정한다. 그들은 또한 (그들이 상호작용적 설명 방식이라 불렀던) 단일 메커니즘 연결주의 모델 역시 타당하지 않다고 주장했는데, 그들의 모델에서 규칙은 음운적 처리에 더 의존하는 반면 불규칙은 의미적인 처리 과정에 더 의존하기 때문이다(Bird, Ralph, Seidenberg, McClelland와 Patterson 2003). 그들은 초기 단계에 L2가 L1에 기생한다는 (앞으로 4장에서 논의될) Hernandez, Li와 MacWhinney(2005)의 제안을 지지했다.

어쩌면 ERP, fMRI와 같은 뇌 영상화 기법이나 자기 조절 읽기를 사용한 위의 연구들이 규칙과 불규칙 형태가 서로 다른 방식으로 처리된다는 분명한 증거라고 주장할 수도 있을 것이다. 하지만 우리는 이러한 연구들 가운데 다수가 정상적인 언어 처리에서는 요구되지 않는 '위반(violation)'에 의존하고 있음에 유의해야 한다. 다시 말해, 이러한 인공적인 정신적 활동은 자연적인 언어 사용에서는 일어나지 않는다. 이런 것들은 언어 처리 행위로서는 매우 특이하기에, 과제의 특이한 요구 사항에 의해 N400과 같은 뇌 반응이 발생하는 것일 수도 있다. 만약 당신이 "she drep the plate(그녀는 접시를 떨어뜨렸다)"(Pliatsika와 marinis 2013, p. 955)와 같은 문장을 읽게 된다면 물론 거기에는 어떤 정신적인 반응이 뒤따를 것이다. 고급 영어 화자이지만 원어민이 아닌 내 경우에 "음, 저 '*drep'이라는 단어는 뭐지?"하고 궁금해 하면서 뒤따르는 맥락을 통해 그 단어의 의미를 추측했는데, 아마도 이 과정은 두뇌의 어휘적 처리 반응을 활성화시켰을 것이다. 만약에 이러한 유형의 항목이 실험에서 반복해서 나타난다면, 참가자는 이내 그 특이한 단어가 규칙 동사의 불규칙화된 형태라는 것을 알아차릴 수도 있고 알아차리지 못할 수도 있다. 내가 Pliatsikas와 Marinins(2013)에서 사용되었던 "her husband *taked his stuff"라는 문장을 읽었을 때 내 반응은 "음, 이것은 'took'의 과거시제의 잘못된 형태로군."하는 것이었다. 이처럼 규칙과 불규칙의 위반에 대한 완전히 다른 과제의 요구는 '올바른' 규칙과 불규칙 항목들이 매일의 언어 사용에서 처리되거나 우리의 생각과 뇌에서 표상될 때와는 아무런 관련 없는 완전히 다른 두뇌의 반응을 낳는다. 그러므로 앞에서 지적한 바와 같이, 과제의 특이한 요구 사항은 다시 규칙과 불규칙에 대한 특이한 반응들을 만들어낼 수도 있다. 진정한 검사 결과는 규칙과 불규칙의 합당한 형태가 자연적으로 처리될 것을 요구하는 과제에서 발생하는 두뇌의 차별화된 반응에서 얻어진 것이어야 한다.

네트워크 모델
The Network Model

Bybee(1985, 1995, 2007, 2010)은 네트워크 모델 (Langacker 1987, 1988)이라 불리는 언어학적으로 정교화된 형태론적 조직의 모델을 제시했는데, 이것은 규칙-불규칙 논쟁의 맥락에서 단일 메커니즘 모델의 한 유형에 속하는 것이었다. 이것은 규칙-불규칙 논쟁이 있기 전에 그녀의 형태론에 대한 범언어적인 통시적 연구에 기반을 두고 제시된 것이었으나(Bybee 1985), 논쟁에 강한 영향을 준 견고한 언어학적 모델이었다. Bybee(1995)는 이중 메커니즘 모델의 Marcus 외(1993, 1995)와 같은 몇 가지 주요한 주장에 대한 반론을 내세웠는데, 그녀는 그 모델이 언어 사용자의 마음속 형태론을 조직하는 토큰(token)과 타입 (type) 빈도의 역할에 의해 충분히 대체될 수 있다고 주장했다. 규칙성이 이분법적으로 양분되는 것이 아니라 연속변차적인 현상이며 가장 생산성이 높은, 즉 가장 타입(type) 빈도가 높은 것이 '규칙적'인 형태로 간주된다는 것이다. 현재까지 검토된 빈도 효과에 대한 연구에 따르면, '빈도(frequency)'는 토큰의 빈도를 가리킨다. Bybee는 '토큰 빈도(token frequency)'가 높아지면 '어휘적 강도(lexical strength)'가 높아져서 처리와 습득이 쉬워지는 반면, 영어 과거의 '-ed'나 복수의 '-s'와 같은 패턴의 타입 빈도(type frequency)가 높아지면 생산적으로 적용될 수 있는 스키마의 일반화나 창조가 이루어진다고 주장했다.

Blom과 Paradis(2013)는 Bybee의 네트워크 모델을 '전형적인 발달을 보이는 아이들(TD, typically developing children)'과 '언어 손상이 있는 아이들(LI, language impairment)'로 구분된 유아 L2 학습자들의 과거시제 형태를 조사하는 데 적용하고, 유아들의 L2 과거시제 사용이 Bybee의 네트워크 모델의 예측대로 되었는지 검사하였다. (TD 24명과 LI의 24명으로 구성된) 48명의 아이들이 Rice와 Wexler(2001)의 '조기 문법 결손 검사(Early Grammatical Impairment)'라는 과거시제 조사 도구로 검사를 받았는데, 이 검사에서는 아이들에게 첫 번째 그림을 보여주며 "Here the boy is raking(여기 소년이 갈퀴질을 하고 있다)"라고 설명하고, 두 번째 그림을 보여주며 "Now he's done(그는 이제 다 끝냈다)"라고 설명한 후에 "Tell me what he did to the leaves?(그가 나뭇잎들을 어떻게 했는가?)"라고 묻는 방식으로 질문을 제시한다(Blom과 Paradis 2013, p. 286).

Blom과 Paradis(2013)은 '혼합 로지스틱 회귀 분석(mixed logistic regression analysis)'을 통해 LI 그룹이 TD 그룹보다 시제 표시된 동사들을 더 적게 사용했다는 것을 발견했다. 두 그룹에서 Dunn과 Dunn(1997)의 '피바디 그림 어휘력 검사(Peabody Picture Vocabulary Test)'로 측

정된 어휘의 양과 ('에드먼턴 영어 학습자 말뭉치(Edmonton English Language Learner Corpus)'라 불리는 원어민과 비원어민 어린이들의 상호작용 코퍼스를 토대로 계산된) 입력 단어의 빈도는 모두 네트워크 모델과 부합하는 규칙과 불규칙 사용의 정확도를 예측했다. 더 나아가 음운론적인 요인들은 어린이들이 규칙 과거시제 표지를 누락시키는 양상을 자주 예측할 수 있게 해주었다. 예를 들면, 치경파열음(alveolar stop) 뒤에서는 변이음 /Id/가 탈락되면서 규칙 과거의 '-ed'가 누락되는 경우가 가장 많았다. 그 이유는 아마도 'wanted' 등에 보이는 /Id/의 생산성, 즉 타입 빈도가 ('walked' 등에 보이는) /t/, ('moved'에 나타나는) /d/보다 낮고, 어미가 (/t/, /d/와 같은) 치경파열음으로 끝나는 단어들은 (생산성이 있는 스키마라는 지위 덕분에) 과거시제 형태의 후보이기 때문일 것이다. TD 그룹의 아이들은 /t/를 /d/보다 더 많이 빼먹었는데, 이것 역시 /d/의 생산성, 즉 타입 빈도가 /t/보다 더 높기 때문이다. 이런 결과들은 네트워크 모델로는 예측이 되지만 이중 메커니즘 모델로는 예측이 안 된다. Blom과 Paradis는 어휘, 빈도, 그리고 음운론적 요인의 영향들이 Bybee의 네트워크 모델을 뒷받침한다고 주장했다.

모어의 유형이 전반적인 과거시제의 정확성을 예측해준다는 것은 흥미롭지만[8], 규칙과 불규칙 과거가 따로 분석되면 불규칙 동사의 경우만 L1이 유의미한 것으로 나타난다. 즉 불규칙 과거에 대한 혼합 로지스틱 회귀 분석을 통해 L1은 규칙에 대한 예측변인으로 파악되었지만, 규칙 과거에 대한 혼합 로지스틱 회귀 분석은 그런 결과를 내놓지 않았다. 학습자의 L1

---

8) 이것은 5장에서 논의될 영어 형태 습득의 자연적 순서(Krashen 1977)에 대한 또 하나의 반대 증거이기도 하다.

은 과거시제가 동사에 굴절적으로 표시되는 것(아랍어, 아시리아어, 구자라티어, 포르투갈어, 펀자브어, 소말리아어, 스페인어, 우르두어)과 그렇지 않은 것(광둥어, 만다린어, 베트남어)으로 범주화되었다. TD와 LI와 같은 다른 요인들이 너무나 강력했을 수 있기 때문에 규칙 과거 표지에 대한 혼합 로지스틱 분석에서 L1은 차폐(masked)되었다.

이 절에서 이루어진 이중 메커니즘과 단일 메커니즘 모델의 타당성에 대한 검토는 방대한 분량의 L1과 L2에 대한 심리언어학 연구들을 모은 것이며, 이러한 연구들 덕분에 우리는 이제 L1과 L2의 형태론적 처리 과정에 대해 더 잘 알게 되었다. 서로 충돌하는 발견들도 있지만, 전반적으로 이중 메커니즘 모델의 예측대로 불규칙 항목들은 대체로 빈도 효과를 보이며 L2 학습자들에 의해 더 빠르고 정확하게 습득된다. 한편, 규칙 항목들은 빈도 효과의 측면에서 다른 양상을 보이는데 어떤 때에는 빈도 효과가 관찰되지만 어떤 때는 아무런 빈도 효과도 관찰되지 않으며, 때로는 역빈도 효과가 나타나기도 한다. 그러므로 어느 정도까지 L2 습득에서 이중 메커니즘 모델의 타당성을 주장할 수 있을지에 대한 논의는 아직 열려 있으며 앞으로의 후속 연구들이 요청된다. 서로 충돌하는 발견들은 (1) 유창성의 수준, (2) 습득의 시기 (early vs late), (3) 습득의 맥락 (외국어 vs 제2언어), (4) 목표 언어 (형태론적인 조직의 차이), (5) 과제의 차이 (실험 항목들의 조합 등)과 같은 다양한 요인들에 기인하는 것일 수 있다. L2 연구에서 빈번하게 다루어져 온 영어와 독일어 외의 다른 언어들에 대한 연구들도 더 필요하다. Bybee의 네트워크 모델은 타입과 토큰 빈도의 효과를 모두 고려한 종합적인 범언어적 작업틀이며 음운론적 요인들도 예측 변수로 간주하고 있기 때문에, 이러한 작업틀 안에서 더 많은 연구가 이루어진다면 유용할 것이다.

인접 구조의 효과
Effect of Neighborhood Structure

인접 항목의 유사 구조는 규칙과 불규칙이 분리되어 있다고 주장되는 또 하나의 영역이다. Prasada와 Pinker(1993)는 불규칙 과거시제는 연상적 기억(associative memory)의 토대를 가지고 있고 규칙 과거시제는 규칙에 의해 연결되기 때문에 전자는 다른 불규칙 동사들과의 유사성에 영향을 받지만 후자는 그렇지 않다고 주장했다. 실제로 그들은 영어 원어민 화자들을 대상으로 한 새로운 과거시제 형태에 대한 순위 평가 실험에서 참가자들이 기존의 불규칙 과거시제 형태와 비슷한 불규칙 과거시제 형태를 선호하지만 규칙 과거시제 형태에 대해서는 그러한 선호가 나타나지 않는 것을 발견했다.

Murphy (2004)

Murphy(2004)는 기본적으로 Prasada와 Pinker(2004)를 모방한 연구에서 20명의 영어 비원어민 화자들(L1이 프랑스어, 이탈리아어, 한국어, 스페인어, 터키어, 크로아티아어 등인 다양한 초급 수준의 성인 학습자들)과 20명의 영어 원어민 어린이 및 성인(대학생)을 대상으로 실험을 수행하였다. 그녀는 원형적인 규칙, 불규칙 동사들과의 유사성 수준에 따라 3개의 수준을 정했던 Prasada와 Pinker(1993)와 동일한 실험 항목들을 사용했다. 원형적인 수준의 동사들은 실제의 영어 불규칙, 규칙 동사들과 라임(rhyme)을 맞추었고, 유사성이 중간 수준인 동사들은 실제 영어의 규칙, 불규칙 동사들과 CCV_나 _VCC로 시작하는 음절구조를 공유했으며, 유사성이 약한 수준의 동사들은 이러한 유사성들 중 어떤 것도 가지지 않았다.

표 3.3 Murphy(2004)의 실험에서 자극으로 사용된 임시어 동사들

자극 동사 유형	규칙	불규칙
원형적인 동사	greem	spling
	plip	sprink
	brip	cleed
	gloke	plare
	slace	cloe
중간 수준의 동사	brilth	fring
	glinth	ning
	plimph	grare
	ploab	preek
	smaig	clef
유사성이 약한 동사	frilg	blip
	smairg	trisp
	trilb	keeb
	ploamph	flape
	smeelth	goav

참가자들에게는 애매모호한 동작의 그림들이 제시되었는데, 그 밑에는 "wug" 테스트(Berko 1958)와 유사하게 "This is X(여기서 X는 그 동작을 하는 인물의 이름)", "X is a man who knows how to V" "X is Ving", "Yesterday, he ＿＿＿"와 같은 지시문이 들어 있었다.

Murphy(2004)는 원어민 통제 집단과 비원어민 학습자들이 임시어 불규칙 동사보다는 임시어 규칙 동사에 규칙 접사인 '-ed'를 붙인다는 점에서 기본적으로 Prasada와 Pinker에서의 원어민 참가자들과 같은 양상을 보이는 것을 발견했다. 이처럼 '-ed' 접사를 붙이는 경향은 규칙보다는 불규

칙 원형과의 유사성에 영향을 받는데 이는 L1과 L2 습득에 대한 이중 메커니즘 모델을 뒷받침해준다. 하지만, 그녀는 원어민 아이들이 (대부분 모음이 바뀐 과거시제로 인해) 접미사가 붙은 형태들을 더 적게 사용한다는 점에서 다른 집단들과 현저하게 다르고 Prasada와 Pinker의 연구와 달리 유사성 효과가 규칙과 불규칙에서 (영향을 주는 방향이 바뀌기는 했지만) 모두 나타나는 것도 발견했다. 이는 Prasada 외(1990)와 Beck(1997)에서 발견된 규칙에 대한 역빈도 효과를 생각나게 한다.

Murphy(2004)의 연구는 이중 메커니즘 모델이 L1과 L2에 모두 적용된다고 말하는 것 같지만, 이러한 해석은 아직 섣부른 것일 수 있다. 원어민과 비원어민이 모두 비슷한 결과들을 보여주었지만, 앞 절에서 빈도 효과에 대해 논의한 바와 같이 L2 학습자들은 굴절 동사들, 특히 불규칙 과거시제 형태를 의식적인 학습을 통해 특별히 연습하기 때문에 그들의 수행이 같은 과정을 토대로 얻어졌다고 단정할 수는 없다. 그러므로 결과는 유사하다 하더라도 그것은 매우 다른 인지적인 과정에 의존해서 생긴 것일 가능성이 높다. 더 나아가 Murphy(2004)가 지적한 바와 같이 유사성 효과에서 나타나는 규칙과 불규칙의 차이는 단일 메커니즘 연결주의 모델에서도 만들어질 수 있다(Hann과 Nakisa 2000, MacWhinney 1993).

단계유순
Level-ordering

합성어의 습득은 L2 습득에서의 규칙-불규칙 분리의 문제가 다루어지는 또 하나의 탐구 영역이다. Gordon(1985)은 영어를 습득하는 아이들이 '명사-명사' 합성어의 선행 명사에 규칙적인 복수 형태를 사용하지 않음을 보여주었다. 예를 들면 'mice-eater'는 사용하지만, '*frogs-eater'는 사용하지 않는 것이다. 이것은 아이들이 단계유순(level-ordering)의 원리를 알고 있다는 증거로 여겨지기도 했는데(Kiparsky 1982), 단계유순에서는 합성 규칙이 규칙 굴절에 선행한다고 규정하기 때문에 'mice-eater'는 허용되지만 '*frogs-eater'는 허용되지 않는다고 설명한다.

단계유순의 논리는 다양한 종류의 형태론적 작용이 적용될 때 '단계 I → 단계II → 단계III'과 같이 예상되는 순서가 있다는 것이다. Kiparsky(1982)을 토대로 Gordon(1985)는 영어의 불규칙 형태가 '단계 I', 합성이 '단계II', 규칙 형태가 '단계III'에 해당된다고 주장했다. 불규칙 형태는 합성 규칙보다 먼저 적용되고 규칙 굴절은 합성 규칙보다 나중에 적용되기 때문에, 'mice-eater'는 가능하지만 '*rats-eater'는 가능하지 않다. Gordon은 그의 실험에서 아이들이 후자처럼 합성어 내부에 규칙 복수형이 있는 유형의 오류는 생산하지 않는다는 것을 보여주었다. 그는 더 나아가 아이들에게 노출되는 입력이 불규칙 복수형이 합성어 안에 들어있는 경우만 있지는 않기 때문에(아이들은 'teethbrush'가 아닌 'toothbrush'라는 단수 형태가 들어있는 합성어도 접한다), 단계유순은 생득적인 지식(innate knowledge)의 일부분임이 분명하다고 주장했다. Gordon의 업적은 Pinker에 의해 이중 메커니즘 모델을 뒷받침하는 강력한 증거라고 인용된 바 있다(Pinker 1991, Pinker와 Prince 1988). 다음 절부터는 제2언어 습득 분야에서 이러한 연구가 어떻게 확장되었는지 논의될 것이다.

Clahsen (1995)

Clahsen은 Gordon의 연구를 L1으로서의 독일어 습득(Clahsen, Rothweiler, Woest와 Marcus 1992)과 L2로서의 독일어 습득(Clahsen 1995)에 관한 연구로 확장시켰다. 그는 독일어에서도 단계유순이 작동하고 있다고 주장하고, 불규칙 복수의 '-e, -er, -0'은 단계 Ⅰ, 합성어에 나타나지 않는 규칙 복수의 '-s'는 단계 Ⅲ, '-en'은 단계 Ⅱ으로 추정했다. Gordon이 실험으로 반응을 끌어내려 했던 것과 달리, Clahsen(1995)는 그들의 이전 연구에서 L1이 로망스어(스페인어, 포르투갈어, 이탈리아어)인 화자들과 인터뷰했던 자료를 분석했다(ZIZA 프로젝트, Meisel 외 1981). Clahsen은 그 분석을 토대로 학습자들에 의해 규칙으로 인식되는 복수 접미사들은 합성어 내부에서 누락되는 경향이 있다고 주장했다. 특히 과잉 규칙화된 복수형과 그것의 합성어에서의 누락 사이에는 강한 상관성이 있었다. Clahsen과 그의 동료들은 그들의 데이터가 생득적으로 결정되어 있는 형태적인 단계유순, 즉 이중 메커니즘 모델을 뒷받침해 준다고 제안했다. Clahsen(1995)은 L1과 L2 학습자들 모두에게 단계유순을 보편적인 원리로 작동한다고 추정했고, L1과 L2 학습자들 중 어느 쪽도 단계유순의 조건을 위반하지 않는다는 예측을 L1과 L2 습득 데이터 분석을 통해 뒷받침했다.

Lardiere (1995a)

Lardiere(1995a)는 다양한 층위에서 단계유순의 원리에 바탕을 둔 연구들을 다루었다. 첫째, 그녀는 'reservations desk', 'drinks-cabinet', 'jobs-programme'처럼 합성어 내부에 규칙 복수형이 들어있는 반대 사례들9)을 인용하며 단계유순이라는 제안 자체가 규칙과 불규칙 형태의 형태론적인 분포를 예측하는 이론으로 부적절하다는 것을 지적했고, 단계유순이 지켜질 것으로 간주되어 왔던 영어와 독일어 두 언어에 대한 기술적인 요건조차 충족시키지 못하는 것으로 보인다고 주장했다(p. 36). 그녀는 또한 로망스어들 가운데 규칙 복수형이 합성어에 들어있는 예들을 인용하며 단계유순이 보편적인 원리라는 것에 의문을 제기하기도 했다.

Lardiere(1995a)는 L1이 스페인어인 영어 학습자 11명과 L1이 중국어인 영어 학습자 11명의 실험 데이터를 제시하기도 했다. 그녀는 Gordon(1985)을 모방하여 L2 학습자들에게 "What could you call someone who drinks wine?(와인을 마시는 사람을 뭐라고 부르나요?)"와 같은 질문을 통해 ('wine dinker'와 같은) 합성어의 산출을 유도했다. 그녀는 단계유순의 예측과는 달리 대부분의 학습자들(스페인어가 모어인 학습자 15명 중 13명, 중국어가 모어인 학습자들 11명 중 9명)이 규칙 복수의 '-s'가 들어있는 합성어를 산출하는 것을 발견했다. Lardiere는 만약 Clahsen(1995)의 말처럼 단계유순이 L1과 L2 모두를 규제하는 보편적인 원리라면 이 발견은 그에 대한 명백한 반대 증거가 된다고 주장했다. 그녀는 단계유순이 규칙 형태가 구성요소로 들어 있는 합성어를 허용하지 않는 것이 분명한 이상 그것은 지지될 수 없다고 결론을 내렸다. 그녀의 데이터는 규칙과 불규칙 형태가 다르게 처리될 것을 예측하는 이중 메커니즘 모델과도 부합하지 않았다. 더 나아가 그녀는 L1이 중국어인 학습자

---

9) Gordon(1985)은 내부에 규칙 복수형을 가지고 있는 합성어들이 예외적이고 고립된 예들이라고 주장했지만, Lardiere(1995a)는 그 주장이 자의적이고 설득력이 없다고 일축했다.

는 L1이 스페인어인 학습자보다 합성어의 내부에 있는 규칙 복수형을 더 올바르게 누락시킨다는 것을 보고했다. 그녀는 이것이 합성어의 내부에 복수 접미사 '-s'를 요구하는 스페인어로부터의 전이에 의한 것이라고 주장했다. 만약 단계유순이 L2 학습자들에게 보편적인 원리로 작동한다면, 그와 같은 L1에 기인한 차이는 설명하기 어렵다.

Marcus(1995)는 Lardiere(1995a)에 보고된 데이터를 재분석하여 참가자들이 규칙과 불규칙 복수형을 다르게 처리했다는 것을 보였는데, L1이 스페인어인 집단과 중국어인 집단 모두 합성어의 내부에 있는 규칙형을 불규칙형보다 두드러지게 더 많이 누락시킨 것이다. Lardiere(1995b)는 Kiparsky와 Clahsen 등이 제안한 단계유순은 단순한 규칙-불규칙의 분리보다 더 강한 예측을 담고 있고 합성어의 내부에 규칙 복수형을 허용하지 않는데 그 부당성이 그녀의 데이터에 의해 증명되었다고 주장하며 Marcus의 주장을 일축했다. 그 둘은 데이터가 이중 메커니즘 모델과 부합한다는 것에는 동의하는 것처럼 보인다. 차이점은, Marcus와 Clahsen은 합성어 내부의 규칙-불규칙 구분이 단계유순과 이중 메커니즘이 (L1 학습자와 L2 학습자 모두에게) 보편적으로 작동하는 생득적 원리임을 뒷받침하는 증거라고 여긴 반면 Lardiere는 (합성어 내부에 규칙 복수형이 자주 나타나는) 그녀의 데이터가 단계유순에 대한 부정적 증거라고 여긴 것이다. 이와 같은 불일치는 이론이 정확한 예측을 제공하지 못하고 연구자들이 실증적인 데이터에 대해 자신의 관점에 맞게 서로 다른 설명을 만들어냄으로써 실험 데이터가 이론을 과소결정하는(underdetermining) 과학 이론의 고전적인 한계라고 할 수 있겠다.

Murphy (2000)

Murphy(2000)는 프랑스어를 주로 사용하는 남자 청소년 L2 영어 학습자 100명으로부터 글쓰기 데이터를 취합하였다. 이 학습자들은 몬트리올에서 자체적으로 진행한 유창성 검사를 토대로 3개의 다른 반으로 나뉘어 있었는데, 이 검사도 단계유순이 L2의 데이터에 적용되는지 조사하기 위한 것이었다. 참가자의 반응을 끌어내기 위해서 "What do you call someone who drinks wine?(와인을 마시는 사람을 뭐라고 부르나요?)"와 같은 구두 질문을 했는데, 이 방식은 Lardiere과 비슷하지만 프랑스어는 말을 할 때 일반적으로 단어 말미의 '-s'가 발음되지 않고 자주 탈락되는 것을 고려하여 글쓰기 자료를 활용했다는 점에서 다르다[10].

Murphy는 학습자들이 규칙형과 불규칙형을 산출하는 비율에 현저한 차이가 있음을 발견하는데, 불규칙형이 더 자주 산출되는 양상은 Lardiere의 데이터에 대한 Marcus(1995)의 재분석과 일치하며, 규칙-불규칙의 분리, 즉 이중 메커니즘 모델을 지지해준다. 동시에 학습자들은 (46%에 이르도록) 많은 수의 규칙 복수형이 들어있는 합성어들을 산출했다[11]. 또한 참가자 100명 가운데 81명은 규칙 복수형이 들어있는 합성어

---

10) Murphy는 영국의 대학교에 다니는 영어 원어민들의 데이터도 수집했는데, 그들은 사용한 합성어 내부에서 불규칙 복수형은 28%였고 규칙 복수형은 1.7%였다. 이 결과는 단계유순의 원리와 부합하며 Lardiere의 원어민 영어 화자가 사용한 합성어 내부에서 불규칙 복수형이 4.8%에 지나지 않고 규칙형이 0%이었던 것과 대조를 이룬다. 이 차이는 말하기와 쓰기, 즉 반응을 이끌어 내는 방식의 차이에서 비롯된 것일지도 모른다.

11) 학습자들은 또한 불규칙 복수형을 시간의 70%가 넘게 산출하였다. 이것은 이렇게 프랑스어를 주로 사용하는 학습자들이 복수형이 포함된 합성어를 선호한다는 것을 보여주는데, 이것은 원어민 영어 화자와 극명한 대비를 이룬다.

들을 생성했다. 이것은 그 자체로 L2 학습자들이 합성어 내부에 규칙 복수형을 허용하지 않는 단계유순을 따른다는 주장과 충돌한다. Murphy는 자체적으로 이루어진 배치 검사에 근거한 학급 수준이나 별도로 진행된 표준화된 유창성 검사(SLEP, Educational Testing Service, 1987)의 듣기 영역에 의해 결정되는 유창성의 효과를 찾지 못했는데, 그 원인이 (모두 7학년이거나 8학년인) 그룹들 사이에 실질적인 유창성의 차이가 없는 것에 기인한다고 주장했다.

Garcia Mayo (2006)

Garcia Mayo(2006)은 기본적으로 글쓰기 양식의 데이터 수집을 사용한 Lardiere(1995a)의 연구를 되풀이하여 영어를 배우고 있는 바스크어-스페인어 이중언어 구사자 세 집단과 영어 원어민으로 구성된 통제집단으로부터 데이터를 수집하였다. 그 결과는 학습자들이 규칙 복수형이 들어있는 합성어를 산출했지만 원어민들은 다른 양상을 보였다는 점에서 Lardiere(1995a)와 Murphy(2000)와 비슷했다. 그들은 또한 Murphy가 집단들 간의 유창성 차이가 작아서 발견하지 못했던 유창성 효과도 발견했는데, 유창성이 낮은 집단(제한된 입력이 제공된 고등학생들)은 유창성이 높은 집단(영어를 전공하고 있는 대학생 고학년)보다 새로운 (그러나 잘못된) 규칙 복수형이 들어있는 합성어를 현저히 더 많이 산출했다. 이 후자의 발견은 단계유순이 L2 입력에 노출되는 과정을 통해 학습되는 것이 아니라 학습자들이 이용할 수 있는 보편적인 생득적 원리라는 Clahsen의 주장을 정면으로 반박할 수 있게 해준다.

Murphy와 Hayes (2010)

Murphy와 Hayes(2010)는 영어 원어민과 중국어가 L1인 영어 학습자가 합성어를 어떻게 처리하는지 조사하기 위해 실험을 수행하였다. 영어에서 규칙 복수형 '-s'가 선호되지 않는 이유가 N+N 합성어의 중앙에 더 자주 나타나는 소유격의 '-s'와 경쟁하기 때문이라는 Haskell, MacDonald와 Seidenberg(2003)의 제안을 검증하기 위하여 Murphy와 Hayes는 참가자들에게 합성어로 끝나는 문장을 읽게 한 후 그 합성어가 적절한지 아닌지를 결정하도록 요청했다(어휘 판단 과제).

그들은 영어 원어민들이 규칙 복수 형태소보다 소유격 형태소가 들어있는 합성어에 현저하게 더 빨리 응답하는 것을 발견했는데, 이것은 'N-s-N' 연쇄가 복수형의 '-s'보다는 소유격의 '-s'와 더 강하게 결속되어 있고 그로 인해 후자를 더 선호하지 않게 된다는 가설을 뒷받침해준다. 더 나아가 그들은 (예를 들면 'kiss'처럼) /s/로 끝나는 첫 번째 명사에 대한 반응 시간이 그렇지 않은 명사보다 더 느리다는 것을 발견했는데, 이것도 역시 음운론적인 요인에 기댄 설명을 지지해준다(이와 반대되는 제안으로 Cunings와 Clahsen(2007)이 있다). Murphy와 Hayes(2010)는 이러한 발견들이 원어민들이 합성어 형성의 지식을 그들에게 주어지는 입력의 빈도 구조를 통해 습득한다는 Haskell 외(2003)의 제안을 지지해준다고 주장했다. 흥미롭게도 영어를 학습하는 중국인들은 서로 다른 유형의 합성어에 대한 어떤 민감성도 보여주지 않았는데, 그들은 이것이 그들이 제안한 입력 기반의 습득을 더욱 뒷받침해 준다고 제안했다. 실험이 진행되었을 당시 그 중국인 학습자들은 영국에 머무른 지 몇 개월밖에 되지 않았고, 영어를 외국어로 배우는 환경에 주로 있었기 때문에 영어 입력에 충분히 노출되지 않았다는 것이 그 이유다.

요약하자면, 단계유순에 대한 L2 연구는 중요한 두 가지를 시사한다. 첫째, (Gordon(1985)에서의 L1 학습자들이나 L2 연구의 통제집단인 원어민들과 달리) L2 학습자들이 규칙 복수형이 들어 있는 합성어를 풍부하게 산출하는 것을 보면 단계유순은 충실히 지켜지지 않는 것처럼 보인다. 둘째, 합성어 내부의 규칙과 불규칙의 빈도에서 규칙-불규칙이 구분되기는 하지만, 이것은 Garcia Mayo(2006)의 유창성 효과(proficiency effect)에서 입증되듯이 입력을 통해 학습되는 것처럼 보인다. 결국, Lardiere(1995a)의 논문 제목인 "L2에서의 (아마도 L1에서도) 영어 합성 구조 습득은 단계유순에 의해 제약되지 않는다"가 말해주듯이, 단계유순의 원리는 L2뿐 아니라 L1에서도 이중 메커니즘 모델을 든든하게 뒷받침해 주지는 못한다고 할 수 있다.

명사에서 파생된 동사의 문제
The Denominal Problem

이중 메커니즘과 단일 메커니즘 모델의 논쟁이 SLA의 다양한 영역에서 진행되고 있지만, 명사에서 파생된 동사의 문제는 그중에서도 계속 연구가 요청되는 영역이다. Kim 외(1991)는 "The batter flied/*flew out to the center field(타자가 센터필드로 공을 날려보냈다)"와 같은 문장의 문법성이 'fly ball(높이 친 공)'이라는 명사에서 파생된 동사인 'flied'의 문법적인 지위에 의해 결정된다고 제안했다. 하지만, Daugherty, MacDonald, Petersen과 Seidenberg(1993), Harris

(1992b, 1993), Harris와 Shirai(1997), Shirai(1997)와 같은 기능주의 자들은 그것이 의미적인 요인, 즉 형태와 결속된 의도되지 않은 의미(이 경우에는 타자가 하늘로 날아가는 것)를 억제하기 위한 동기에서 비롯된 다고 주장했다. 앞에서 열거한 바와 같이 이와 관련된 많은 연구들이 이루 어졌지만, 내가 알기로는 이 문제를 SLA에서 다룬 연구는 오직 한 편밖에 없다.

Neubauer와 Clahsen(2009)은 그들의 〈실험 1〉에서 폴란드어가 L1 인 고급 수준의 독일어 학습자 34명과 독일어 원어민 26명을 대상으로 문 법성 판단 검사를 수행했다. 사용된 자료는 Kim 외(1991)의 연구를 확장 시킨 Marcus 외(1995)의 연구에 바탕을 둔 것이었다. 실험 자료는 다음 과 같이 동사의 형태를 명사에서 파생된 조건과 동사에서 파생된 조건으 로 구분하여 제시했는데, 이로서 참가자들이 과거 분사의 규칙성 (-t)와 불규칙형 (-n) 중에서 어떤 쪽을 더 선호하는지 검사하였다.

a. 명사에서의 파생 조건 (der **Wachs**(촛농)의 시나리오에 기반)

Da Susi sehr gerne abends bei Kerzenschein sitzt, hat sie sehr viele Kerzen inihrem Zimmer. Leider tropft das weiche Wachs der Kerzen immer auf die schönen Kerzenständer. Deshalb sind viele von Susis Kerzenständern schon ziemlich **verwachst / verwachsen**.

"Susi는 촛불 옆에 앉아 있는 것을 좋아하기 때문에, 그녀의 방에 많은 초들을 가지고 있습니다. 안타깝게도 초에서 촛농이 녹아서 언 제나 예쁜 촛대 위에 떨어집니다. 그것이 바로 Susi의 촛대에 언제나 *촛농이 묻은 (waxed / wazen)* 이유입니다."

b. 동사 어근에서의 파생 조건 (wachsen(자라다)의 시나리오에 기반)

Die Pflanzen in Bernds Garten scheinen sehr schnell zu wachsen. Die letzten zwei Wochen war Bernd im Urlaub. Jetzt ist er gerade von seiner Reise zurückgekommen und muss entrsetzt feststellen: Sein Garten ist total **verwachen / verwachst**.

"Bernd의 정원 식물들은 매우 빠르게 자라는 것 같습니다. Bernd 는 지난 이주 동안 휴가를 갔다가 이제 막 돌아왔습니다. 그리고 그의 정원이 완전히 *자란 (grown / growed)* 것을 발견했습니다.

독일어 원어민 화자를 대상으로 한 Marcus 외(1995)에서의 발견과 마찬가지로 참가자들은 명사에서의 파생 조건에서는 규칙적인 '-t'를 선호하고, 동사에서의 파생 조건에서는 '-n'을 선호할 것으로 예상되었다. Neubauer와 Clahsen(2009)도 독일어 원어민 화자가 명사에서의 파생에서는 '-t'를 선호하고 동사에서의 파생에서는 불규칙의 '-n'을 선호한다는 것을 발견했는데, 두 경우 모두 유의미한 차이를 보였다. 이와 대조적으로 비원어민들은 명사에서의 파생 조건에서 규칙의 '-t'에 대한 유의미한 선호를 보이지 않았고(p=.829), 동사에서의 파생 조건에서는 불규칙의 '-n'을 선호했는데(p<.001), 이는 "고급 수준에 있는 L2 학습자들의 용인성 판단이 원어민들에 비해 굴절어의 형태적 구조에 영향을 덜 받는다는 것을 시사한다." (p. 413)

명사에서 파생된 동사들이 동사 어근에서 파생된 동사들보다 규칙 형태와 더 많이 연상되어 있기는 하지만, 이것이 문법적인 지위나 의미에 기인한 것인지 결정하기는 쉽지 않다(Harris와 Shirai 1997, Shirai 1997). 하지만, L2 학습자들이 이러한 연상(association)에 독일어 원어민만큼 예민하지 않다는 것은 여전히 흥미롭다. 이 문제는 명사에서 파생된 동사와 관련하여 가장 많이 연구된 언어인 영어를 L2로 학습하는 사람들을 대상으로 더 많이 연구될 필요가 있다(Kim 외 1991, 1994). 유창성이 더 높은 L2 학습자들은 원어민들과 완전히 똑같은 행동을 보일 가능성도 있다.

이 절에서는 SLA에서 규칙-불규칙의 분리, 혹은 이중 메커니즘 모델을 다룬 연구를 검토했다. SLA 연구들은 (1) 빈도 효과, (2) 인접 구조의 효과, (3) 단계유순, (4) 명사에서 파생된 동사의 문제 등을 다루어 왔다.

다음 절에서는 본질적으로 시제 형태 습득의 '의미 편향(semantic bias)'과 관련된 시제-상의 습득에 대한 논의로 넘어가고자 한다. 하지만, 이 논의에는 이중 메커니즘 모델과 관련된 이슈도 어느 정도 겹쳐져 있기 때문에 우선 규칙-불규칙의 분리가 (L1과) L2의 습득에서의 의미 편향과 관련되어 있는지를 다루도록 하겠다.

상(aspect) 가설
The Aspect Hypothesis

이 절에서는 시제와 상의 문법 표지 습득 및 그것과 동사의 의미와의 관련성을 둘러싼 문제들을 논의한다. 1970년대 이후로 제1언어와 제2언어 습득에 대한 많은 연구들이 시제-상 표지와 동사/서술어, 즉 이러한 문법적 시제-상 표지들이 부착되는 어휘적 양상(Vendler 1957)이 흥미로운 관련성을 가진다는 것을 관찰해 왔다(e.g. Antinucci와 Miller 1976, Bronckart와 Sinclair 1973). 특히 완료 과거 표지들은 순간성(punctual), 종결성(telic) 동사들과 연상되어 있고, 일반적인 비완료상(imperfective) 표지들은 비종결성(atelic) 동사들과 연상되어 있으며, 역동적 비완료상(dynamic imperfective aspect) 표지, 즉 진행상(progressive) 표지들은 활동성(activity) 동사들과 연상된다(Andersen과 Shirai(1994)의 상 가설을 참고). 이러한 관찰들은 문법과 인지의 관계(Weist, Wysocka, Witkowska-Stadnik, Buczowska와 Konieczna, 1984) 및 선천적으로 부여된 언어 습득의 생물학적인 특성(e.g. Bickerton 1981)에 대한 중요한 질문들과 관련되어 있기 때문에 많은 관심을 끌었다. Li와 Shirai(2000), Shirai(2009)는 이러한 이슈들을 개관하고 있다. 여기서는 연결주의 연구와 관련된 시제-상 습득에서 관찰되는 의미적 편향성의 두 이슈, 즉 (1) 시제와 상의 습득에서 관찰되는 규칙과 불규칙의 분리(Housen 2000, 2002), 그리고 (2) 의미 편향성의 문제를 다루는 L2 시제-상 습득의 연결주의 시뮬레이션들(Rosi 2009a, b)에 대해 두 개의 하위 절에서 논의할 것이다.

규칙과 불규칙 형태 습득에서의 의미 편향성
Semantic Bias in the Acquisition of Regular and Irregular Morphology

앞 절에서는 제1언어와 제2언어의 습득과 처리에서 규칙과 불규칙 형태의 분리에 대해 논의했다. 하지만, 이러한 연구들은 대부분 형태의 습득에서 관찰되는 의미 편향에는 관심을 두지 않았다. 이에 Shirai(2010)는 L1과 L2 습득에서의 규칙-불규칙 분리와 관련된 연구들을 수집하여 검토했다. 그는 L1으로서의 영어 과거시제 습득과 관련하여 규칙과 불규칙 형태의 분리를 예측했던 Bickerton(1981)과 Pinker(1984)의 가설들을 검사하고 그 부당성을 확인함으로써 의미 편향과 관련하여 규칙과 불규칙 형태의 습득 패턴에 차이가 없다는 결론과 함께 단일 메커니즘 모델을 지지하였다. Shirai(2010)는 특히 규칙과 불규칙 과거시제, 그리고 영어에서는 규칙형만 존재하는 진행상이 모두 명백하게 의미적으로 편향되어 있고, 그로 인해 규칙과 불규칙의 형태적 체계를 두 개의 다른 메커니즘으로 구분할 필요가 없음을 주장했다.

여기에서는 이런 측면에서 규칙과 불규칙 형태 사이에 차이가 있는지를 검사하기 위해 이 문제와 관련된 L2 습득으로부터의 증거를 검토할 것이다. 의미적 편향성과 관련하여 L2 습득의 시제-상 형태를 살펴보았던 많은 연구들은 규칙과 불규칙 과거 형태들을 구분해서 다루지 않았지만, 아래 검토되면 몇 연구들은 그 둘을 구분해서 살펴보았다.

Rhode (1996)

Rohde(1996)는 규칙 과거는 거의 배타적으로 달성동사(achievement verbs)에만 붙는 반면 불규칙 과거는 훨씬 더 다양한 유형의 어휘적 상 유형들을 수반한다고 보고했는데, 상 가설(Andersen과 Shirai 1996)에 따르면 특히 상태동사(stative verbs)는 과거시제에 대해 굴절할 가능성이 가장 적을 것으로 예상되었다. 이 연구는 캘리포니아에서 영어를 습득하고 있는 6세부터 9세까지의 독일인 소년들(Larson과 Heiko)을 대상으로 6개월에 걸쳐 수집한 장기적인 데이터(Wode 1981)를 분석했다. Rhode의 〈그림 5〉~〈그림 8〉을 바탕으로 산출된 〈표 3.4〉는 규칙 과거가 불규칙 과거보다 그것의 의미적 원형(즉, 종결성(telic) 동사의 과거시제 표지)에 의한 제약을 더 강하게 받는다는 것을 보여준다.

표 3.4 Rohde(1996)에서 두 어린이에 의해 과거시제 표지가 사용된 동사들 중 종결성 동사들의 비율(괄호 안은 타입의 수를 나타냄)

Lars	May	June	July	August	September
불규칙	0%(0/1)	83.3%(5/6)	42.9%(4/7)	81.8%(9/11)	57.1%(8/14)
-ed	100%(1/1)	100%(3/3)	100%(4/4)	100%(6/6)	77.8%(7/9)
Heiko	May	June	July	August	September
불규칙	50%(1/2)	85.9%(6/7)	66.7%(6/9)	68.8%(11/16)	90.9%(10/11)
-ed	100%(5/5)	91.7%(11/12)	100%(8/8)	82.4%(14/17)	75%(3/4)

Housen (2002)

Housen(2002)는 특별히 제2언어 습득의 맥락에서 이중 메커니즘 모델을 논의했다. 그는 벨기에에서 영어를 배우는 네덜란드 아이들을 대상으로 한 2년 반에 걸친 장기적인 연구를 통해 진행형의 '-ing'와 규칙 과거의 '-ed'가 불규칙 과거보다 어휘 상의 제약을 더 강하게 받고 불규칙 상태 동사들이 과거 시제로 나타나는 비율이 예상 외로 높은 것을 발견했는데, 이것은 의미 편향의 예측에 반하는 것이었다. Housen(2002, p. 185)의 〈표 3.1〉을 토대로 계산된 비율은 〈표 3.5〉에 제시되었다. 이러한 관찰에 근거해서 Housen은 규칙 형태인 '-ing', '-ed'와 불규칙 형태의 분리가 이중 메커니즘 모델에 의해 설명될 수 있다고 제안했다.

안정성, 지속성, 종결성 등과 같은 인지적-의미적 개념들(원형들)은 주로 '-ing'와 같은 규칙 형태에 영향을 주는 형태론 규칙의 학습에서 방향을 결정하는 역할을 하지만, 'went', 'go'와 같은 불규칙 형태에 주로 영향을 주는 연상 학습(associative learning)에는 영향을 주지 않거나 덜 준다고 추측해 볼 수 있다. 이러한 불규칙 형태들은 주어진 개념적 장면에 직접적으로 사상되고, 어휘 기억에서 하나의 특정한 형태-의미 단위로 저장될 것이다.

(Housen 2002, p. 188)

불규칙 굴절보다 더 투명한 규칙 굴절에서의 형태-의미 관계가 형태-의미 연결의 습득을 촉진할 수 있기 때문에 이 가설은 말이 되는 것 같다. 하지만, 아직 이러한 결론으로 뛰어넘기에는 이르다. 〈표 3.5〉는 Housen의 데이터가 Time 〈1〉과 Time 〈2〉에서는 예상과 부합하지만 Time 〈3〉 이후로는 규칙보다 불규칙이 종결성과 더 강하게 연상되는 것을 보여준다.

표 3.5 Housen(2002)에서 Ema가 과거시제 표지를 사용한 동사들 중 종결성 동사들의 비율 (괄호 안은 타입의 수를 나타냄)

Ema	Time 1	Time 2	Time 3	Time 4	Time 5	Time 6
불규칙	45.5% (20/44)	65% (26/40)	76% (19/25)	84% (42/50)	79% (49/62)	78% (61/78)
-ed	87% (20/23)	88.9% (16/18)	71.2% (37/52)	62.8% (27/43)	69.1% (38/55)	55.8% (24/43)

Rocca (2002)

규칙-불규칙 형태 습득의 의미 편향성에 대한 모든 L2 연구들이 분리되는 경향만을 보여준 것은 아니다. Rocca(2002, see also 2007)는 영국에서 영어를 습득하고 있는 이탈리아 어린이 3명에 대한 6개월 간의 종적인 연구에서 아무런 규칙-불규칙 분리가 없었음을 보고하였다. 그녀는 규칙과 불규칙 과거시제 형태들이 종결성 동사들과 강하게 연상되어 있는 것을 발견했는데, 이러한 연상은 시간이 지나 성인들의 표준에 가까워지면서 완화되었다. 〈표 3.6〉은 Rocca(2002)의 〈붙임〉 데이터를 계산한 것인데, 종결성 동사들과의 연상에서 규칙과 불규칙 과거가 뚜렷하게 다르지 않음을 보여준다. 오히려 학습자 DAN의 경우 규칙 과거보다 불규칙 과거가 종결성과 더 강하게 연상된다고 주장할 수 있는데, 이것은 Housen(2002)이 제안했던 이중 경로 이론의 예측에 반하는 것이다.

표 3.6 Rocca(2002)에서 3명의 아이들에 의해 15번의 시점 동안 과거시제로 표시된 동사들 중 종결형 동사의 (토큰의 수에 기반한) 비율

DAN	1	2	3	4	5	6	7	8	9	10	11	12	13	14	15
불규칙	NA	100	100	100	100	100	100	90	85.7	81.8	90.9	77.8	71.4	100	87.5
-ed	100	100	100	100	100	87.5	83.3	66.7	66.7	66.7	80		76.2	78.6	75	71.4
MAT	1	2	3	4	5	6	7	8	9	10	11	12	13	14	15
불규칙	NA	100	100	100	100	88.9	100	100	90	71.4	100	100	91.7	80	75
-ed	100	100	100	100	100	75	100	100	100	90	83.3	73.9	75	76.5	76.2
BER	1	2	3	4	5	6	7	8	9	10	11	12	13	14	15
불규칙	NA	100	100	0	100	100	100	69.6	84.6	80	86.7	76.5	86.7	100	75
-ed	100	100	100	100	80	66.7	100	85.7	100	80	60	83.3	54.6	61.9	68.4

Chan, Finberg, Costello와 Shirai (2012)

영어를 습득하는 어린이들을 조사했던 위의 연구들과는 달리, Chan 외(2012)는 CHILDES/Talkbank의 데이터베이스에 있는 유럽과학재단

(Perdue 1993)의 데이터베이스로부터 영어를 습득하는 성인 이민자들의 장기적인 데이터를 분석하였다(MacWhinney 2000). Chan 등은 동사의 의미와 형태 규칙성의 영향을 조사하기 위해 4명(L1 이탈리아어 2명과 L1 펀자브어(Punjabi) 2명)의 학습자 데이터를 분석했다. 그 결과 규칙-불규칙의 분리는 없는 것으로 나타났다. 달성동사(achievement verb)의 규칙과 불규칙 과거시제 형태 굴절은 모든 학습자들에게서 비슷한 분포를 보였다. 예를 들어, 가장 빈번하게 과거시제 토큰을 산출한 Lavinia(L1 이탈리아어)는 달성동사와 함께 127토큰의 불규칙 과거와 32토큰의 규칙 과거를 사용했지만, 그것은 비율로 따지면 각각 모든 과거시제 토큰의 74%와 70%에 해당한다. 다른 유형의 동사에서도 같은 경향이 나타났다. 불규칙 과거와 규칙 과거의 비율은 상태동사(state verb)에서 13% 대 11%, 활동동사(activity verb)에서 6% 대 11%, 달성동사에서 7% 대 8%였다. 다른 3명의 학습자들에게서도 특별한 규칙-불규칙 분리가 관찰되지 않았다.

요약하자면, Housen(2002)은 L2 습득에서 이중 경로 모델에 따라 규칙 과거시제가 의미적 원형(종결성 동사)과 더 강한 연상을 보일 것으로 예상했지만, 이러한 예상에 어긋나는 연구 결과들이 있다(Chan 외 2012, Rocca 2002). 어쨌든, 규칙-불규칙 분리는 L1이 아닌 L2 습득에서 관찰되는 것으로 보이며(Shirai 2010), L2 연구에서조차 규칙-불규칙 분리가 명확하게 관찰되지는 않는다. 이와 관련한 더 많은 연구가 필요하다.

의미 편향성과 관련된 규칙-불규칙 분리를 결정하는 요인 중 하나는 L1의 전이(transfer)일 가능성이 있다. Rohde와 Housen의 연구에서는 L1이 미완료(imperfective)/진행형(progressive)이 생산적이지 않은 독일어와 네덜란드어였던 데 반해서, Rocca와 Chan의 연구에서는 L1이 미완료/진행형이 문법적인 체계에 통합된 이탈리아어와 펀자브어였다. L1에서의 비완료상 형태의 존재가 L2의 의미-형태 공간을 조직하는 데 도움을 주는 자석처럼 작용했을 가능성도 있다. 이러한 가능성은 다음 절에서 논의될 Rosi(2009a,b)의 연구와 부합되는데, 이 연구에서는 L1의 의미 지도가 L2의 의미 지도에 강력한 영향을 행사하는 것으로 드러난다.

시제-상 습득에 나타나는 의미 편향의 연결주의 시뮬레이션
Connectionist Simulations of Semantic Bias in Tense-Aspect Acquisition

제1장에서 간략하게 논의했듯이, Li와 Shirai(2000; see also Zhao와 Li, 2009)는 시제-상 표지의 발달을 모델링 하기 위해 특성 사상(feature mapping) 자가 구성 네트워크(self-organizing network)인 DISLEX를 사용하여 시제-상 형태 습득의 네트워크 시뮬레이션을 마련했다. 입력 데이터로는 CHILDES로부터 얻은 '유아에게 맞춘 대화(child-directed speech)'의 코퍼스(Goodman, Dale과 Li 2008)가 사용되었다. 이 네트워크는 아이에게서 얻은 데이터로 L1 영어의 습득을 성공적으로 시뮬레이션했는데(Shirai 1991), 여기서 발견된 과거시제 표지와 상태 변화 동사들(즉 종결성 동사들)의 연상 및 진행 표지와 활동 동사들(즉 비종결성, 역동적 동사들)의 연상은 자가 구성 네트워크가 인간의 시제-상 표지 습득을 구현하는 강력한 시스템을 구성할 수 있다는 것을 시사한다.

Rosi (2009a,b)

Rosi(2009a,b)도 자가 구성 네트워크를 사용하여 독일어와 스페인어 화자들의 이탈리아어 상 체계 습득을 시뮬레이션하고 그 모델링 데이터를 L2 학습자들의 습득 데이터와 비교하였다. 그녀는 이탈리아에서 학술적인 수업을 수강중인 12명의 독일어 원어민과 12명의 스페인어 원어민으로부터 2개월 간격을 두고 3차례에 걸쳐 이탈리아어로 된 입말과 글말 이야기를 수집했으며, 이를 통제 집단으로 정한 24명의 이탈리아어 원어민으로부터 얻은 데이터와 비교하였다. Rosi는 (흔히 이탈리아어 연구가들이 '동작성(actionality)'이라고 부르는) 어휘적 상과 문법적인 시제-상 표지 사이에 강한 상관관계가 있다는 것과 학습자들이 처음에는 시제-상 표지들을 특정한 어휘적 상을 가진 동사의 부류와 상호 연관시키는 경향을 보이다가 고급 수준에 이르러서야 상 표지들을 전경(foreground)이나 배경(background) 같은 다른 특질에 관련시키는 법을 배운다는 점에서 상 이론이 전반적으로 지지된다는 것을 발견하였다. 동시에 그녀는 이탈리아어를 배우는 스페인어 화자들이 독일어 화자들보다 비완료상 (imperfective aspect)의 사용을 더 빨리 발달시킨다는 것을 발견하고, 두 로망스어의 상 체계가 비슷한 것을 그 원인으로 파악했다. 특히 L1의 문법체계에 비완료상이 들어 있지 않은 독일인 학습자들은 이탈리아어로 과거를 표현할 때 언제나 완료 과거(passato prossimo)만을 사용하는 경향을 보였는데, 이것은 L1의 역할을 확증해 준다.

Rosi는 네트워크 시뮬레이션을 위해 Li와 Shirai(2000)의 L1 영어 상 습득 시뮬레이션을 모방하여 비지도 신경 네트워크(unsupervised neural network)인 SOMs(self-organizing maps; 자가 구성 지도)

(Kohonene 2001)을 활용하였다. 오차역전파(back-propagation) 네트워크, 즉 지도를 받는 학습 네트워크와 달리 자가 구성 네트워크는 아무런 지도를 받지 않고 전적으로 입력에 반응하는 네트워크의 자동적인 구성을 통해 학습을 진작시킨다. 자동 구성 과정은 고차원의 입력 공간으로부터 효율적이고 압축된 내적 표상을 추출하여 이 새로운 표상을 이차원적인 지도 구조로 표현하는 일이 많다. 단어의 음운적 형태를 입력 표상으로 사용했던 Li와 Shirai(2000)의 모델과 달리, Rosi는 위에서 말했던 이야기 연구에서 산출된 스페인어, 독일어, 이탈리아어의 빈도수가 가장 높은 30개의 동사 유형에 속하는 실제 동사 토큰을 사용했다. 동사 토큰들은 이진법적인 코드의 배열로 표상되는데, 이 코드들은 어휘 상(상태성, 동작성, 종결성), 바탕(전경, 배경), 통사(주절 vs 종속절), 대상(존재 vs 부재), 조동사(be vs have), 상(완료 vs 비완료)과 같은 여섯 개의 다른 차원들로 구성된다. 이탈리아어의 동사구 'è arrivata la polizia', 즉 '그 경찰이 도착했다'라는 예는 00110100010110으로 표상된다(Rosi(2009, p. 13)의 〈표 1〉를 토대로 한 〈표 3.7〉을 보라).

표 3.7 Rosi의 네트워크 시뮬레이션에 사용된 동사구들의 표상

주석 속성	어휘적 상	바탕	통사	대상	조동사	상
언어적 값	종결상	전경	주절	없음	essere 'be'	완료상
이진 코드	001	10	10	001	01	10

이 표상은 세 언어에 모두 사용되었는데, 다만 독일어의 경우 완료와 비완료의 상적인 구분이 없기 때문에 마지막 차원이 중화되었고 언제나 00으로 표상되었다. 이와 같은 부호화 체계에서 하나의 숫자는 각각의 값에 대응한다. 예를 들면, 어휘적 상은 이 연구에서 세 가지의 값을 가지고 있기 때문

에 값의 존재를 1로 표시하는 세 개의 숫자가 사용되었는데, 100은 상태(state), 010은 동작성(activity), 001은 종결성(telic)을 나타낸다.

이러한 표상들을 사용하여 Rosi는 (이탈리아어, 스페인어, 독일어의) L1 습득에 대한 시뮬레이션 3개와 스페인 학습자와 독일 학습자들의 L2 이탈리아어 습득에 대한 2개의 시뮬레이션을 수행했다. SOM의 시뮬레이션에 사용된 자동 구성 네트워크는 기본적으로 공기 관계(co-occurrence), 즉 동시 활성(co-activation)의 총계를 기록하고 다양한 입력 패턴들 간의 관계를 2차원 지도에 그리는 방식이다. Rosi는 다음과 같이 설명한다.

> 네트워크는 입력 데이터에 대한 점진적인 노출을 통해 인접한 수용기가 동종의 데이터 부류들을 인식하는 경향을 띠는 방식으로 그것의 교점(node)들을 위상학적으로 조직한다. 학습이 시작될 때는 모든 유닛들이 평준하게 동시에 활성화되지만, 수용기들 간의 연상 강도는 그러한 수용기들을 활성화하는 입력들 간의 분산적인 공기 관계들이 증가하는 것과 평행하게 점진적으로 증가한다. 트레이닝 과정에서 처음의 입력 패턴은 그것의 벡터(vector)가 입력을 나타내는 벡터와 가장 가까운 유닛을 활성화한다. 이어지는 입력들은 네트워크의 유닛들을 같은 방식으로 활성화한다. 유사한 입력들은 같은 유닛이나 가까이 있는 유닛들을 활성화하는데, 그 이유는 하나의 유닛이 입력에 대한 반응으로 활성화될 때 그 유닛과 이웃하는 유닛의 활동 패턴이 입력과 더 비슷해지고, 그로 인해 그 입력과 같은 유형의 입력에 반응할 가능성이 더 높아지기 때문이다.... 입력이 모델에 주어질 때마다 지도의 특정 영역이 활성화되고 최대치로 활성을 띤 유닛이 입력을 표상하게 된다.... 마침내 트레이닝이 끝나면 비슷한 입력에 최대치로 반응하는 유닛들이 가까운 영역에 함께 모여 있게 된다.
>
> (Rosi 2009a, p. 11)

〈그림 3.3〉, 〈그림 3.4〉, 〈그림 3.5〉는 각각 이탈리아어, 스페인어, 독일어 원어민의 습득을 시뮬레이션한 결과다. 이탈리아어와 스페인어는 매우 비슷한 SOM의 패턴을 보여주는데, 상단과 좌측 중단은 완료 서술어들이 점유하고 있고 하단 오른쪽은 비완료 서술어들이 점유하고 있다. 이절에 뒤따르는 모든 SOM의 선들은 서술어의 클러스터들을 포함하는 영역들을 구획(demarcate)한다. 어두운 점들은 서술어들의 맥락이 많은 특질들을 공유하는 것과 입력 공간에서의 벡터가 서로 비슷한 것에 반응하여 서술어가 강한 클러스터들을 형성한 것을 나타낸다. 옅은 색의 점들은 유닛들 간의 거리가 먼 것에 반응하여 클러스터가 약하게 형성된 것을 나타낸다. 트레이닝에 사용된 서술어들은 상(aspectual value), 동사 유형(lemma), 바탕(P는 완료, F는 전경)으로 표상되었다.

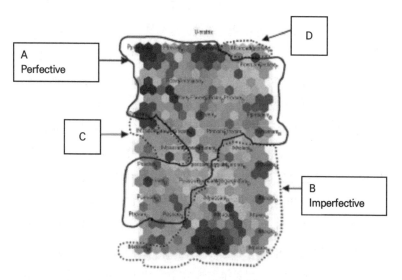

그림 3.3 이탈리아어의 상 구성 (Rosi 2009a, p. 17). 허락을 받고 다시 수록함.

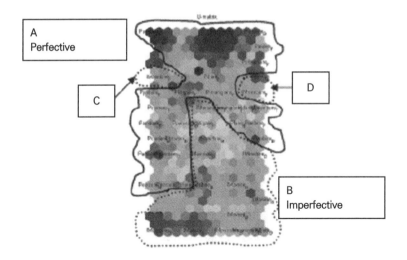

그림 3.4 스페인어의 상 구성 (Rosi 2009a, p. 18). 허락을 받고 다시 수록함.

이와 대조적으로 독일어의 SOM은 완료와 비완료를 지도의 조직에 표시하지 않고 전경과 배경의 바탕을 지도의 조직에 표시하는데, 이것은 독일어 트레이닝 세트에 상의 대립이 표상되지 않기 때문에 나타나는 자연스러운 결과다.

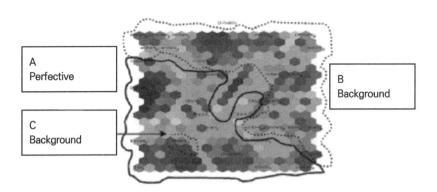

그림 3.5 독일어의 상 구성 (Rosi 2009a, p. 19). 허락을 받고 다시 수록함.

Rosi는 스페인어와 독일어 화자들의 L2 이탈리아어 습득을 시뮬레이션하면서 이탈리아어로 된 문장들의 비율이 점점 더 높아지는 세 개의 단계로 구성된 네트워크 트레이닝 세트를 제공했다. 독일어 대 이탈리아어 벡터의 비율은 1단계에서 542:278, 2단계에서 542:566, 3단계에서 542:877이었는데, (독일어나 스페인어인) L1 서술어의 수는 고정적으로 542였고 L2인 이탈리아어의 서술어만 증가했다. 단계를 이렇게 설계한 이유는 이탈리아의 대학교에서 모어를 일정하게 사용하면서 이탈리어어의 사용을 단계적으로 늘려가고 있는 Rosi가 조사하고 있는 독일과 스페인 출신 학생들의 실제 습득 과정을 모방하기 위해서였다.

L1이 독일어인 학습자들이 이탈리아어를 습득하는 초기 단계의 네트워크 표상은 스페인어를 L2로 습득하는 네트워크와는 꽤 달랐다. L1이 스페인어이고 L2가 이탈리아어인 네트워크는 〈그림 3.7〉과 같이 1단계에서 하단의 비완료와 상단의 완료를 매우 뚜렷하게 구획했는데, 이는 〈그림 3.3〉에 보이는 이탈리아어 원어민의 SOM과 매우 유사하다. 하지만, L1이 독일어로 설정된 네트워크는 〈그림 3.6〉처럼 1단계에서 완료와 비완료의 구획을 뚜렷하게 보여주지 않았다.

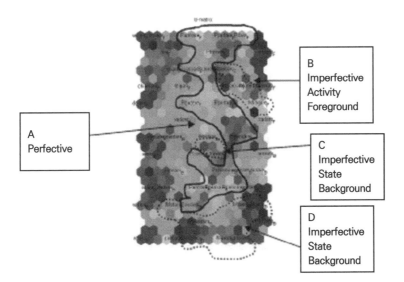

그림 3.6 독일어 네트워크의 이탈리아어 습득: 1단계 (Rosi, 2009a, p. 20). 허락을 받고 다시 수록함.

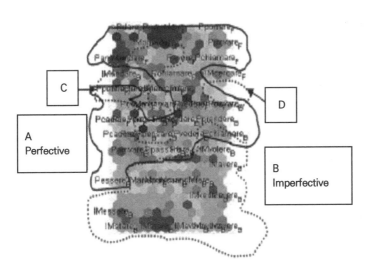

그림 3.7 스페인어 네트워크의 이탈리아어 습득: 1단계 (Rosi 2009a, p. 20). 허락을 받고 다시 수록함.

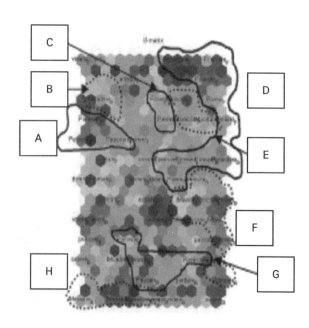

그림 3.8 독일어 네트워크의 이탈리아어 습득: 3단계 (Rosi 2009a, p. 23). 허락을 받고 다시 수록함.

독일어 네트워크가 원어민과 유사한 SOM을 보여주지 못하는 어려움은 3단계에서도 지속된다. 〈그림 3.8〉에서 지도는 완료와 비완료의 영역을 뚜렷하게 구획하지 못하고 비완료의 영역이 파편처럼 흩어져 있는 모습을 보인다.

Rosi의 연구는 인간 데이터와 시뮬레이션 데이터를 비교하였고, 시제-상 습득에서 L1의 영향이 강하게 나타나는 것을 보여주었다는 점에서 SLA와 연결주의 연구에 중대한 기여를 했다. 그녀의 연구가 특별히 더 주목할만한 이유는 위에서 언급했듯이 SLA에서 상 이론을 다루는 연구들이 대부분 시제-상 습득의 보편적인 측면을 강조했지만 시제-상 표지의 습득에 나타나는 의미 편향을 발생시키는 L1의 효과(Shirai 2009)에 대해서는 충분히 관심을 두지 않았기 때문이다. Rosi는 인간 데이터와 시뮬레이션 데이터를 기반으로 종결성 동사들과 (완료) 과거시제 표지의 보편적인 연상(association)이 L1의 전이 및 입력의 분포에 기인한 것임을 보여주었다. 스페인어가 L1인 이탈리아어 학습자들의 경우 L1의 표상이 완료-종결과 비완료-비종결 연상의 강력한 공급원인 것이 분명하고, 독일어가 L1인 경우(Rosi 2009b, p. 103), 편향된 입력의 연상들이 그러한 연상들의 주된 공급원인 것처럼 보인다(분포적 편향성 가설, Andersen(1993), Andersen과 Shirai(1996). Shirai(2009)가 상 가설과 관련하여 L1 전이의 효과를 재해석할 것을 요청하는 가운데 Rosi의 연구는 매우 중요한 정보를 제공한다. 특별히 미래에는 언어 학습자들에게 노출되는 실제 입력을 반영하는 다양한 L1과 목표 언어들, 그리고 입력 분포를 통제하는 인간 데이터와 네트워크 시뮬레이션 데이터의 비교 연구가 유용할 것으로 전망된다.

보편문법과 연결주의: Williams와 Kuribara (2008)

Universal Grammar (UG) or Connectionism: Williams and Kuribara (2008)

제2장에서 논의했듯이, 제1언어와 제2언어 습득이 영역 일반적인 메커니즘을 통해 달성되는지 아니면 생득적인 보편문법을 전제한 영역 특정적인 메커니즘에 의해 달성되는지는 연결주의 언어 습득 연구에서 다루어져 온 중요한 이슈다. Elman(1990, 1993)의 단순 회귀 네트워크(simple recurrent network, 이하 SRN)는 선천적으로 부여된 명사, 동사 등과 같은 범주에 의존하지 않고 입력을 처리하는 것만으로도 통사적인 범주

들이 습득되는지를 조사하였다. Williams와 Kuribara(2008)는 L2 학습 실험과 연결주의 시뮬레이션인 SRN을 사용해서 일본어 어순의 영역에서 이 문제를 다루었다. 한 실험에서 그들은 일본어를 모르는 영어 원어민 화자들에게 다음(일본어의 ga-주격, o-대격, -ni-여격)과 같이 그들이 재플리쉬 (Japlish)라고 부르던 영어 어휘 항목이 사용된 일본어식 문장을 배우게 함으로써 일본어 통사구조를 습득하게 했다.

> 1. Vet-ga   injection-o   elephant-ni gave.
>   -주격   -대격   -여격
>   '수의사가 코끼리에게 주사를 놓았다.'

이와 같은 재플리쉬 문장들에 노출된 25명의 학부생들에게 각각의 문장이 의미적으로 얼마나 그럴듯한지 판단을 내리게 했는데, 이것은 참가자들이 의도치 않게 우연히 일본어 통사를 곁들여 학습하도록 하기 위함이었다. 기본적인 어순이 주어-동사-목적어(SVO)인 영어 화자들은 표준적인 단문에 이어 표준적인 복문, 그리고 마지막으로 표준적인 단문과 복문이 뒤섞인 재플리쉬 문장들이 얼마나 의미적으로 그럴듯한지 (시각과 청각을 통해) 판단하면서 주어-목적어-동사(SOV) 어순의 일본어 통사를 학습하게 되었다. 그들이 학습한 문장들 중에는 유표적인 뒤섞인 어순의 문장들도 포함되어 있었다(Yamashita와 Chang 2006). 일본어에서 (2a)와 (2b)는 모두 문법적이지만, (2a)는 더 표준적(무표적)이고, (2b)는 더 유표적이어서 John이 다른 것이 아닌 피자를 먹었다는 것을 약간 강조하고 있다.

2. a. (표준적인 문장)

   John-ga   piza-o   tabeda.

   John-주격   pizza-대격   먹었다

   'John이 피자를 먹었다.'

3. a. (뒤섞임 문장)

   Piza-o   John-ga   tabeda.

   pizza-대격   John-주격   먹었다

   '피자를 John이 먹었다'

　문법성 판단 검사에 의해 측정된 그들의 학습 결과는 재플리쉬 트레이닝을 전혀 받지 않고 사후 검사만 받은 통제 집단과 비교되었다. 그들은 학습자들이 통제 집단보다 뒤섞임 문장을 더 많이 용인하는 것을 발견했는데, 이것은 그들이 우연적인 학습(incidental learning)을 통해 표준적인 단문과 복문뿐 아니라 유표적인 어순까지도 습득할 수 있었다는 것을 시사한다.

　인간 대상의 실험 결과는 이어서 연결주의 모델의 수행과 비교되었다. Williams와 Kuribara는 시뮬레이션의 목적이 L1이나 UG의 영향이 없는 상태에서 순수하게 입력에 의해 학습이 주도된다면 어떤 결과가 기대되는지를 보는 것이라고 밝혔다(p. 541). 그러므로 그들은 네트워크에 L1의 지식을 표상하지 않았고, 그로 인해 그 모델은 L1 습득에서의 발생주의적 학습(emergentist learning)을 시뮬레이션 하는 것으로 간주되었다. 그들은 Elman net(Elman 1990, 1993)이라고도 불리는 SRN 기반의 tlearn이라는 소프트웨어(Plunkett과 Elman 1997)를 사용하여 시뮬레이션을 수행했는데, 이것은 시간적 정보를 표상하는 (표준적인 입력, 은닉, 출력 층에 더하여) '맥락층(context layer)'을 추가로 가지고 있었다. 9개의 유닛들은 주어, 목적어, 동사, 간접목적어, wh-word, 형용사와 같은 문법적인 범주들이 연결되어 구성된 문장을 표상했다. 예를 들어, 목적어는 000100000, 주어는 010000000과 같이 말이다. Elman(1990, 1993)의 시뮬레이션이 각각의 단어와 문법적/의미적 범주들이 네트워크 시뮬레이션의 결과로 발생하도록 하여 직접적으로 부호화한 것과는 달리, Williams와 Kuribara의 시뮬레이션에서는 문법 범주들을 미리 부호화하고 네트워크가 입력에서 발생하는 문법적 범주들의 순서를 통해 배열의 개연성만을 학습하게 하였다.

이 네트워크에서는 각 단어들, 즉 문법 범주들이 하나씩 순서대로 제시되었고, 순서에 대한 정보, 즉 무엇이 무엇의 뒤에 오는지에 대한 정보는 맥락 유닛에 의해서 표상되었다. 그리고 맥락 유닛으로부터 이전의 활성화 값은 은닉층으로 다시 보내졌으며, 은닉층은 출력층에 활성값을 전달했다. 은닉층과 맥락층 유닛의 수는 각 7개이고, 출력층 유닛은 입력층과 마찬가지로 9개씩이었다. Elman의 SRN처럼 네트워크에 주어진 과제는 입력의 연속에서 무엇이 뒤따를지(이 경우 이어지는 문법적 범주)를 예측하는 것이었다. 무작위로 구성된 문장들의 연습 세트에 대한 시뮬레이션을 50차례 치른 후에, 그들은 출력 유닛의 활성 양상을 L2 학습자들을 대상으로 한 실험의 문법성 판단 검사와 비교하였다. 각 분할에 대한 (Taraban과 Kempe(1999)에서도 사용된) 루스 비(Luce ration)를 측정하여 정확도 예측이 이루어졌는데, (SVO, OSIV 같은) 각 문장 패턴에 대한 평균은 L2 학습자들의 문법적 판단에서의 용인도(acceptance rate)와 비교되었다. 그 결과 (참가자들이 처리하기가 어려워서 기피하는 원거리 뒤섞임 문장을 제외하고) 피어슨 상관계수 r=0.955의 수준에서 네트워크가 인간의 데이터를 꽤 정확하게 흉내낸 것으로 나타났다.

Williams와 Kuribara는 실험과 시뮬레이션을 토대로 제2언어 습득이 보편문법(UG)에 의해 유도되지 않는다는 결론에 도달했는데, 그 이유는 뒤섞기를 습득한 결과로 예상되는 보편문법의 '군집 효과(clustering effect)'가 인간 데이터에 나타나지 않았고, 더 나아가 연결주의의 SRN이 인간 데이터에 매우 근접한 양상을 보였기 때문이다.

위에서 언급한 바와 같이, Williams와 Kuribara의 시뮬레이션은 Elman의 원래 네트워크와 달리 네트워크에 통사 범주를 미리 넣어놓고 시작했다는 비판을 받을 수 있다. William과 Kuribara는 성인 L2 학습자들이 L1에 대한 메타언어적 지식과 이러한 범주들에 대한 실험의 지도 내용을 바탕으로 문법 범주에 접근할 수 있기 때문에 이러한 시뮬레이션이 정당화될 수 있다고 주장했다. 그들은 또한 Elman의 작업을 정교화한 Chang, Dell과 Bock(2006)의 시뮬레이션 역시 네트워크가 일반화를 생성할 수 있도록 통사적인 범주들에 대한 트레이닝을 필요로 했고, 이를 위해 SRN적인 요소 외에 추가로 압축 네트워크(compression network)에 의존해야 했다고 주장했다. 이런 실험들을 복제하여 단어만 있는 네트워크에서 제플리쉬의 문법적인 범주가 스스로 발생하는지를 알아본다면 흥미로울 것이다.

유연한 규칙의 학습: 성별과 격 표지
Learning Soft Rules: Gender and Case Marking

성별표지는 '유연한 규칙(soft-rule)'의 특징을 가지고 있기 때문에 연결주의 네트워크를 위한 이상적인 문제 공간이다. 예를 들어, 어떤 규칙이나 규칙의 집합도 프랑스어 성별 체계를 설명해주지 못한다. 다만 규칙과 비슷한 다양한 단서들의 상호작용이 프랑스어 명사들의 성별표지로 선택되는 형태를 결정하는 데 작용한다(Lyster 2006, Tucker, Lambert와 Rigault 1977).

이 절에서는 먼저 성별표지를 모델링한 연결주의 연구들이 논의된다. 그 첫 번째는 Sokolic과 Smith(1992)의 네트워크 모델이다. 이 연구는 Carroll(1995)에 의해 이론적인 토대에 대한 비판을 받았고 나중에는 이 책에서도 검토되는 Matthews(1999)에게도 비판을 받았다. Matthews(1999)는 다양한 학습 조건들을 조작하여 Sokolic과 Smith(1992)의 연구를 확장 복제하였다. 이와 관련된 프랑스어의 L2 성별표지 연구(Taraban과 Roark 1996) 및 러시아어의 L2 성별표지 연구(Taraban과 Kempe 1999)도 역시 검토될 것이다. 후자의 경우 특별히 연결주의 관점에서 이루어진 Carroll(1995)의 연구에 대답하는 성격을 가지고 있다. 마지막으로 또 다른 유연한 규칙의 사례로 간주되는 L2 독일어와 러시아어 격 표지의 습득을 조사한 Kempe와 MacWhinney(1998)의 연구도 검토될 것이다.

Sokolic과 Smith (1992): 2층 네트워크에서의 프랑스어 성별표지
Sokolic and Smith (1992): French Gender Marking in a Two-layer Network

　　Sokolic과 Smith(1992)는 제2언어 학습의 네트워크 시뮬레이션을 수행한 초기 연구들 중의 하나다. 그들은 (영어 과거 시제 습득에 대한 R&M 모델과 마찬가지로) 2층 네트워크를 사용했는데, 이 네트워크는 은닉층이 없이 입력층에서 음운적 표상을 사용하지 않고 아닌 표준적인 철자법으로 프랑스어 단어들을 표상했다. 224개의 입력 유닛들은 글자들의 구분(A부터 Z는 26개의 유닛으로, e와 é는 2개의 유닛으로)과 글자의 위치(8가지)를 표상하고, 2개의 출력 유닛은 각각 여성(feminine)과 남성(masculine)을 부호화했다(그림 3.9). 그들은 오차역전파(back-propagation) 알고리듬(Widrow-Hoff rule, 즉 delta rule)을 사용하여 관사, 형용사 등 명사에 호응하는 다른 어떤 정보 없이, 프랑스어 성별, 즉 어떤 단어가 남성인지 여성인지에 대한 지식의 습득을 시뮬레이션했다. 매우 초기의 연구였기 때문에 애플소프트의 BASIC으로 제작된 프로그램에서 시뮬레이션이 수행되었다.

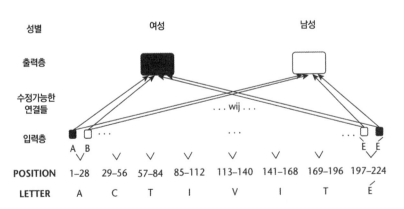

그림 3.9 프랑스어 성별 체계의 네트워크 표상 (Sokolic과 Smith 1992, p. 44). 허락을 받고 다시 수록함.

그들은 규칙적인 유형(예를 들면 -eru, -ier, -ment 등 보통 남성 명사들)과 불규칙적인 유형을 모두 포함하는 450개의 프랑스 명사들(남성 225개와 여성 225개)에 대한 정보를 네트워크에 넣었고, 그것의 학습을 시뮬레이션하였다. 그들은 또한 네트워크가 새로운 단어들의 성별도 일반화하여 학습하는지를 보기 위해 트레이닝 단계에서는 포함되지 않았던 150개의 단어들을 테스트 단계에서만 사용하였다. 첫 번째 시뮬레이션은 입력층과 출력층 사이의 초기 연결 강도를 0으로 설정한 네트워크를 사용하여 제1언어의 습득을 모델링했다. 이 모델은 프랑스어 명사의 성별을 놀라울 정도로 잘 습득했다. 단 한 번의 에포크(epoch)만에 프랑스어 명사들의 80%를 정확하게 범주화하였고, 5에포크 후에는 86.2%를 정확하게 습득했다.

표 3.8 Sokolik과 Smith(1992)에서 학습률과 초기 연결 강도에 따른 수행 정확도

	빠른 학습 (0.10)	느린 학습 (0.025)
연결 강도 없음 (Zero weights)	0.733	0.787
임의 연결 강도 (Random weights)	0.731	0.793

Sokolik과 Smith는 제2언어 습득을 재현하기 위한 목적으로 학습률과 초기 연결 강도의 두 변인을 조정했다. 처음에 그들은 초기 연결 강도를 임의로 설정하고 같은 시뮬레이션을 구동했다. 그리고 원래의 시뮬레이션에서 0.10으로 되어 있던 학습률을 0.025로 바꾸어 보았다. 그 결과는 모두 비슷하게 나왔다. 두 시뮬레이션 모두 5에포크 후에 성별 과제를 훌륭하게 학습했다.

마지막으로 그들은 각 네트워크 시뮬레이션의 일반화 능력을 검사했

다. 네트워크는 좋은 수행 결과(0.731)를 보였으나 트레이닝을 받은 네트워크(0.793)에 미치지는 못했다. 이 결과는 예상과 다른 것이 아니었지만 느린 학습이 정확도를 더 높였다는 결과는 놀라운 것이었다(〈표 3.8〉 참조).

Sokolik과 Smith의 시뮬레이션은 은닉층도 없는 단순한 2층 신경망을 프랑스어 단어 450개에 불과 몇 번 노출시킨 것만으로 프랑스어의 성별 체계를 학습했다는 점에서 인상적이다. 동시에 80-85% 의 정확도가 과연 인간과 비견되는 것인지, 트레이닝을 늘리거나 은닉층을 더하면 정확도가 높아질 수 있는지에 대한 의문도 생긴다. Matthews(1999)는 이를 비롯한 다른 여러 가지 남은 질문들을 다루고 있다.

Matthews (1999): Sokolic and Smith (1992)의 확장
Matthews (1999): Extension of Sokolic and Smith (1992)

Matthews(1999)는 다음과 같은 질문들에 답하기 위해 Sokolic and Smith(1992)의 연구를 확장하였다.

a. 트레이닝 기간을 연장하면 수행 능력이 향상되는가?
b. 은닉층을 포함시키면 수행 능력이 향상되는가?
c. 학습하는 명사의 수를 늘리면 네트워크의 수행 능력이 향상되는가?

Mattjews는 (그가 하나의 출력 유닛만을 사용했다는 것을 제외한) 원래 설계의 사양들을 유지한 채로 위의 매개변인들을 조정하였다. 질문 (a)와 관련하여, 트레이닝 기간을 1000에포크로 늘린 결과 트레이닝 세트에서는 정확률이 원래 연구의 평균 85.6%에서 90.1%로 향상되었고, 테스트 세트에서는 정확률이 (Sokolik과 Smith의) 원래 연구의 평균 73-79%에서 84%로 향상되었다. 그러므로, 트레이닝의 수를 늘리는 것은 정확도의 향상에 도움을 준다고 할 수 있다. 그는 또한 200에포크 이후에는 학습률에 변화를 주어도 네트워크의 수행이 일정하게 수렴하는 것을 발견했는데, 이는 이 시뮬레이션에 장기적으로는 학습률이 문제되지 않는다는 것을 의미한다.

정확률이 높다는 것은 네트워크가 실제로 프랑스어 성별 과제에 대한 일반화를 학습하고 있다는 것을 의미할까? 그 다음 시뮬레이션은 질문 (b)와 관련하여 이러한 이슈를 다루었다. 은닉층을 포함시키는 변화는 정확률의 측면에서 극적인 효과를 가져왔다. 은닉 유닛이 2개만 있는 네트워크가 2000에포크 후에 (450개 단어들 중에서 2개를 제외하고 모두 맞게 분류하는) 99.5%의 정확도에 도달했다. 게다가 4개의 은닉 유닛이 있는 네트워크는 800에포크 후에 100%의 정확도를 보였다. 이것은 은닉 유닛을 가진 네트워크가 프랑스어 성별 과제에 대한 원어민 수준의 지식을 가질 수 있음을 시사하는 것처럼 보인다. 하지만, 4개의 은닉 유닛을 가진 동일한 네트워크가 검사 세트, 즉 일반화 과제에서는 그리 인상적인 성과를 보여주지 못했다. 그것의 정확도는 400에포크 후 88%에서 정점을 찍었고, 트레이닝이 끝난 2000에포크에서는 80% 정도에 머물렀다. Matthews는 오차역전파 네트워크가 하나의 입력 패턴을 하나의 출력 패턴에 연상시키는 기계적 암기 방식으로 학습하기 때문에 너무 장기간 트레이닝을 받으면 이런 일이 드물지 않게 일어난다고 첨언했다. 네트워크 표상의 군집성 분석(cluster analysis)이 (예를 들면 남성 접미사 '-eru'

와 같은) 음운적인 그룹들을 동반하는 어떠한 패턴도 보여주지 않았다는 사실 역시 이를 시사한다. 그러므로 매우 높은 정확도는 많은 수의 학습 에포크를 거친 기계적 암기에 의한 것처럼 보인다[12].

Matthews는 질문 (c)를 다루기 위해 (Sokolic과 Smith의 450 단어 대신) 어린이 사전에서 가져온 1677개의 단어들을 공급했다. 그 결과는 매우 인상적이지는 않았는데, 1000에포크의 트레이닝에서 얻는 최고의 정확도는 60개의 은닉 유닛을 가진 네트워크에서도 86%에 지나지 않았다. 하지만 제2의 은닉층을 추가하여 4층 네트워크를 만들자 정확성이 뚜렷하게 향상되었으나 100%에 도달하지는 않았다(Matthews가 얼마인지 정확하게 밝히지는 않았음).

이러한 결과들을 토대로 Matthews(1999)는 Sokolik과 Smith의 연결주의 모델과 자신의 모델에 의한 시뮬레이션이 프랑스어 성별 할당의 하위 규칙들을 실제로 학습한 것이 아니라 단지 기계적인 학습의 결과를 보여주었음에 유의할 것을 요청했다.

Taraban과 Roark (1996): 인간과 연결주의 모델의 프랑스어 성별 학습
Taraban and Roark (1996): French Gender in Humans and a Connectionist Model

Taraban과 Roark(1996)은 행동 데이터와 연결주의 시뮬레이션을 사용하여 프랑스어 성별 습득을 조사한 또 하나의 연구이다. 그들의 주된 목표는 문법 범주 학습에서 경쟁의 효과를 검증하는 것이었다[13]. 실험에 참

---

12) 일반화 능력이 가장 높게 나타나는 지점의 네트워크 표상을 살펴보는 것은 흥미로울 것이다.
13) 그들은 또한 경쟁 모델의 단서 신뢰성(cue-reliability) 개념(Bates와 MacWhinney 1978)

여한 (L1이 영어인) 40명(20명은 L2에 대한 지식이 없고 20명은 L2를 공부하고 있지만 프랑스어는 모름)의 대학생들에게 24개의 프랑스어 명사에 대한 성별을 (남성인 petit과 여성인 petite 중 어떤 것의 수식을 받을 것 같은지를 기준으로) 평가하라고 요청했고, 참여자들은 960번이 넘는 평가를 수행할 때마다 평가에 대한 피드백을 받았다. 그들은 높은 경쟁과 낮은 경쟁이라는 두 가지 조건에서 평가를 수행했다. 두 가지 조건에서 여성 명사들은 일정했지만 남성 명사들은 달랐는데, 높은 경쟁 조건에서 남성 명사들은 더 많은 경쟁 관계에 놓였다. 예를 들어, 낮은 경쟁 조건에서는 여성 명사들과 마지막 글자 (m, t)를 공유하는 세 개의 남성 명사들이 있었고, 높은 경쟁 조건에서는 여성 명사들과 마지막 글자 (x, s, t, r, f)를 공유하는 11개의 남성 명사들이 있었다. Taraban과 Roark는 참가자들이 낮은 경쟁 조건에서 명사의 성별을 더 정확하고 빨리 평가한다는 것을 발견했는데, 이는 경쟁 관계가 프랑스어 성별 습득에서 중요한 요인이라는 것을 시사한다. 그들의 네트워크 시뮬레이션은 동일한 24개 프랑스어 명사들의 학습을 시뮬레이션하기 위해 하나의 은닉층을 가진 오차역전파 (back-propagation) 모델을 사용했다. 그들은 인간과 네트워크를 모두 표시한 (그들의 논문 135쪽 〈그림 3〉에 제시된) 그래프에서 인간과 비슷한 경쟁 효과를 가진, 인간과 놀랍도록 비슷한 결과를 발견했다. 그 결과를 근거로 Taraban와 Roark(1996)는 경쟁을 고려하지 않은 (예를 들면 Marcus 외(1995), Neidle(1982)와 같은) 이론들은 어느 것도 온전할 수 없다고 주장했다.

과 그들이 본보기 이론(examplar theory, Medin과 Schaffer 1978)에 근거해 만든 예측 변수 (predictor)를 비교했으며, 후자가 프랑스어 성별 과제를 조금 더 잘 예측한다는 것을 발견했다.

여기서 우리는 Taraban과 Roark의 네트워크 시뮬레이션이 네트워크에 영어 화자의 L1에 대한 어떤 지식도 모델링하고 있지 않으므로 반드시 L2 습득만을 모델링하지는 않는다는 것을 짚고 넘어갈 필요가 있다. 같은 의미에서 Sokolik과 Smith, 혹은 Matthews도 그런 요소를 가지고 있지 않지만, 적어도 Sokolik과 Smith는 학습률과 초기 연결 강도의 차이가 L1과 L2 학습의 차이를 표상한다고 특별히 밝히고 있다. 영어처럼 성별 구분이 없는 L1 사용자가 프랑스어 성별을 배우는 것은 개념적으로 L1을 학습하는 것과 동등하게 다루어질 수 있다. 하지만 성별 구분이 있는 언어를 이미 알고 있다면 이것은 프랑스어를 L2로 학습하는 데 영향을 줄 수 있다. 실제로 Williams(2004)는 인공어 학습 실험에서 학습자의 L1에 성별 체계가 있는 경우 성별과 비슷한 형태적 시스템을 암묵적으로 학습하는 것이 가능해졌다는 것을 보여주고 있다. 그러므로 L2 성별 습득 이전의 연결주의 네트워크 안에 L1의 성별 체계를 표상하는 것은 미래 연구에서 추구해야 할 중요한 과제가 될 수 있다.

Taraban과 Kempe (1999): 인간과 연결주의 모델의 러시아어 성별 학습
Taraban and Kempe (1999): Russian Gender in Humans and a Connectionist Model

Taraban과 Kempe(1999)는 '규칙 vs 연결'의 이론적인 이슈들을 다루기 위해 이번에는 러시아어의 성별표지 표상을 조사했다. 성별표지 굴절에 대한 전통적인 (생성적인) 접근들(Carroll 1995, Corbett 1991)이 명사의 성별 속성이 관사나 형용사와 같은 다른 통사적인 요소에 자동적으로 스며드는 '전부 아니면 전무(all or nothing)'의 표상을 가정한 것과 달리 연결주의나 경쟁 모델에서는 그것의 표상에 단계적인 속성이 있다고 가정했다. Taraban과 Kempe는 연결주의적인 예측에 근거하여 화자들이 음운적으로 애매모호하지 않은 성별표지를 가진 명사들을 음운적으로 불분명한 것들보다 더 효과적으로 처리할 것이라고 가정했는데, '전부 아니면 전무' 접근에서는 이러한 처리나 학습에서의 곤란도에 차이가 없어야 한다. 러시아어 원어민들을 대상으로 간단한 러시아어 문장의 처리를 검사한 〈실험 1〉에서 그들은 (애매한 것과 그렇지 않은 명사의) 다양한 유형의 주어 명사들이 주동사의 성별표지를 올바르게 선택할 때 걸리는 시간과 정확성에 끼치는 유의미한 효과를 발견하지 못했다. 이것은 원어민 화자가 명사의 성별을 알고 즉시 그것에 접근할 수 있다고 가정하는 형식주의적이고 계산적인 접근을 뒷받침하는 것처럼 보였지만, Taraban과 Kempe는 참여자들이 이미 학습 최대치의 점근선에 도달한 원어민들이기 때문에 이런 결과가 나왔을 것으로 추론했다. 실제로, 〈실험 2〉에서 2.5년~8년 동안 러시아어를 배운 비원어민들을 대상으로 실험을 한 결과, 그들은 애매모호하지 않은 명사에 대해 그렇지 않은 명사보다 더 빠르고 정확하게 반응했다.

그들의 시나리오가 타당한지 검사하기 위해서는 다양한 수준의 (예를 들면 3세, 7세, 12세의) 러시아어 원어민들을 대상으로 실험을 하여 성인 원어민과 비교해보는 것이 최선이었겠지만, 그런 작업은 당장 가능하지 않았다. 대신에 Taraban과 Kempe는 세 개의 다른 네트워크 모델로 시뮬레이션을 수행해 보았다. 모델 1과 모델 2는 비슷했다. 둘 다 오차역전파 방식과 삼층 네트워크를 사용했으며, 여성, 남성, 중성의 성별 분류를 표상하는 세 개의 출력 유닛을 가지고 있었다. 모델 1에서 그들은 (30개의 은닉 유닛과 함께) 199개의 입력 유닛을 위한 철자적인 표상을 사용했는데, 이것은 성별 과제를 습득할 때 원어민보다 철자에 훨씬 더 많이 의존하는 〈실험 2〉의 L2 학습자들을 모방하기 위한 것이었다. 모델 2에서 그들은 주로 청각적인 입력을 통해 성별을 습득하는 원어민 어린이들의 성별 체계 습득을 더 비슷하게 모방하기 위해 (75개의 은닉 유닛과 함께) 86개의 입력 유닛에 모음, 자음, 집중(compact), 분산(diffuse)과 같은 음운론적 자질들(Kučera와 Monroe 1968)을 사용하여 시뮬레이션을 수행했다14).

두 시뮬레이션으로부터 습득의 초기 단계에서 성별표지의 형태가 불투명한 (혹은 애매모호한) 명사들은 형태가 투명하게 잘 구분되는 명사들보다 느리게 학습되고 나중에 가서 그 차이가 사라지는 결과가 나왔는데, 이것은 러시아어 원어민과 비원어민에 대한 실험을 토대로 Taraban과 Kempe가 제시했던 시나리오를 지지해준다. 즉, 성별을 투명하게 나타내주는 명사들이 더 학습하기 쉬우며 성별 할당 학습이 최고점에 수렴하면 그 차이는 없어진다. 그들은 또한 철자 기반 모델과 음운 기반 모델의 차이도 발견했다. 음운 기반 모델은 불투명한 여성 명사들을 투명한 남성 명사들보다 더 천천히 학습했는데, 이것은 러시아 아이들의 습득 데이터와 일치한다(Gvozdev 1961).

모델 3은 Sokolik과 Smith(1992)에 대한 Carroll(1995)의 비판에 직접적으로 대응하는 것이었다. Carroll은 각 명사에 대한 성별 할당과 (성별 일치를 포함하여) 학습자들에게 노출되는 입력 언어에 근거한 성별의 할당은 다른 것임을 지적했다. 이것은 정말로 중요한 지적이다. 지금까지

---

14) 두 모델들은 모두 추상적인 명사들을 만드는 파생 형태소 '-ost'가 나타내는 의미적 개념을 촉진하기 위해 [±추상적]을 입력에 표상하였다.

검토되었던 네트워크 모델들은 명사의 성별이 남성이건 여성이건 (혹은 러시아어의 경우 중성이건 간에) 입력 유닛들에 표상된 명사들을, 2층 네트워크에서는 직접적으로, 그리고 3층이나 4층 네트워크에서는 은닉 유닛들을 거쳐, 출력 유닛들의 성별값에 직접 연상함으로써 성별 할당을 학습했다. 학습자들이 (명사의 성별을 암기하는 외국어 학습자를 제외하면) 대부분 긍정적 증거를 통해 성별 체계를 습득하는 것을 고려할 때, Carroll의 지적은 타당하게 다루어질 필요가 있다.

그러므로 모델 3은 초기의 문장 스트링을 입력으로, 단어 교점(node)들과 굴절(inflection)들을 출력으로 부호화함으로써 성별을 '암묵적으로' 표상하였다. 네트워크의 입력은 5개의 단어 자리(즉 도입 단어, 선택적인 형용사, 주어 명사, 부사, 그리고 주동사)로 구성되었다. 입력층은 37개의 유닛들(각각 6개 유닛으로 된 5개의 단어들과 7개의 굴절 유닛)로 구성되었고, 은닉층은 30개의 유닛, 출력층은 53개의 유닛들(46개의 단어와 7개의 굴절)로 구성되었다. 그들은 모두 5개의 시뮬레이션을 수행했는데, 각각의 시뮬레이션은 6000블록의 시험으로 구성되어 있었다. 학습은 20블록씩 점진적으로 진행되었는데, 이 과정은 어린아이들이 그들에게 노출된 문장의 의미를 만들기 위해 유의미한 물리적 맥락을 활용하는 상황과 비슷하게 전체 문장이 입력층에 제시된 후 전체 문장에 대한 피드백이 제공되는 방식이었다. 네트워크는 20블록의 학습이 끝날 때마다 동사의 굴절들이 아직 입력층 위에 주어지지 않은 새로운 문장들로 구성된 세트로 검사를 받았다. 그런 후에 출력층의 올바른 동사 굴절들을 위한 활성화가 계산되었는데, 이것은 네트워크 시뮬레이션의 정확률이 되는 것으로 여겨진다. 모델 3의 5개 시뮬레이션에 대한 평균을 구한 Taraban과

Kempe는 시뮬레이션과 (〈실험 1〉과 〈실험 2〉의) 인간 데이터가 잘 들어맞는다는 것을 발견했다. 특히 각 5개의 시뮬레이션에 대해서 그들은 L1(〈실험 1〉)과 L2(〈실험 2〉)의 평균에 가장 가까운 시뮬레이션의 블록들을 확인했는데 그것들이 (그들의 〈표 2〉와 〈표 3〉에 나타난) 인간 데이터와 잘 들어맞았다. 또한 가장 잘 맞는 블록들은 L1 참가자들에 대응하는 블록들(평균=2,808)보다 L2 참가자들에 대응하는 블록들(평균=324)에서 더 빨리 나타났는데, 이것은 원어민에 의한 학습의 초기 단계들이 L2 학습자들에 의한 학습의 초기 단계에 대응하며, 학습의 이후 단계들은 러시아어 원어민들에 의해 달성되는 점근선에 대응한다는 것을 시사한다. 더 중요한 것은 L2 데이터에 대응하는 시뮬레이션 블록들이 애매모호한 명사들에 대해 비슷한 점수(시뮬레이션은 72이고 L2 학습자는 73)를 보였다는 사실이다.

Taraban과 Kempe는 세 개의 네트워크 모델들과 원어민 및 비원어민 자료에 근거하여 성별표지는 (프랑스어이건 러시아어이건 상관없이) 입력 언어에 대한 노출로 자연스럽게 경험되는 성별표지의 투명성과 불투명성의 차이에 민감한 단서 기반 학습(cue-based learning), 즉 연결주의적인 학습 메커니즘을 통해 습득될 수 있다고 주장했다. L2 학습의 초기 단계에서 불투명한 명사들은 보다 늦게 학습되고 나중의 단계에 가서야 완전하게 습득되는데, 이는 네트워크뿐만 아니라 원어민 데이터를 통해서도 드러난다.

이 절에서 논의된 성별 시스템의 네트워크 시뮬레이션들은 유연한 규칙들이 연결주의 모델에 의해 어떻게 습득될 수 있는지에 대해 값진 통찰을 제공하지만, 이제 성별을 학습하는 네트워크의 인식론적인 지위에 관한 논의가 필요할 것 같다. 우리는 이 절에서 검토되었던 네트워크 모델들이 반드시 L2 학습을 모델링하는 것은 아니며 원어민 화자의 성별표지 학습 모델로 간주될 수도 있음을 인식해야 한다. Taraban과 Roark(1996), 그리고 Taraban과 Kempe(1999)의 연구는 원어민과 비원어민의 데이터를 그들이 L2 학습의 시뮬레이션이라고 여기는 네트워크의 수행과 비교한다고 밝히고 있으나 사실 그들의 네트워크는 어떤 L1의 지식도 표상하고 있지 않다. Sokolik과 Smith(1992)는 학습률과 초기 연결 강도의 조정이 시뮬레이션에서 L1과 L2 습득의 차이를 만들어 냈다고 주장하지만, 사실 이러한 접근의 타당성은 그렇게 명백해 보이지 않는다. 이와 대조적으로, 다음 절에서 검토되는 Kempe와 MacWhinney(1998)의 시뮬레이션은 L1 학습의 요소를 가지고 있고, L1이 학습된 후의 L2 학습을 모델링하고 있다.

Kempe와 MacWhinney (1998): 독일어와 러시아어의 격표지
Kempe and MacWhinney (1998): Case Marking in German and Russian

유연한 규칙(soft rules)의 습득을 다룬 또 하나의 연구로 Kempe와 MacWhinney(1998)가 있는데, 그들은 독일어와 러시아어의 격표지 체계를 심리언어학적 실험과 네트워크 모델링이라는 두 가지 방법으로 비교했다. 그 결과에 근거하여 그들은 연결주의 학습 원리들이 기호적 규칙 체계보다 데이터를 더 잘 설명할 수 있다고 제안했다. 그들은 SLA에 대한 전통적인 접근들이 규칙 학습의 중요성을 가정했고, 그로 인해 L1과 L2의 습득을 구분하고 L2의 습득은 불완전한 것으로 치부하게 되었다고 주장했다. 하지만 연상적 접근법(associative approach)에서는 L1과 L2가 모두 단서 타당성(cue-validity)에 의해 견인되는 입력 기반의 학습이기 때문에 원칙적으로 그 둘 사이에 질적인 차이는 없다고 여긴다(MacWhinney 1989).

심리언어학적 실험(연구 1)에서 Kempe와 MacWhinney는 대학교에서 독일어와 러시아어를 외국어로 배우는 학생들을 대상으로 독일어와 러시아어 문장 이해를 검사하였다. 전형적인 경쟁 모델(competition model; CM)의 실험들(Bates와 MacWhinney 1989)과 마찬가지로 참가자들에게는 격표지가 중요한 단서로 들어 있는 간단한 '명사-동사-명사' 문장을 듣고 거기에 맞는 그림을 찾음으로써 행위격(agent)을 식별하는 과제가 주어졌다. 많은 CM 실험들과 다르게, 실험에 사용된 모든 자극 문장들은 문법적이었다[15]. 그들은 단서 기반 접근과 규칙 기반 접근에 의한 대조적인 두 개의 예측들을 검사했다. 규칙 기반 접근에서는 굴절 체계의 복잡성으로 학습의 어려움을 예측하는 반면, 단서 기반 접근에서는 학습의 어려움이 믿을 만한 단서의 빈도(즉 얼마나 특정한 단서가 그 기능을 믿을 만하게 전달하느냐와 그것이 얼마나 자주 사용되느냐)에 의해 결정된다. Kempe와 MacWhinney는 유창성이 낮은 러시아어 L2 학습자들이라도 격표지가 있는 OVS 문장의 행위격을 잘못 선택하는 비율이 낮은 반면 유창성이 낮은 독일어 학습자들은 OVS 문장의 행위격을 잘못 선택하는 비율이 높고 유창성이 높아지면서 점진적으로 그 비율이 낮아지는 것을 발견했다. 러시아어와 독일어 교재의 말뭉치 분석에 근거한 한 연상적 접근의 단서 타당도 평가는 러시아어 학습자들이 초기 단계에서 독일어 학습자들보다 격표지를 더 올바르게 습득할 것으로 예측하고 있다. 그

---

15) CM 실험에서 비문법적인 스트링을 사용하는 것에 대한 비판으로 Gibson(1992)를, 그리고 이에 대한 대응으로 MacWhinney와 Bates(1994)를 보라.

들의 주장에 따르면, 이것은 L1이 영어인 러시아어 학습자들이 L1이 영어인 독일어 학습자들보다 행위자를 파악하기 위한 단서로 격표지를 사용하는 방법을 더 빨리 배우게 된다는 것을 시사한다. 왜냐하면 L1이 영어인 독일어 학습자들은 더 나중의 발달 단계에서 격표지를 사용하는 법을 배우게 될 때까지 동사 앞에 오는 것이 주어가 된다는 선입견을 유지할 것이기 때문이다.

네트워크 시뮬레이션(연구 2)에서 그들은 연결주의 모델의 수행과 인간의 데이터를 비교했다. 네트워크에 의한 이해의 시간적 과정을 시뮬레이션하기 위해 Elman net이라고 불리기도 하는 SRN(Elman 1990, 1993)과 오차역전파 알고리듬이 사용되었다.

연구 2에서 사용된 네트워크는 4개의 입력 유닛과 4개의 맥락 유닛, 4개의 은닉 유닛, 그리고 1개의 출력 유닛을 가졌다(〈그림 3.10〉 참조). 4개의 입력 유닛들은 각각의 명사들이 가진 4개의 속성들을 부호화했다. 그 속성들은 [±유생성(animate)], [±주격표지(nominative marking)], [±대격표지(accusative marking)], [±제1언어(L1)]인데, 여기서 마지막 속성은 그 명사가 모어인지 아니면 L2인지를 부호화한다. 이 코드화 작업은 단지 격표지의 유무만을 반영할 뿐 특정한 굴절을 나타내는 것은 아니다. 동사로부터의 정보는 포함되지 않았기 때문에 시뮬레이션되는 문장은 사실 NVN(명사+동사+명사)이 아닌 NN(명사+명사)의 구성이었다. 출력 유닛에서 1의 활성화 값은 행위자인 첫 번째 명사에 결부시키고 활성화 값은 행위자인 두 번째 명사에 결부시켰다.

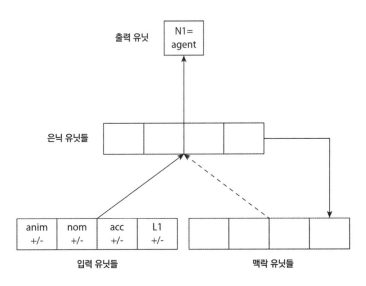

출력 유닛   N1= agent

은닉 유닛들

anim +/-   nom +/-   acc +/-   L1 +/-

입력 유닛들   맥락 유닛들

그림 3.10 시뮬레이션에 사용되는 순환신경망(recurrent neural network)의 일반적인 구조 (Kempe와 MacWhinney 1998, p. 570). 허락을 받고 다시 수록함.

네트워크는 먼저 첫 번째 명사가 언제나 행위자이고 명사에 격표지가 없는 영어의 분포 패턴을 반영한 NN(명사+명사) 문장들을 처리함으로써 영어를 L1으로 학습했다. 영어에 대한 지식을 표상하는 이 제1명사 편향성은 3에포크만에 쉽게 학습되었다. 그 후에 하나의 네트워크는 독일어에 대해, 다른 네트워크는 러시아어에 대해 트레이닝을 받았다. 각각의 네트워크는 1000에포크의 훈련을 받았으며 100에포크마다 32개의 문장 유형에 대한 평가가 이루어졌다. 그들은 명사가 행위자로 사용된 비율과 결정 지연 시간(decision latency), 즉 반응 시간이라는 두 개의 종속변인(dependent variable)을 사용했는데, 후자는 첫 번째 명사와 두 번째 명사의 활성화 값의 차이에 의해 결정되었다. 만약 첫 번째 명사가 두 번째 명사보다 행위자로서의 활성화 값이 훨씬 높다면 지연 시간은 짧은 것으로 간주되고, 두 명사들의 행위자로서의 활성화 값이 경쟁하면 지연 시간이 긴 것으로 계산된다.

시뮬레이션의 결과 다른 무엇보다도 격이 표시된 (패턴이 비표준적이어서 학습이 발생했는지를 확인하기에 좋은) OVS 문장에서 첫 번째 명사가 선택될 확률이 연구 1에서 확인되는 인간 데이터와 비슷한 것으로 나타났다. 연구 1에서 러시아어 시뮬레이션의 격표지 학습은 독일어에 대한 시뮬레이션보다 뛰어난 수행을 보였다. 빈도가 높은 격표지를 가진 러시아어의 어간들은 학습과 네트워크의 입력에 유리한 조건을 제공했기 때문에 러시아어의 격표지 학습은 독일어의 격표지 학습보다 더 빠르게 이루어질 수 있었다.

네트워크는 연구 1의 L2 학습자들에게서 얻어진 중요한 실험 결과들도 모방할 수 있었다. (1) 네트워크는 독일어보다 러시아어에서 격표지가 더 빨리 학습되는 것을 올바르게 시뮬레이션했다. 이것은 입력에서 격표지의 빈도가 격표지 습득에 중요한 역할을 한다는 것을 보여준다. (2) 네트워크는 인간 데이터에서 발견되는 격표지의 숙달과 처리 속도의 관계가 뒤집힌 U자형의 관계임을 포착하였다. (3) 네트워크의 수행은 첫 번째 명사에 격표지가 있을 때 더 빨랐고, 그로 인해 독일어보다 러시아어의 격표지가 습득에 더 유리했다. (4) 시뮬레이션은 첫 번째 명사가 유생성을 가졌을 때의 효과를 포착했다. 즉 러시아어에서는 격표지 단서의 강력한 영향이 다른 단서들의 효과를 덮어버린 반면, 독일어에서는 첫 번째 명사가 유생성을 가진 경우가 네트워크의 처리에 더 유리하다.

인간과 시뮬레이션의 데이터가 불일치하는 부분도 있기는 하지만, Kempe와 MacWhinney(1998)는 그것이 방법론적인 인위성에 기인하는 것이라고 주장했다. 예를 들어, 그들은 (격표지와 다른 단서들이 서로 일치하지 않는) 상충하는 문장에 대한 수행이 L2 학습자들보다 시뮬레이션에서 훨씬 안 좋게 나온 것을 발견했다. 그들은 네트워크에 입력되는 빈도의 근거가 되는 L2 교재에서 그러한 문장의 비율이 훨씬 낮다는 사실을 그 원인으로 돌렸다. 독일어 원어민의 글쓰기에서는 이러한 문장이 17%인데, L2 교재에서는 10%에 지나지 않는다(Kempe와 MacWhinney 1997). 그러므로 그들은 연결주의 네트워크에 의해 표상되는 단서 기반 학습이 강력한 시스템을 구성하며 규칙 기반의 접근(MacWhinney 1978, Pinker 1984)보다 패러다임의 복잡성이 학습의 결정적 요인이 되는 굴절 체계의 습득에 탁월하다고 주장했다.

요약과 결론
Summary and Conclusion

이 장에서는 연결주의-기호주의 접근의 논쟁과 관련된 SLA분야에서 이루어진 연구들을 검토했다. 첫 번째로 다음의 이슈들을 포함한 단일 vs 이중 메커니즘 모델, 즉 규칙-불규칙 분리 논쟁에 관련된 연구들이 검토되었다. (1) 빈도 효과가 불규칙 형태에서는 관찰되고 규칙 형태에서는 관찰되지 않는다는 가설, 그리고 그러한 분리가 우리의 사고와 뇌에 어떻게 표상되는지에 관한 연구들. (2) 인접 효과가 불규칙에서만 관찰되고 규칙에서는 관찰되지 않는지에 관한 연구들. (3) 단계유순(level-ordering), 즉 합성어 내부에 규칙 형태를 허용하지 않는 것과 같은 형태론의 작용에서 규칙과 불규칙에 대한 차별화된 효과를 예측하는 L2 습득의 제약에 관한 연구들. (4) L2 학습자들에 의해 명사에서 파생된 동사와 동사에서 파생된 동사의 차이가 어떻게 다르게 처리되는지에 대한 연구들. 두 번째로 연결주의 논쟁과 관련된 상 가설에 대한 연구들이 검토되었다. (1) 과거와 진행상 표지 습득에서의 규칙-불규칙 분리, (2) L2 이탈리아어 습득의 연결주의 모델링. 세 번째로, 일본어의 통사 습득에 대한 보편문법(UG)과 연결주의 접근들이 비교되었고, 마지막으로 규칙 기반 접근으로는 특성화하기 어려운 유연한 규칙으로 간주되는 성별표지와 격 표지들의 습득에 대한 연결주의 연구들이 검토되었다.

이 장에서 검토된 연구들은 전반적으로 기호주의 접근보다는 연결주의 접근과 더 부합하는데, 규칙에서의 빈도 효과(Ellis와 Schmidt 1998)나 단계 유순에서의 유창성 효과(Garcia Mayo 2006) 연구는 일부 기호주의 모델의 중요한 가정을 적절히 반박한 것이었고 규칙-불규칙 분리는 나타날 때도 있고 그렇지 않을 때도 있어 뒤섞인 결과를 보였다. 후자의 발견은 연결주의 접근의 강점을 잘 드러내준다. 연결주의 접근은 기호주의 접근과 달리 '전부 아니면 전무'가 아닌 등급화된 표상(graded representation)과 다양한 요인들의 상호작용이 습득 결과에 기여한다는 것을 가정하기 때문에 매우 유연하다.

이 장에서 검토된 연결주의 기반의 연구들 중 다수가 L2 습득을 시뮬레이션했다고 주장하기는 하지만 L1과 L2의 차이를 네트워크에 주입하지 않거나 의문스러운 (혹은 '학습률'처럼 너무 단순한) 방식으로 주입했다는 점은 지적해둘 필요가 있다. 제2언어 학습에 대해 더 정교하고 실제적으로 모델링한다면 미래의 연결주의 연구가 더 많이 향상될 것이다.

이중 메커니즘 논쟁에 수반된 예측과 관련하여 우리가 어떻게 L2 습득을 개념화해야 하는지는 아직 분명하지 않다. 예를 들어 이중 메커니즘 모델은 원어민에게서 규칙의 빈도 효과를 예상하지 않지만, 과연 우리는 Beck(1997)이 그랬던 것처럼 L2 학습자에게서도 규칙의 빈도 효과가 나타나지 않을 것으로 예측해야 할까? 연결주의 접근에서는 성별표지와 관련하여 L1과 L2에서 어떤 종류의 차이를 예측하는가? 이를 비롯하여 다른 L2 특정적인 질문들이 아직 구체화되지 않았으며 향후 더 많은 이론적, 경험적 연구들이 필요하다.

제4장

결정적 시기 가설

The Critical Period Hypothesis

제4장

결정적 시기 가설
The Critical Period Hypothesis

언어 습득에서 성숙과 관련된 제약은 가장 폭넓은 논쟁이 이루어져 온 이슈들 중 하나다(Birdsong 1999, Johnson과 Newport 1989, Hartshorne, Tenenbaum과 Pinker 2018, Lenneberg 1967, Long 1990). 이 장에서는 '결정적 시기 가설(critical period hypothesis)'의 이슈를 다룬 연결주의적 연구들을 검토한다. 결정적 시기 가설은 언어 습득에서 어떤 시점이 지나면 원어민에 가까운 유창성에 도달하는 것이 불가능해진다는 가설이다. 이 가설은 제1언어와 제2언어의 습득에 모두 적용된다. 만약 모어가 발달해야 하는 시기에 자연적으로 주어져야 할 입력이 결여된다면 원어민 수준으로 그것을 습득하는 것이 불가능해질지도 모른다. 이와 관련하여 Genie(Curtiss 1977)처럼 어린 시절 언어적 경험이 박탈된 결과 모어가 불완전하게 습득된 경우나 시각 장애로 인해 어린 시절 수어에 노출되지 못한 경우 등이 관심을 끈다(Newport 1990). SLA에서는 성인 L2 학습자들이 원어민 수준의 유창성을 획득하는 것이 불가능하다는 가설이 있다(Long 1990)[1].

이 가설은 논란을 불러일으킴과 동시에 이 분야에서 많은 주목을 받았다(Birdsong 1999, Bongaerts, Planken과 Schils 1995, Flege, Yeni-Komshian과 Liu 1999, Hakuta, Bialystok과 Wiley 2003, Ioup, Boustagui, El Tigi와 Mosell 1994, Johnson과 Newport 1989, Newport 1990). 이 가설은 기술의 수준(언어 학습에 정말로 결정적 시기가 있는가?)과 설명의 수준(그렇다면 왜 그런 현상이 있는가?)에서 모두 논란을 일으켰다. 분명히 결정적 시기 가설에 대한 대부분의 연구는 인간 데이터를 토대로 이루어져 왔다. 하지만, 어떤 연결주의 모델들은 특히 설명의 문제와 관련하여 결정적 시기 가설에 대한 중요한 시사점을 가지고 있다. 이제 이러한 연구들이 검토될 것이다.

학습률: Sokolik (1990)
Learning Rate: Sokolik (1990)

Sokolik(1990)은 스스로 성인 언어 학습의 역설이라 부른 언어 습득에서의 결정적 시기로 인한 효과를 시뮬레이션하기 위해 시도하면서 그녀가 특정하지 않은 속성 X를 학습한 PDP 모델에 대해 보고했다. 이 모델에서 완전한 지식은 입력 층위와 출력 층위 사이 연결 강도가 1로

---

1) 이곳에서는 SLA에서의 연령 요인에 대해 다루는 연결주의 연구들만 검토될 것이다. L1에서 결정적 시기 가설(CPH)이나 연령 요인을 다루는 연결주의 시뮬레이션 연구들이 있다. Marchman(1993)은 왜 성인들이 어린이들과 달리 뇌 손상을 입고도 언어 상실에서 회복되는지를 다룬 한편, Ellis와 Lambon Ralph(2000)는 왜 어린 시절에 학습한 단어들이 더 빨리 처리되는지를 탐구했다. 두 연구들은 모두 학습의 결과로 나타난 '고착화(entrenchment)'나 뇌 가소성으로 인한 네트워크의 변화를 바탕으로 L1 발달에서의 연령 요인에 의한 차이를 설명하고 있다.

나타나는데, 이것은 곧 입력과 출력 사이에 불일치가 없음을 의미한다. 그리고 그녀는 아이와 성인 학습자의 차이를 시뮬레이션하기 위해 서로 다른 학습률(아이는 0.25, 성인은 0.05)의 매개변인을 사용했다[2]. 어린이의 시뮬레이션은 10에포크만에 (1에 가까운) 0.95에 도달한 반면, 성인의 시뮬레이션은 55에포크만에 같은 수준에 도달했다. 그녀는 성인과 어린이의 L2 학습에서 관찰되는 격차가 이것으로 설명된다고 제안했다.

작게 시작하기의 중요성: Elman (1993)
The Importance of Starting Small: Elman (1993)

직접적으로 결정적 시기의 문제를 다루기 위헤 설계된 것은 아니지만 Elman(1993)의 네트워크 시뮬레이션은 결정적 시기 가설에 대한 중요한 시사점을 가지고 있다. Elman은 입력을 통해 얻을 수 있는 공기 정보를 저장하는 '단순 회귀 네크워크(simple recurrent network)'를 사용하여 명사, 동사 등과 같은 문법 범주들과 일치 규칙들의 습득을 시뮬레이션하고, 제2장에서 언급했듯이 단순 회귀 네트워크가 문법 범주들을 학습할 수 있다고 주장했다. Elman의 SRN은 연결주의 네트워크가 어떻게 인공언어로 된 'The boys who the girl chases see the dog(그 소녀가 쫓고 있는 소년들이 그 개를 보고 있다).'만큼 복잡한 문장들을 생산할 수 있게 되는지 보여주었다. 한 시뮬레이션에서는 시종

---

2) Sokolik은 어린이를 시뮬레이션할 때 학습률을 사용하는 개념적인 근거로 신경의 성장 속도를 제시했으나 세부적으로 그것을 입증하려고 하지는 않았다.

일관 입력의 질을 변화시키지 않았는데, 그 결과 복잡한 구조에 대한 학습은 일어나지 않았다. 하지만, 또 다른 시뮬레이션에서는 (어린 시기 양육자의 언어나 L2 학습자와의 대화를 표현하기 위해) 먼저 간단한 구조의 입력만 제공하다가 점진적으로 복잡한 문장의 수를 증가시킨 결과 네트워크가 단순한 문장들과 복잡한 문장들을 모두 성공적으로 학습했다.

또 다른 시뮬레이션에서 Elman은 시뮬레이션의 초기에 메모리의 일부를 제한하다가 점차적으로 기억과 일반화를 담당하는 네트워크 은닉층을 조정하여 메모리의 사이즈를 증가시켰다. 이번에는 첫 번째 시뮬레이션에서처럼 입력의 조건이 일정하게 유지되었음에도 네트워크가 복잡한 문장들을 성공적으로 학습했다.

이와 같은 시뮬레이션의 결과들은 메모리의 사이즈가 SLA에서 관찰되는 결정적 시기의 원인일 수 있다는 것을 시사한다. 즉, 아이들의 제한된 기억 용량이 성공적인 통사 습득을 위한 중요한 조건일 수도 있다는 것이다. 처음부터 메모리가 전부 주어졌을 때는 네트워크가 학습에 실패했지만 제한된 메모리로 시작했을 때는 성공했다는 사실이 특히 흥미롭다. Elman이 '작게 시작하기의 중요성(the importance of starting small)'이라고 칭한 이 현상은 아이들의 제한된 메모리가 언어 학습에 도움이 되는 반면 어른들의 발달된 메모리는 사실상 성공적인 언어 습득을 방해한다는 Newport(1990)의 주장('the less is more' 가설)을 뒷받침해준다. Newport는 어린 아이들이 제한된 메모리 용량으로 인해 속성/성분 분석에 더 능하며, 이것이 기억된 형태를 구성 요소로 잘게 나누지 않고 길게 펼쳐서 생산하는 성인보다 아이들이 형태를 습득하는 데 더 유리한 이유라고 주장했다.

작게 시작하기는 얼마나 중요한가? Rohde와 Plaut (1999)
How Important is Starting Small? Rohde and Plaut (1999)

Rohde와 Plaut(1999)는 Elman의 시뮬레이션을 되풀이하여 제한된 메모리나 입력이 복잡한 문장의 성공적인 습득에 필요하지 않으며, 자연적인 환경이 의미 통사적 제약들과 함께 네트워크 모델링에 주입되는 경우 오히려 방해가 될 수 있다는 것을 발견했다. 시뮬레이션 1에서 그들은 네트워크에 (단순화된 입력 없이) Elman의 연구에는 없었던 의미적 제약들을 포함한 복잡한 문장들을 제공했다. 오직 의미론적으로 자연스러운 문장들만이 입력으로 제공되어야 한다는 제약은 예를 들면 '인간만이 개를 산책시킬 수 있고 개는 인간을 산책시킬 수 없다', '대명사들은 그 자신을 대상으로 행동을 할 수 없다(예를 들어 '메리가 메리를 뒤쫓는다'는 허용되지 않음)', '개는 짖을 수 있지만 사람은 짖을 수 없다'와 같은 것들이다. 이러한 제약들이 자연적인 언어 습득에서 나타나는 이유는 의미적으로 비논리적인 문장들이 어린이들에게 노출되는 입력에 포함되는 일은 드물기 때문이다. 결과는 놀랍게도 의미적 제약이 추가되면서 완전히 복잡한 문장들로 시작하는 것이 두드러지게 유리하다는 것을 보여주었다(여기서 복잡성은 관계절을 가지고 있는 문장들의 비율로 조작된다).

왜 그들의 결과가 Elman과 동일하지 않았는지를 더 잘 이해하기 위해 Rhode와 Plaut는 두 번째 시뮬레이션에서 Elman(1993)을 최대한 비슷하게 복제하여 같은 결과를 얻기를 시도했지만, 그들은 여전히 '작게 시작하기'의 부정적인 영향을 발견했다. 마지막으로 세 번째 시뮬레이션에서 그들은 Elman(1993)의 'the less is more' 가설이 뒷받침되는지 알기 위해 '첫 단계에서 메모리를 제한하는 것이 유리한지를 검사했다. 그들은 여러 가지 조건에서 검사를 했지만 완전한 메모리와 제한된 메모리로 시작하는 것의 유의미한 차이를 발견하지 못했다.

이러한 결과들을 바탕으로 Rhode와 Plaut는 UG의 선천적인 제약이나 'the less is more' 가설과 같은 성숙에 따른 변화를 토대로 선천적 시기 가설을 설명하는 것에 반대했다. 그들은 다음과 같이 말한다.

> 특히 성인 학습자들은 보통 그들의 내적인 표상들이 대부분 모어의 이해나 생산을 비롯한 다양한 문제를 해결하는 것에 전념하고 있기 때문에 제2언어에서의 유창성에 도달하는 것이 어렵다(Flege 1992, Flege 외 1995). 이와 달리 아이들은 처음부터 그들의 자원이 다른 임무에 얽매이지 않기 때문에 최종적으로 더 높은 유창성에 도달하게 된다.
>
> (Rhode와 Plaut 1999, p. 104)

Rhode와 Plaut가 Elman의 발견들을 복제하는 것에 실패한 이유가 무엇인지는 분명하지 않지만, 성숙도의 변화가 언어 습득에 필요한 과정인지는 아직 열린 문제로 남게 되었다.

기생적 표상: Li (2009)
Parasitic Representation: Li (2009)

연결주의적 연구에서 초기의 신경망이 언어 습득에 전념하는 현상이 결정적 시기 가설을 설명해 줄 수 있다는 생각은 중국어-영어 이중언어의 습득을 시뮬레이션한 Li(2009)에게 계승되었다. Ping Li 와 그의 동료들은 시제-상 습득(Li와 Shirai 2000, Zhao와 Li 2009), 어휘 폭증(Li, Zhao와 MacWhinney 2007), 그리고 명사 vs 동사 편향성 (Zhao와 Li 2008)을 포함한 제1언어 습득의 다양한 이슈들을 다루기 위해 일련의 '자가 구성 비지도 네트워크(Kohonen 1982, 2001)'를 사용한 시뮬레이션을 수행했다. SLA/이중언어 분야에서 Zhao와 Li(2006, 2007)는 언어 학습의 연령 요인을 다루기 위해 자가 구성 신경 네트워크 (self-organizing neural network)인 DevLex-II를 사용하여 동시 진행 이중언어에서 L2를 조기에 학습하기 시작한 경우와 L2를 뒤늦게 학습하기 시작한 경우의 차이를 시뮬레이션했다. 네크워크의 구성은 〈그림 4.1〉을 참조하라.

특히 그들은 네트워크를 L1로 설정된 영어와 L2로 설정된 중국어에 학습의 시간적 간격이 다른 세 가지의 다른 방식으로 노출시켰다. 먼저 동시 학습 설정에서는 두 언어의 어휘들이 네트워크에 점진적으로 평행하게 제시되었다3). L2 조기 학습 설정에서는 네트워크가 최초에 100개의 L1(영어) 단어들을 학습한 후에 점진적으로 L2(중국어) 단어들을 추가로 학습했는데, 이 때 다음 단계로 넘어갈 때마다 L1의 단어가 증가하는 만큼 L2의 단어도 50개씩 새로운 것들이 추가되었다. 학습은 네트워크에 500개의 L2 단어들이 전부 제시되면 종료된다. L2를 늦은 시기에 학습하는 설정에서는 400개의 L1 단어들이 제시된 후에야 L2 단어들이 훈련에 포함되기 시작한다. 그 결과, 두 개의 언어 학습이 동시에 진행되는 설정에서

---

3) 동시 진행 이중언어는 더 이전에 Li와 Farkas(2002)에 의해 시뮬레이션 된 적이 있다.

두 언어의 어휘들이 서로 구분되어 표상되는 것이 발견되었다. L2가 L1과 시차를 두고 학습될 때는 '언제' 제2언어의 학습이 시작되는지에 따라 표상적인 구조가 달라지는데, L2 학습이 늦게 시작된 설정의 시뮬레이션에서는 L2의 표상이 L1의 표상에 기생하는 특징을 보인다. Zhao와 Li(2010)에서 가져온 아래의 〈그림 4.2〉는 L1(중국어)과 L2(영어)의 비슷한 모델이 서로 반전된 것 같은 모습이며, 세 가지 학습에 따라 사상되는 의미적, 음운적 지도들을 표상한다. 두 언어를 동시에 학습하거나 L2를 조기에 학습하면 두 언어가 분리되어 형성되는 반면, L2 학습이 늦게 시작되면 두 언어가 분리되지 않는 것이 분명히 확인된다.

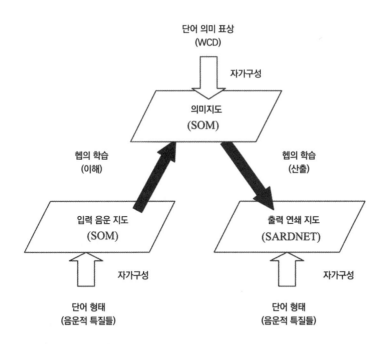

그림 4.1 DevLex-II 모델의 스케치. 세 개의 '자가 구성 지도(self-organizing maps)'는 각각 어휘 입력을 받아서 각 어휘의 음운, 의미, 음운 연쇄 정보를 구성한다. 지도들 간의 연상적 연결들은 헵의 학습(Hebbian learning)에 의해 훈련된다(Li 2009, p. 634). 허락을 받고 다시 수록함.

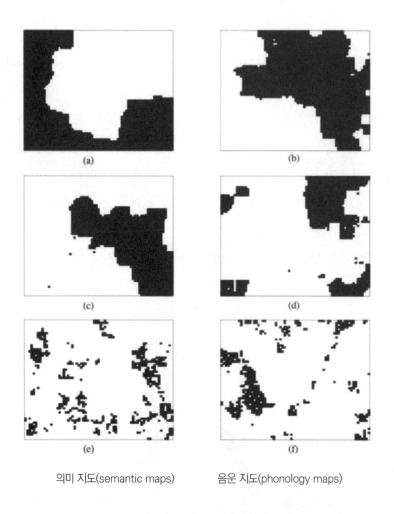

의미 지도(semantic maps)　　　음운 지도(phonology maps)

그림 4.2 의미 지도와 음운 지도상에 나타나는 이중언어의 어휘 표상 사례들. 어두운 영역은 L2 (영어) 단어들에 대응한다. (a_b)는 동시 진행 학습, (c_d)는 L2 조기 학습, (e_f)는 늦게 시작된 L2 학습이다(Zhaon와 Li 2010, p. 514). 허락을 받고 다시 수록함.

　이러한 발견들은 결정적 시기의 효과 및 두 언어를 동시에 배운 이중언어 화자가 두 언어 모두 원어민처럼 구사하는 경우가 많은 이유, 그리고 성인의 제2언어가 원어민과 같지 않은 이유에 대한 기계론적인 설명을 제공해 준다. 일단 L1의 표상이 견고하게 자리를 잡으면 그것에 계속 의존할 수밖에 없게 된다. 즉, L2의 표상은 L1의 표상에 기생하듯이 붙어 있게 될 뿐 자신의 독립적인 표상을 만들지 못하게 된다. 시뮬레이션의 결과는 생물학적으로 결정되는 성숙도의 변화가 결정적 시기의 효과를 설명하는 데 필요하지 않음을 시사한다. 다만 동일한 구조의 신경망이라 할지라도 높은 수준으로 고착화된 다른 연결에 얽매어 있다면 가소성(plasticity)의 수준도 감소하게 될 것이다(더 많은 논의를 위해서는 Hernandes와 Li(2007), Hernandez 외(2005)를 보라).

성인 일본어 화자의 /r/-/l/ 구분: Vallabha와 McClelland (2007)
The /r/-/l/ Distinction in Japanese Adults: Vallabha and McClelland (2007)

성인 L2 학습자들이 왜 원어민과 같은 음운을 습득하는 것이 어려운지에 관한 이슈는 Oyama(1976)가 L2 환경의 거주 시작 연령(age of arrival, AOA)은 액센트의 정도를 결정하는 예측 변수이지만 거주 기간(length of residence, LOR)은 그렇지 않다는 것을 보인 이래 결정적 시기 가설과 관련된 중요한 연구 분야였다. 학습자의 모어에 없는 변별적인 음운을 습득하는 것은 원어민과 같은 발음을 습득하기 어렵게 만드는 많은 난관들 중 하나다. 이와 관련하여 일본인들이 겪는 영어의 /r/과 /l/ 습득의 어려움이 대대적으로 연구되었다(Geto 1971, Kuhl 2000). /r/과 /l/은 일본어에서 하나의 음운에 대응하기 때문에 성인이 된 일본인이 그 변별성을 인식하고 산출하는 것은 매우 어렵다.

James McClelland와 그의 동료들은 행동실험(McCandliss, Fiez,

Protopapas, Conway와 McClelland 2002)과 네트워크 시뮬레이션 (Vallabha와 McClelland 2007)을 사용해서 이 문제를 탐구했다[4]. 이 연구의 개관을 위해서는 McClelland(2014)를 보라. 이론적으로 그것은 비원어민들이 L2에서 익숙하지 않은 소리들을 들으면 L1에 있는 비슷한 소리로 범주화하는 경향이 있다고 추정하는 McClelland(2014)의 '고착화된 견인 이론(entrenched attractor theory)'에 토대를 둔다. 이러한 끌어당김은 L2의 소리를 듣기 어렵게 만든다. 일본어는 /r/과 /l/을 구분하지 않기 때문에, 아무리 일본인이 이 두 소리를 많이 듣는다 해도 /r/과 /l/은 그 두 소리의 음운적 공간을 모두 아우르는 /ɾ/에 대응하는 소리로 범주화된다고 이 이론은 설명한다(Kuhl 1991; 인지적 자석 효과).

성인 일본어 화자들을 교육했던 McCandliss 외(2002)는 처방을 다르게 하면 그것이 향상도에 미치는 영향도 달라진다는 것을 발견했다. 그들은 선행 연구와 이론적인 고찰을 바탕으로 보통의 /r/과 /l/의 본보기보다 더 과장된 본보기들이 더 효과적일 것으로 예측했다. 트레이닝 실험들은 두 개의 변인들(피드백이 있는 것과 없는 것, 표상이 고정된 조건과 조정되는 조건)을 조작했다. 표상이 조정되는 조건에서 참가자들은 먼저 쉽게 식별할 수 있는 과장된 토큰들을 들었다. 참가자들이 8개의 토큰들을 연속으로 올바르게 식별하면 /r/과 /l/의 토큰들이 서로 더 가까운 위치로 이동되었다. 표상이 고정되는 조건에서는 그러한 조정이 이루어지지 않았다. 그들은 피드백이 학습을 향상시켰으며, 또한 조건들의 상대적인 효과를 변화시켰다는 것도 발견했다. 피드백이 없을 때는 표상이 조정되는

---

4) 이 모델의 전신은 McClelland, Thomas, McCandliss와 Fiez(1999), 그리고 McClelland(2006)에 묘사되어 있다.

조건의 효과가 더 좋았고, 피드백이 있을 때는 고정된 표상의 효과가 더 좋았다. 트레이닝의 효과는 피드백이 있는 고정된 표상, 피드백이 있는 조정 가능한 표상, 피드백이 없는 조정 가능한 표상, 그리고 피드백이 없는 고정된 표상의 순으로 좋게 나타났다.

Vallabha와 McClelland(2007)는 자가구성 위상지도(self-organizing topological map)를 사용하여 지각적 범주 학습을 시뮬레이션했다 (Kohonen 1993). 그들은 기본적으로 지도를 받지 않고 동시 활성화의 빈도에 영향을 받아 학습이 발생하는 헵 학습을 구현하고자 했다('함께 점화하는 것은 함께 묶인다', Hebb 1949). 시뮬레이션 1에서 그들은 삼층 네트워크를 사용하여 일본어 치조탄설음(alveolar tap) /ɾ/(ryokan에서와 같은)과 일본어 연구개 접근음(velar approximant) /w/(wasabi에서와 같은)의 발음 범주 학습을 모델링했다.

시뮬레이션 2에서 그들은 시뮬레이션 1과 동일한 삼층 네트워크 구조를 사용하여 McCandliss 외(2002)에서 얻어진 결과를 시뮬레이션했다.

네트워크는 먼저 일본어 원어민 화자를 시뮬레이션하여 일본어 음소인 /ɾ/과 /w/를 학습했고, 2단계에서는 /r/-/l/의 구분을 학습했다. 여기서 네트워크는 3번째 층에 '신속 학습장(fast learnig pool, FLP)'을 끼워넣었는데, 이것은 '느린 학습장(slow learning pool, SLP)'에서의 느린 학습과 달리 해마 시스템(hippocapal system)에서는 신속한 학습이 가능한 두 개의 상호보완적인 체계(McClelland 외 1995, 제2장의 논의를 보라)를 표상하기 위한 것이다. 〈그림 4.3〉을 보고, 더 세부적인 실행과 관련해서 Vallabha와 McClelland(2007)을 참고하라.

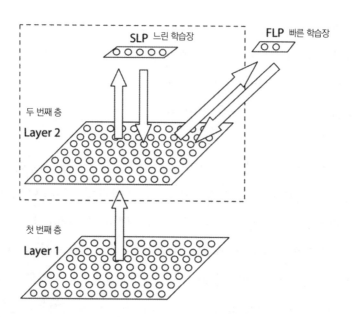

그림 4.3 느린 학습과 빠른 학습 삼층 자가구성 네트워크(Vallabha와 McClelland 2007, p. 60). 허락을 받고 다시 수록함.

이 시뮬레이션은 기본적으로 McCandliss 외(2002)의 4가지 조건들 (표상이 고정된 조건과 조정되는 조건, 그리고 피드백이 있는 조건과 없는 조건)을 구현한 것으로 결과도 비슷하게 나타났다. 그들의 발견은 다음과 같은 내용들을 포함하고 있다. (1) 피드백 트레이닝이 없는 조정된 표상의 효과, (2) 다양한 피드백과 자극 조건에서 시간의 경과에 따른 학습의 추이, (3) 사후학습 범주화에서 L-labeling(L-레이블링)에의 편향성, (4) 트레이닝에서 새로운 자극 연속체(stimulus continuum)로의 전이, (5) 범주 경계에서 획득된 구별 가능성의 증가(Vallabha와 McClelland 2007, p. 68).

McClelland(2014)는 Vallabha와 McClelland(2007)에 의해 만들

어진 '끌개 네트워크(attractor network)' 모델이 McCandliss 외 (2002)의 행동 데이터, 실험 데이터들의 조합에서 대부분의 양상들을 잘 포착했고, 그 모델이 보여준 잘 들어맞는 결과가 제2언어 학습에 대한 우리의 이해를 넓혔을 뿐 아니라 일본인들이 어려운 발음의 구분을 습득하는 데도 도움을 주었다는 점을 주목했다. 하지만, 그는 또한 영어 원어민들이 /r/-/l/의 변별을 위해 F3(세 번째 포만트 주파수)를 사용하는 반면, 일본인 화자들은 적응 훈련이 끝난 후에도(Ingvalson, McClelland와 Holt 2001), 그리고 미국에서의 오랜 거주 기간 후에도 F3이 아닌 다른 단서에만 의존하고 환경 노출 요인에 의한 변화의 증거를 거의 보여주지 않았다는 점에도 주목했다(Ingvalson, Holt와 McClelland 2012). 그러므로 성인 학습자들이 원어민과 비슷한 음운을 습득하는 것에는 상당한 제약이 따르는 것으로 보인다.

요약과 결론
Summary and Conclusion

이 장에서는 제2언어 학습에서의 결정적 시기 가설을 둘러싼 이슈들을 다룬 연결주의 연구들을 검토해 보았다. 초기 연구에서 Sokolik(1990)은 성인 학습자들과 어린 학습자들의 차이를 구현하기 위해 학습률(learning rate)을 사용했고, Elman(1993)과 Rhode와 Plaut(1999)는 아이들의 성공적인 학습을 모방하기 위해서 SRN을 사용하면서 입력과 메모리 (은닉층) 환경 설정을 조정하는 방식에 의존했으나 그러한 조정이 불필요하다는 것이 이후의 연구를 통해 밝혀졌다.

Li(2009)와 Vallabha와 McClelland(2007)는 둘 다 중국어-영어 이중언어 화자와 일본어-영어 이중언어 화자를 각각 시뮬레이션하기 위해 자가 구성 네트워크를 사용했다. Li는 제2언어를 조기에 시작한 이중언어 화자와 늦은 나이에 시작한 이중언어 화자의 차이를 구현하기 위해 입력환경 설정에 초점을 맞춘 반면, Vallabha와 McClelland는 L2 학습자가 L2를 습득하면서 L1에 바탕을 둔 음운을 어떻게 극복할 수 있는지에 관심을 두었다.

종합하면, 검토된 연구들은 생물학적인 제약들이 결정적 시기의 효과를 설명하는 데 필요하지 않다는 것을 시사한다. 예를 들어, 구조적인 부분에서의 성숙도의 변화는 아이와 성인의 차이들을 재현하는 데 필요하지 않았다(Rhode와 Plaut 1999, Li 2009, Vallabha와 McClelland 2007). 비록 Elman(1993)은 아이와 성인의 차이는 네트워크의 메모리가 제한되어야 구현될 수 있다고 제안했지만, Rohde와 Plaut(1999)는 그러한 제약들이 불필요하다는 것을 발견했다. 대체로, 연결주의 연구들은 조기에 신경 네트워크의 구조가 한 언어에 얽매이게 되면 다른 언어의 체계를 학습하는 것이 어려워진다는 설명을 지지하고 있다. 나이의 영향과 관련된 노출과 동기, 정서, 태도 등의 더 다양한 이슈에 대한 시뮬레이션 연구가 앞으로도 필요하지만, 현재의 증거들은 생물학적으로 결정되어 있는 성숙도의 변화보다는 경험에 의존적인 신경 네트워크 구조의 변화로 결정적 시기 효과를 설명할 수 있다는 것을 시사하고 있다.

제5장

연결주의의
해석과 적용

Connectionist Accounts and Applications

제5장

연결주의의 해석과 적용
Connectionist Accounts and Applications

제2언어 습득에 대한 현대적인 연구는 언어를 창조적인 체계로 보는 Chomsky의 영향을 강하게 받은 Corder(1967)의 고전적인 논문 "학습자 오류의 중요성(The significance of learners' errors)"에 의해 촉발된 것으로 여겨질 때가 많다. 그 이후로 제2언어 연구자들은 학습자 언어가 '체계적'이면서도 '규칙 지배적'이라고 암묵적으로 추정하게 되었다. 학습자 언어의 변이(Tarone 1988)를 강조하는 변이론적 접근법(variationist approach)에서조차 Labov(1969)의 '변이 규칙(variable rules)'이라는 개념을 추종하여 어떤 종류의 규칙들이 있음을 가정했다. 이러한 규칙 기반의 접근법은 학습자 언어의 패턴을 발견하는 데는 도움이 되었지만 실제로는 다양한 변이가 있는 학습자의 언어가 규칙의 지배를 받다는 잘못된 이해에 빠지게 할 소지가 있다. 실제로 학습자의 행동은 훨씬 더 확률론적이어서 발화 산출이나 문법성 판단에서 보이는 행동은 무엇인지 집어내기 어려운 수많은 요인들의 상호작용에 의해 결정되는 경우가 많다. 이 관점은 뉴런과 닮은 수많은 프로세서들이 언어의 처리와 습득에서 상호작용한다고 가정하는 연결주의와 호환된다. 이 장에서는 연결주의를 언어 처리와 습득에 적용한 몇 가지 연구들을 검토할 것이다. 여기서 소개되는 모든 연구들이 실제 네트워크 모델링을 수반하지는 않지만, 언어 현상에 대한 연결주의 해석이 없이는 유용하지 않은 중요한 새로운 통찰력을 제공하고 있다.

언어 전이
Language Transfer

발화 산출의 국부 연결주의 모델: Gasser (1988)
Localist Connectionist Model of Speech Production: Gasser (1988)

Gasser(1988)의 CLM(connectionist lexical memory, 연결주의 어휘 메모리)은 제2언어의 (또한 제1언어의) 발화 산출을 시뮬레이션한 최초의 연결주의 네트워크이다. 이것은 (분산 모델과 대립되는) 국부 연결주의 모델을 활용한 언어 생성 모델(Dell 1986, MacKay 1987, Stemberger 1985)이 구현된 것으로 각각의 어휘적, 개념적, 통사적 개념들이 하나의 교점에 의해 표상된다(Feldman 1986). 더 구체적으로 말하면, 국부 연결주의(Cottrell과 Small 1983, Waltz와 Pollack 1985)는 TREE, PUT, SUBJECT 등과 같은 개념들을 표상하기 위해 특정한 유닛을 사용한다. 이런 의미에서 CLM은 기호주의 접근과 유사한 점도 있지만 표면적인 규칙 체계를 가정하지 않기 때문에 근본적으로 다르다. 이와 대조적으로 PDP 모델(McClelland 외 1986)이라 불리는 분산 연결주의는 여러 유닛들에 분산되는 표상의 체계를 사용하고 각각의 유닛들이 여러 개념들을 표상하는 데 참여한다(Gasser 1990, p. 181). 예컨대 밑에서 논의될 분산 네트워크를 활용한 Gasser(1990)에서는 AGENT, MARY, SLEEP과 같은 개념들이 많은 유닛에 걸쳐서 활성화되는 패턴으로 표상된다. 연결주의 접근의 어떤 강점들은 분산 표상을 통해서만 실현될 수 있기 때문에, 국부 네트워크와 분산 네트워크 모델의 문제는 사소한 것이 아니다(예를 들면 제2장에서 언급했던 '우아한 성능 저하'를 보라). 하지만 여기에서는 그 문제를 다루지 않고 국부적 접근과 분산적 접근에 합치되는 SLA 현상들을 모두 논의하도록 하겠다. 간단히 말해서 국부적으로 표상되는 개념/교점은 분산적으로도 표상될 수 있기 때문이다(Gasser 1988). 국부 표상과 분산 표상에 대한 더 많은 논의는 Gasser(1988, 제11장), Feldman(1986), Bechtel과 Abrahamsen(2002, p 40-45), 그리고 Grainger와 Jacobs(1998)에서 확인할 수 있다.

Gasser(1988, 1990)에 따르면 연결주의는 인지적인 모델로서 세 가지 문제들을 다루어야 하는데, 그것은 곧 (지식이 뇌에 나타나는 방식인) 표상, (지식이 사용될 때 활성화/점화되는 방식인) 처리 과정, 그리고 학습이다. 국부 연결주의 모델에서의 언어 지식은 많은 교점에 걸쳐서 교점들 간의 연결/결속 강도에 의해 표상된다. 예를 들면, 서로 다른 교점에 표상된 '빵'과 '버터'는 그들의 강한 언어적/개념적 결속 때문에 강한 연결을 형성할 수 있다. 이중언어 화자의 어휘 지식에서 L1 단어는 (아래에서 논의될) L2의 등가어와 강력하게 연결되어 있을 것으로 추측된다. 다양한 종류의 지식들(즉 어휘, 형태, 통사, 화용, 그리고 세상에 대한 지식들)이 많은 교점에 걸쳐 연결의 강도(connection weights)라는 수단에 의해 표상된다[1].

처리 과정은 활성화와 점화의 패턴이다. 각각의 교점들은 뉴런처럼 임계 수준을 가지고 있는데 만약 활성화 수준이 임계 수준에 도달하면 점화된다. 만약 교점들 간의 경쟁이 있으면 가장 강한 활성을 받은 교점이 점화된다. 예를 들어, "Are you coming to the party(내일 파티에 올 건가요?)"라고 누가 말할 때 COME과 GO는 공유되는 속성이 많기 때문에 경쟁이 발생하고, 둘 다 활성화된다. 여기서 COME이 선택된 것은 말하는 이도 파티에 갈 것인지 아닌지에 대한 직시적인(deictic) 정보에 의해 결정된다. 이러한 직시적인 정보와 관련된 교점으로부터의 활성은 COME의 교점을 점화하므로, 이로 인해 'go'보다는 'come'이 선택되는 결과가 만들어진다.

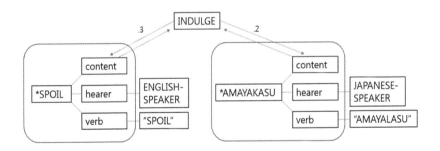

그림 5.1 이중언어 맥락에서의 교점(nodes)과 연결들 (Gasser(1988, p. 16)을 변형한 Shirai(1992, p. 96)에서 다시 발췌)

---

1) Gasseer(1988)의 CLM은 음운론적인 요소를 가지고 있지 않지만, 그는 그 모델에 음운론적인 요소를 추가하는 것이 어렵지 않다고 주장했다.

이제 그의 국부 모델이 어떻게 작동하는지를 이해하기 위해서 Gasser(1988)에 제시된 하나의 예시를 살펴보겠다. 〈그림 5.1〉은 일본어-영어 이중언어 화자가 누군가를 '망치는(spoiling)' 것에 대하여 말할 때 수반되는 표상이다.

여기에 사각형으로 되어 있는 교점들은 내용(contents), 언어적 형태 (linguistic forms), 청자 역할(hearer roles) 등을 나타낸다. 여기서 INDULGE(제멋대로 하다)라는 내용은 일본어보다 영어와 더 강하게 결속되어 있고, 그로 인해서 일본어(0.2)보다 영어(0.3)와의 연결 강도가 더 높다. 그러므로 다른 조건들이 동일하다면 화자는 일본어 등가어인 'amayakasu' 대신에 'spoil'을 쓰게 될 것이다. 하지만 실제 세상에서 만약 일본어만 아는 사람이 대화 상대로 있다면 '일본어 화자(Japanese speaker)'와 연결된 '청자(hearer)' 교점이 활성화되어 일본어인 'amayakasu'가 선택되고, 영어만 사용하는 사람이 대화 상대라면 '영어 화자'와 연결된 '청자'이 활성화되어 'spoil'이 선택될 것이다. 만약 이중언어 화자들이 많다면 영어와 일본어 청자 교점이 모두 활성화되어 Gasser(1988)이 보고한 '언어 혼용 (language mixing)' 현상이 발생할 것이다.

학습은 이러한 처리 과정의 결과로 간주된다. 본질적으로 연결의 끝점에 있는 특정한 교점들이 더 자주 활성화될수록 연결은 더 강력해진다. 결과적으로 연결이 강력해질수록 활성화되는 것도 더 쉬워지는데, 이로써 학습이 이루어진다. 〈그림 5.1〉의 경우에 만약 영어를 배우는 일본인 학습자가 계속해서 'amayakasu' 대신 'spoil'을 사용한다면 결속이 더 강화될 것이고, 언젠가 영어로 말을 해야 할 때 그 단어를 더 쉽게 꺼낼 수 있게 될 것이다. 이 학습자에게는 이로써 'spoil'에 대한 학습이 이루어진다.

요약하자면, '표상'은 교점들 간의 연결과 연결 강도의 패턴과 등가의 의미를 가지며, '처리 과정'은 주어진 시점에서의 활성화와 점화 패턴을, '학습'은 어떤 시간에 걸친 연결 강도의 변화를 의미한다고 하겠다.

정보를 처리하는 과정에서 기존의 표상은 언제나 활성화되어 있기 때문에, L1의 지식 표상, 즉 기존의 표상은 언제나 새로 들어오는 L2의 정보를 재구성하고, 그로 인해 뒤따르는 새로운 L2의 패턴 학습에 영향을 준다 (Li 2009, 제4장에서 논의됨).

이제 어떻게 더 실제적인 방식으로 L1과 L2를 표상하느냐가 관건인데, Gasser(1988)의 모델은 적은 수의 문장 패턴들을 생성하는 데 그치고 있다. 하지만, 그의 모델은 매우 흥미로운 결과들을 보였는데, 원어민 화자들의 오류뿐 아니라 L2 학습자들에게 자주 발생하는 L1 전이의 오류까지 만들어낼 수 있었다. 다음 절에서는 연결주의의 프레임워크를 사용하여 언어 전이의 메커니즘을 더 살펴보도록 하겠다.

L1 전이의 분산 모델: Gasser (1990)
Distributed Model of L1 Transfer: Gasser (1990)

앞서 언급한 바와 같이, 연결주의 접근은 언어 전이를 다루는 데 효과를 발휘한다. Gasser(1990)은 다음과 같이 설명한다.

전이야말로 연결주의가 잘 설명할 수 있는 부분이다. 일단 네트워크가 패턴 P1과 패턴 P2의 결속을 학습했다면, 새로운 패턴 P3가 제시되었을 때 정확히 P3가 P1에 비슷한 만큼 P2와 비슷한 패턴을 활성화시키는 경향을 보일 것이다. 그러므로 연결주의 프레임워크는 제

2언어 습득에서의 전이 작용에 대한 다양한 생각들을 시험해 볼 수 있는 탁월한 방법을 제공해 준다. (…) 그리하여 그 주장은 L1과 L2 사이에 어떤 유형이라도 겹치는 것이 있으면 그것은 전이의 토대가 된다는 것이다.

(Gasser 1990, p. 189-190)

그런 후에 그는 연결주의 모델의 관점에서 기본적인 어순과 관련된 L1의 전이를 조사하기 위해 간단한 문장 패턴들에 대한 시뮬레이션을 수행했는데, 이번에는 국부 모델보다는 분산 모델을 사용했다.

Gasser는 51(7+7+5×7+2)개의 입력 유닛들과, 동일한 수의 출력 유닛들, 그리고 25개의 은닉 유닛들을 가진 3층 네트워크를 사용했다. 그것은 오차역전파(back-propagation, 〈그림 5.2〉 참조) 방식을 통해 입력 패턴들을 동일한 출력 패턴들과 결속시키는 자동 결속 네트워크였다. 그것은 각각 7개의 유닛(형태 유닛)에 의해 표상되는 ('John sings'와 같은) 두 단어의 연쇄를 사용하였다. 그리고, 의미와 역할은 5×7개의 유닛들에 의해 표상되는데, 그 중에서 7개는 명사(JOHN)와 동사(SING)의 의미를 표상하는 반면 5개는 역할(AGENT, PROCESS)을 표상한다. 마지막 2개의 유닛은 언어(L1=00, L2=11)를 표상한다. 더 구체적으로, 〈그림 5.2〉는 다음과 같은 입력 패턴을 나타낸다. John: [1010010], sings: [0100011] (형태 유닛), JOHN: [0101001], SING: [1001010], AGENT: [10001], PROCESS [01100] (내용 유닛), L2: [11] (언어 유닛). 검게 채워진 원들은 (활성화 값이 1인) 켜진 유닛들을 나타내고, 속이 빈 원들은 (활성화 값이 0인) 꺼진 유닛들을 나타낸다.

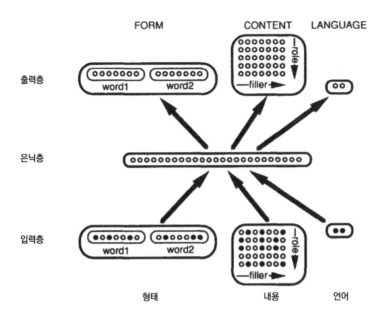

FORM　　　　CONTENT　LANGUAGE

출력층　word1　word2　—filler→

은닉층

입력층　word1　word2　—filler→

형태　　　　　내용　　　언어

그림 5.2 시뮬레이션에 사용된 네트워크의 구조 (Gasser 1990, p. 191). 허락을 받고 다시 수록함.

　트레이닝 세트는 여섯 개의 동사들과 그 의미들, 그리고 여섯 개의 명사들과 그 의미들을 포함했고, 명사-동사, AGENT-PROCESS의 짝을 임의로 선택했다. 그러한 패턴들을 1,100번 트레이닝한 후에, 네트워크는 입력을 올바른 (동일한) 출력에 매핑하는 작업을 대부분 성공했다. 이 지점에서 네트워크의 (단어들이 빠진, 즉 평균 활성 레벨이 0.25로 맞춰진 입력 패턴에 대한) 생성과 (의미가 결여된 입력 패턴에 대한) 이해를 테스트했는데, 그 결과 출력 유닛에서 올바른 패턴을 성공적으로 제공한 것으로 나타났다. 또한 네트워크는 트레이닝 중에 접하지 않았던 패턴에 대해서도 좋은 결과를 보였다. 예를 들어 네트워크는 트레이닝 중에 ‘John drinks’라는 문장을 한번도 접한 적이 없었지만, 입력 패턴에서 JOHN과

DRINK만 그들의 역할과 함께 제시되었을 때 John와 drinks라는 단어에 대한 출력 유닛들을 켤 수 있었다. 이 부분은 이 축소된 SV 언어의 L1 습득을 시뮬레이션한 것으로 간주된다.

그 다음 4개의 시뮬레이션은 L1의 영향 및 L1과 L2의 언어적 거리의 영향을 테스트하기 위해 L2의 습득을 시뮬레이션했다. 처음 두 개의 시뮬레이션에서는 L1과 L2에 유사성이 없었고, 3번째와 4번째 시뮬레이션에서는 대응하는 단어에 1비트의 차이가 있었다. (예를 들어 'sing'에 대한 L1의 벡터는 [0101100]이고 'sing'에 대한 L2의 벡터는 [0101101]이었다.) (Gasser가 명시하지 않은) 어떤 시뮬레이션에서는 동사가 처음에 오고 명사가 그 다음에 오는 (즉 VS 어순의) 패턴의 어순 차이도 있었다. 위에서 기술했듯이 L1 습득에서 1,100번의 반복 트레이닝을 받았던 네트워가 이번에는 L1과 L2 패턴 모두에 대해 1,100번의 반복 트레이닝을 더 받았는데, 이것은 학습자의 L1이 여전히 사용되고 있는 L2 학습 환경을 모방한 것으로 추정된다. 〈표 5.1〉은 Gasser(1990)에 의해 수행된 시뮬레이션을 도식적으로 나타내고 있다.

표 5.1 Gasser(1990)에서 수행된 시뮬레이션의 구조

단계 1	단계 2
L1 시뮬레이션 (1,100회 반복) –	L2 시뮬레이션 1 (1,100회 반복) 무관한 어휘
	L2 시뮬레이션 2 (1,100회 반복) 무관한 어휘
	L2 시뮬레이션 3 (1,100회 반복) 유사한 어휘
	L2 시뮬레이션 4 (1,100회 반복) 유사한 어휘

네트워크 수행에 대한 오류율을 나타내는 〈그림 5.3〉에서 전체적인 결과를 볼 수 있다. 좌측 절반은 L1의 습득에 대응하고 우측 절반은 네 번 이

루어진 L2 시뮬레이션의 평균을 나타낸다. 〈그림 5.3〉은 L1이 L2로부터 간섭을 받고 있음을 알려준다. L2 습득 단계에서의 1,100번의 추가적인 트레이닝 후에도 네트워크의 L1 패턴은 L1 시뮬레이션에서 얻었던 정확도의 수준에 도달하지 못했다. 시뮬레이션 전체에 걸쳐 L2 패턴의 정확성은 L1 패턴의 정확성보다 언제나 더 낮게 유지되었는데, 보통의 경우 L2의 습득이 불완전한 것을 볼 때 이는 타당한 것으로 여겨진다. 또한, 〈그림 5.3〉은 L2가 네트워크에 처음 제시되었을 때 L1이 처음 제시되었을 때만큼 어렵지는 않다는 것을 보여주는데, 이는 어떤 언어도 모르는 채로 시작하는 것과 비교하면 L1을 알고 있는 것이 L2의 초기 단계 습득을 가속화하는 데 도움이 됨을 시사한다.

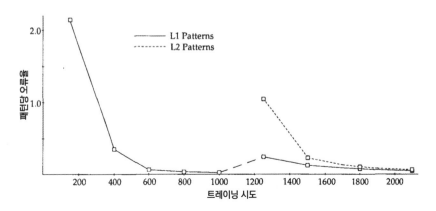

그림 5.3 L1과 L2 패턴들의 오차제곱합(sum-of-square errors) (Gasser 1990, p. 192). 허락을 받고 다시 수록함.

〈그림 5.3〉에는 나와 있지 않지만 L2에 대한 시뮬레이션은 다음과 같은 점들을 추가로 밝혀냈다. (1) L1의 어순이 L2의 어순과 비슷하면 학습이 더 빠르다. (2) L1의 단어들이 L2의 단어들과 비슷하면 학습이 더 빠르

다. (3) 앞의 두 경우 모두 L2 학습이 계속 진행될수록 차이가 점진적으로 경미해진다. (4) L1과 L2의 단어들이 무관할 때보다 유사할 때 어순 유사성의 효과는 더 크다(Gasser(1990)의 〈그림 3〉부터 〈그림 5〉 참고).

이러한 결과들은 대부분 SLA에서 이루어진 L1의 전이에 대한 연구와 일치한다. Cook(1992, 2003), Pavlenko와 Jarvis(2002), Sharwood-Smith (1983) 등에는 L1에 대한 L2의 영향이 보고되어 있다. L1와 L2간에 인식되는 유사성은 L1의 전이를 증진한다는 것도 보고되었다(Kellerman 1978, 1983). 여기서 흥미로운 점은 컴퓨터 네트워크는 유사성을 '인식'하지는 못한다는 것이다. 그러므로 유사성에 대한 인식이 L1의 전이를 더 촉진할 가능성도 있긴 하지만(Shirai 1992), 유사성을 '인식하는 것' 자체가 본질적인 것이 아니라 유사성이 '존재하는지'가 더 중요함을 알 수 있다.

L1과 L2의 유사성이 끼치는 영향이 시간이 지날수록 더 약해진다는 결과는 학습자의 유창성이 향상되면서 L1과 L2의 유사성이 끼치는 영향이 더 강해진다는 Koda(1989)의 발견과 배치된다. (Koda(1989)는 L1이 중국어이거나 한국어인 학습자들이 L1이 영어인 학습자들보다 일본어 학습을 시작할 때 유리하며, 중급과 고급 단계에서 그 격차는 더 커진다는 것을 알아낸 바 있다.) 이것은 네트워크보다는 인간의 학습에 수반되는 동기의 요인과 관련되어 있을지도 모른다. 마지막으로, 우리는 아직 (가령 동일한 어원을 가진) 단어의 유사성과 어순의 유사성이 어떻게 상호작용하는지 알지 못한다. 이것은 아마 미래의 연구에서 흥미로운 주제가 될 것이다.

전이의 조건: Shirai (1992)
Conditions on Transfer: Shirai (1992)

Shirai(1992)는 L1의 전이가 발생하거나 발생하지 않는 조건들에 대해 검토했는데, 그렇게 하면서 이러한 조건들을 제2언어의 표상, 처리 과정, 습득에 대한 연결주의 프레임워크의 관점에서 주로 Gasser(1988)의 국부 연결주의 모델에 기대어 설명했다. Shirai는 중간어(interlanguage)에 L1의 전이가 발생하는지를 결정하는 다음과 같은 6가지 조건들을 발견했다: (1) 두 언어 간의 사상(mapping), (2) 유표성, (3) 언어 간의 거리, (4) 학습자 특성, (5) 인지적 부담, (6) 사회언어학적 맥락.

Shirai(1992)에서 말한 것처럼, SLA에서의 전이에 대하여 논의할 때 기존의 다른 접근으로도 설명이 가능한데 굳이 연결주의 모델을 사용할 필요가 있는지 의아해 할 사람도 있을 것이다. 그는 SLA의 연구에서 기존의 접근에 비해 연결주의 접근이 유리한 점 4가지를 다음과 같이 제시했다.

1. 연결주의는 블랙박스 안에서 무슨 일이 일어나고 있는지를 다룬다. SLA에 대한 현재 대부분의 접근 방법들은 뇌의 안쪽에서 어떤 일이 진행되고 있는지에 대해서는 관심을 두지 않고 입력과 출력만을 바라보며 '행동'에 대한 설명을 시도한다. 연결주의는 관찰 가능한 행동을 발생시키는 하드웨어의 구조를 가지고 있다. 그 외에도 연결주의적 학습의 작동은 신경생물학적인 실제에 의해 어느 정도 제약을 받는다[2].

---

2) SLA의 이론 구축을 위해 신경생물학적인 제약과 구조가 필요하다는 논의로는 Shumann(1990, 1993)을 보라. 그러한 '이론 간 환원'의 필요성에 대해서는 Churchland(1986), 그리고 더 최근에

2. 연결주의는 SLA뿐만 아니라 보다 일반적인 영역에서 인간의 행동을 다루는 일반적인 인지 모델이기도 하다. SLA에서 제안되어 온 제약된 영역에서의 이론들도 중요하지만 그것들은 더 통합된 프레임워크(Hatch 외(1990)를 보라) 안에서 다시 해석되어야 한다. 이를 통해 SLA에서의 연구를 인지과학의 더 일반적인 이슈들과 연결지을 수 있고, SLA가 더 일반적인 차원의 인지과학에 기여하는 방법이 발견될 수 있다.

3. 앞에서 설명한 바와 같이, 연결주의는 기존의 인지과학 패러다임인 기호주의 접근과 매우 다르다. 전통적인 기호주의 기법을 따랐던 SLA도 현재 인지과학의 다른 영역들처럼 연결주의 접근으로부터의 혜택을 누려야 한다.

4. 연결주의 프레임워크를 적용함으로써 컴퓨터 시뮬레이션을 기반으로 새로 만들어진 가설을 검증하는 것이 가능해졌다. 컴퓨터 시뮬레이션은 인간의 인지를 이해하기 위한 인지과학의 중요한 도구가 되었다.

이러한 가정들을 바탕으로 Shirai는 위에 열거된 조건들에 대한 연결주의적인 설명을 제시하였다. 예를 들어, Shirai는 '두 언어 간의 사상(mapping)' 원리가 어휘적 전이는 만연하고 지속적인 것에 반해 형태론적 전이는 그렇지 않다는 SLA에서의 관찰을 설명해준다고 주장했다(Tanaka와 Abe 1985). 그 이유는 어휘 항목의 영역에서 언어 간의 등가

는 Nelson(2013)에서 지적되었다.

성을 찾기는 쉽지만, 문법적 형태의 영역에서는 그렇지 않은 경우가 많기 때문이다. 학습자들이 L1-L2 등가성을 (의식적으로든 무의식적으로든) 발견하면, 산출과 이해에서 그것을 더 사용하는 경향을 보인다3). 어휘적 의미의 경우에 언어 간 등가성을 발견하는 것은 매우 쉬울 수 있으며, 제한된 경우에 이 전략은 효과를 발휘할 수 있다. 이것은 연결/연합을 더 강화시켜서 동일한 마디들 간의 점화를 더 증가시키는 결과를 가져올 수 있다. 단, 잘못된 연합이 자리를 잡게 되면 그것을 제거하기도 어렵다. Gasser(1988)은 영어를 배우는 한 일본인 학습자가 'cold water(찬물)'라고 말해야 하는 상황에서 지속적으로 'water(물)'이라고 말하는 사례에 대해 논의했는데, 이것은 아마 일본어에서 두 개념이 서로 별개의 단어(mizu '찬물' vs. yu '더운물')로 어휘화되었기 때문으로 보인다. 일단 이렇게 잘못된 연결이 만들어지면 부정적인 증거가 만들어지기 전까지는 (혹은 그 후에도) 그러한 활성화와 점화의 과정이 반복되므로, 잘못된 연결은 매우 견고해지게 된다. 어휘-의미적 전이는 매우 강력하다는 선행 연구들(Ijaz 1986, Tanaka와 Abe 1985)의 주장은 위에서 설명된 전이의 관점에서 보면 타당하다고 할 수 있다. 어휘-의미적 전이가 '만연하고 지속적'인 것은 놀라운 일이 아니다.

문법 형태소의 습득에 보편적인 순서가 있다는 Krashen(1977)의 주장을 생각해 보면 문법 형태소의 전이는 적을 것으로 예상되지만, Shirai

---

3) 위에 제시된 예들은 '부정적 전이'의 사례들이었지만, 분명하게 '긍정적 전이'에 해당되는 사례들도 많이 있다. 그렇지 않다면 L2 학습자들은 언어 간 등가성을 찾는 전략을 사용하지 않았을 것이다. 아이들의 L2 학습에 대한 연구에서도 학습자들을 두 언어 간의 등가성이 부족할 때 지속적으로 번역 등가어를 요청하거나 설명을 요구하는 등의 전략을 사용한다는 증거가 만연하다(Hatch 1978).

는 문법 형태소의 영역에서도 L1-L2의 사상이 쉽게 식별되는 경우 그러한 전이가 발견된다고 주장했다. '언어 간 전이'의 원리는 형태론적 수준에서도 유지된다는 것이다. Andersen(1983)은 Cancino(1979)를 인용하면서 L1이 스페인어인 경우와 L1이 일본어인 경우 L1의 영향으로 습득의 순서가 다르게 나타나는 예들을 보여주었다. 예를 들어, 일본어는 소유격에 준하는 형태(John *no* pen = John's pen)는 있고 명사에 복수형을 표시하는 필수적인 표지는 없는 반면, 스페인어는 그와 정반대인데, 그로 인해 일본인 학습자들은 영어의 소유격 표지 's를 더 빨리 배운다. Sasaki(1987)도 비슷한 주장을 했는데, 그에 따르면 자연적인 환경에서 영어를 습득하고 있는 5명의 일본인 학습자들(1명은 Hakuta(1974), 3명은 Kioke(1982), 그리고 1명은 그가 가르친 학습자의 사례)이 '자연적인 순서'보다 더 이른 시기에 소유격을 습득하였다. Sasaki는 더 나아가 5명의 일본인 학습자들의 습득 순서가 서로 높은 상관성을 보였지만 소위 '자연적인 순서'와는 낮은 상관성을 보였다고 밝히면서, 자연적인 순서에 반대되는 Hakuta의 일본인 사례를 특이한 변이로 취급한 Krashen(1981)의 자연적 순서 가설을 비판하였다[4].

그러므로 자연적 순서 가설이 상관관계 연구와 사례 연구를 근거로 한 것이라 하더라도 L1의 전이로 설명할 수 있는 가능성도 지속적으로 탐구되어야 할 필요가 있다. 더 나아가 L1-L2의 사상이 단순하면 전이가 일어나는 경향이 있음을 주장하는 '언어 간 전이(interlingual mapping)'의 원리에 의해서도 언어 발달의 패턴은 설명될 수 있다.

---

4) 이 주장은 이후의 다른 연구들을 통해서 입증되었다(Luk와 Shirai 2009, Murakami와 Alexopoulou 2016, Shin과 Milroy 1999).

Shirai(1992)가 발견한 다른 요인들로는 유표성(L1과 L2의 무표적인 구조들이 전이되는 경향이 있음), 언어 간 거리(L1과 L2가 유형론적으로 유사하거나 유사하게 인식되면 전이가 잘 일어남), 학습자 특성(예를 들면, 입력이 부족한 환경의 학습자가 더 많은 전이를 보임), 인지적 부담(인지적 부담이 높을 때 더 강력한 전이가 발생함), 사회언어적 맥락(예를 들면, 대화 상대가 학습자의 L1 문화와 비슷한 문화적 배경을 가진 경우 전이가 더 잘 일어남) 등이 있다. Shirai(1992)가 강조한 한 가지는 하나의 요인이 전이의 발생을 전적으로 결정하는 것이 아니기 때문에 그 동안 L1과 L2에 대한 대조 분석 가설이 정확한 예측을 하는 데 실패했다는 것이다(Whitman과 Jackson 1972). 언어 항목의 활성화에는 다양한 요인들이 작용하기 때문에 이 모든 요인들이 집적된 효과가 L1 전이가 발생할지를 결정하게 된다. 활성화의 정도가 임계치를 넘을 때 점화가 발생한다. 그러므로 최종적으로 전이를 예측하기 위해서는 활성화 수준의 집적이 고려되어야 할 것이다.

의사소통 전략들
Communication Strategies

Gasser(1988)의 국부 연결주의 모델에 기반한 또 하나의 연구로 Duff(1997)이 있다. 그녀는 논문에서 자신이 중국에서 중국어를 배울 때 사용했던 전략들에 대해 모르는 어휘가 있을 때 그것을 어떻게 우회적으로 표현했는지, 즉 L2 학습자가 전달하고 싶은 것을 지시할 단어를 모를 때 어떻게 그 틈을 메우는지에 초점을 맞추어 논의했다.

Gasser의 연결주의 어휘 기억(CLM, connectionist lexical memory) 모델은 *jin(近)* 'near(가까운)', *linju(鄰居)* 'neighbor(이웃)', *jieri(假日)* 'holiday(휴일)' 등의 단어가 생각나지 않을 때의 상황을 어떻게 표상하는가? Duff는 이런 경우에 대한 세 가지 네트워크 표상들을 제안했는데, 여기서 그 중 하나를 살펴보도록 하겠다. 이 표상에서, 학습자는 'near'에 대한 중국어 단어, 즉 *jin(近)*을 알지 못했으므로 표시되지 않았다. 대신에 하나의 어휘 항목이 거기에 있다는 것을 표시하는 LEX라는 교점이 있다. 그녀가 그 단어를 알았더라면 *jin(近)*에 대한 교점이 있었을 것이다. 하지만, 그녀는 그 단어를 몰랐기 때문에 우회적으로 bu-yuan(不遠, 멀지 않은)이라는 표현을 사용해야 했다. 다양한 연결들로부터의 활성화를 확산시킨 결과, (ENGLISH LANGUAGE에 반대되는) CHINESE LANGUAGE, ADJ(형용사), NOT, FAR 등과 BU-YUAN의 교점이 점화되었다(즉, 발화되었다).

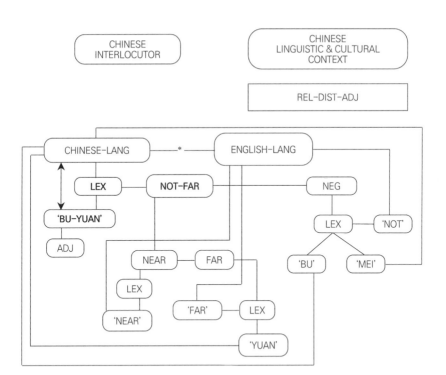

그림 5.4 BU-YUAN에 대한 네트워크 표상의 일부분 (Duff 1997, p. 204) 허락을 받고 다시 수록함.

습득 순서의 빈도 효과
Frequency Effect in Acquisition Order

3장에서 검토했듯이 규칙과 불규칙 형태에 관련된 빈도의 역할은 연결주의-기호주의 논쟁의 중심에 위치해 왔다. 1970년대 이후의 SLA 연구에서 입력 빈도의 역할은 중요한 이슈가 되어 왔다. 영어의 다양한 형태소들의 습득 순서를 어떻게 설명하느냐가 이론적으로 중요한 질문거리였다. 종단 연구(Brown 1973)과 횡단 연구(de Villiers와 de Villiers

1973)를 통해 공통적인 습득 순서를 확인한 L1의 영어 형태소 습득에 대한 연구들을 뒤이어, SLA 연구자들(Bailey, Madden과 Krashen 1974; Dulay와 Burt 1974) 역시 그러한 보편적인 순서를 찾으려 노력했고, 그 결과 L1에서 발견한 것과는 약간의 차이가 있지만 그러한 순서를 찾았다고 주장했다(Krashen 1977). Larsen-Freeman(1976)은 관찰된 습득의 순서를 설명하기 위한 시도로 지각적 현저성(perceptual salience), 빈도, 복잡성 등과 같은 다양한 변인들을 검사했고, 그 결과 빈도만이 경험적으로 뒷받침되는 변인임을 발견하였다. 사실, Brown(1973)은 아이들에 대한 입력 빈도와 습득 순서 사이에서 유의미한 상관관계를 발견하지 못했지만, 그녀는 영어를 L1으로 배우는 아이들에 대한 말하기의 입력 빈도와 L2 학습자들의 습득 순서에서 유의미한 상관관계를 찾아냈다. 이것은 L1 습득보다 L2 습득에서 입력 빈도가 습득 순서에 대한 더 강력한 예측변수일 수 있음을 시사한다.

Larsen-Freeman이 마주친 하나의 문제점은 학습자들에게 노출되는 L2 입력 데이터의 코퍼스가 없다는 것이었는데, 그것이 바로 그녀가 L2 습득에서의 빈도 효과를 검사하기 위해 L1 습득에서 아이들에게 주어진 발화의 입력 빈도를 사용하게 된 이유였다(Larsen-Freeman 1985). 이러한 문제점을 지적한 Blackwell과 Broeder(1992, Broeder와 Plunkett(1994)에 인용)는 연결주의 시뮬레이션을 사용하여 입력 빈도의 효과를 측정했는데, 이를 통해 학습에 대한 입력 빈도의 효과를 더 직접적으로 검사하는 것이 가능했다.

Blackwell과 Broeder(1992)는 L1이 아랍어나 터키어이면서 L2로 네덜란드어를 배우는 학습자들의 대명사 습득을 연결주의 시뮬레이션으로 모의 수행하고 그 결과를 Broeder(1991)에 나오는 인간의 데이터와 비교했다. Broeder(1991)의 연구는 40명의 교육받지 않은 성인 이민자들에 대한 ESF(European Science Foundation, 유럽과학재단)의 범언어적인 종단적 연구(Perdue 1993)의 일환이었다. Blackwell과 Broeder는 (인칭, 신분, 수, 성, 격과 같은) 대명사 용법의 기능적인 명세가 제공되었을 때 올바른 대명사의 형태를 산출하도록 (입력층, 은닉층, 출력층으로 된) 표준적인 삼층의 오차역전파(back-propagation) 네트워크를 트레이닝시켰다(Broeder와 Punkett 1994, p. 433). 이 네트워크의 입력층은 17개의 유닛들(기능적인 명세를 담당하는 15개의 유닛과 언어를 명세하는 2개의 유닛), 은닉층은 10개의 유닛들로 이루어져 있다. 그리고 이 네트워크의 출력층은 두 개의 블록을 가지고 있는데, 첫 번째 블록은 터키어 대명사(36개 유닛)와 아랍어 대명사(8개 유닛)[5]의 국부 표상으로 구성되어 있고, 두 번째 블록은 15개의 네덜란드어 대명사에 대한 국부 표상(15개 유닛)으로 구성되어 있다. 출력층의 각 유닛들은 서로 다른 대명사 형태를 표상한다. 네트워크가 해야 할 일은 대명사 기능들의 그룹(e.g. 이 인칭, 단수, 격식, 여성, 주격)을 (예를 들면 네덜란드어의 일인칭 ik과 같은) 특정한 대명사 형태에 매핑하는 것이었다.

Blackwell과 Broeder는 Broeder(1991)에서 관찰했던 인간 학습자들(4명의 터키인과 4명의 모로코인)을 모방하기 위해 터키어를 L1으로 학습하는 네트워크 4개와 아랍어를 L1으로 학습하는 네트워크 4개를 가동했다. 입력 데이터는 터키어/아랍어에서 가능한 형태-기능 관계들을

---

5) 추가로 터키어와 아랍어 네트워크를 위한 15개의 비활성화된 유닛들이 있었기 때문에, 전체 유닛들의 수는 각각 51개와 23개였다(P. Broeder와의 개인적인 교신, 2017년 12월).

모두 반영하고 있었다. L1인 터키어와 아랍어의 학습이 끝난 8개의 네트워크들은 네덜란드어의 대명사 형태에 대한 트레이닝을 시작했다. L1으로 터키어/아랍어 학습을 마치고 L2로 네덜란드어를 학습해야 하는 네트워크의 과제는 오차가 특정값 이하인 경우, 즉 평균오차제곱근(root mean square error)이 0.01보다 낮을 때 성공한 것으로 간주했다. 이 오차 수준은 모든 출력 유닛들이 목표 활성값(0.0이나 0.1)에 (0.1의 값 이내로) 매우 가깝다는 것을 보장해준다. 네트워크의 L2 네덜란드어 트레이닝에 사용된 실제 대명사 형태들의 상대적인 빈도는 ESF 프로젝트에서 네덜란드어 화자들이 8명의 L2 학습자들에게 했던 말에서 관찰된 대명사들의 빈도를 반영했다. 이 시뮬레이션은 다음과 같은 흥미로운 결과들을 보여주었다.

- 아랍어를 L1으로 습득하는 속도(60 kilosweeps[*])가 터키어를 L1으로 습득하는 속도(588 kilosweeps)보다 더 빨랐는데, 이는 대명사 형태가 복잡할수록 네트워크의 습득 속도가 늦어지는 것을 반영한다.

- L2로 네덜란드어를 습득하는 속도는 아랍어를 L1으로 학습했던 4개의 네트워크가 평균 322 kilosweeps로 터키어를 L2로 학습했던 4개의 네트워크(1개는 610, 1개는 850, 2개는 1000kilosweeps를 넘었음)보다 더 빨랐는데, 이것은 L2의 새로운 변별 체계를 추가하는 것이 이미 존재하던 L1의 변별 체계를 재구성하거나 줄이는 것보다

---

[*] 【역주】 1번의 'sweep'은 하나의 입력 패턴에 대한 네트워크의 전방향전파(forward propagation)와 연결강도를 조정하기 위해 이어지는 오차역전파(back-propagation)로 정의된다.

쉽다는 것을 시사한다[*].

- 네트워크의 L1이 아랍어일 때와 터키어일 때 모두 네덜란드어 대명사 형태 습득의 순서가 같았다. (1단계) ik 'I', jij 'you'(sg), jou(w) 'you(r)', u(w) 'you(r)', hij ' he', (2단계) mij 'me', wij 'we', jullie 'you'(pl), zij 'she/they', (3단계) mijin 'my', zijn 'his', hem 'him', haar 'her', hun 'their/then'.

더욱 흥미로운 것은 네트워크에서 발견된 습득의 패턴이 Broeder(1991)에서 발견되었던 터키인들과 모로코인들의 네덜란드어 습득 순서에 대응한다는 사실이었는데, 이를 통해 네트워크와 학습자가 다음과 같은 경향성을 공유한다는 것을 알 수 있다.

> -1인칭 대명사는 2인칭 대명사보다 먼저 습득된다.
> -단수형태는 복수형태보다 먼저 습득된다.
> -주격 형태는 목적격/소유격 형태보다 먼저 습득된다.
> -남성형은 여성형보다 먼저 습득된다.
> (Broeder와 Plunkett 1994, p. 438)

이러한 공통적인 습득 순서가 어떤 보편적인 인지 제약이나 현저성에

---

[*] 【역주】 아랍어의 대명사는 8개의 유닛으로 구성된 변별 체계를 가지고 있고 터키어의 대명사는 36개의 유닛으로 구성된 변별 체계를 가지고 있다. 그러므로 아랍어 대명사를 학습한 네트워크가 15개의 유닛으로 된 네덜란드어를 학습할 때는 새로운 변별 체계를 더 추가해야 하고, 터키어 대명사를 학습한 네트워크가 네덜란드어를 학습할 때는 변별 체계를 재구성하거나 줄여야 한다.

기인한 것이 아닌지 의심을 품어 볼 수도 있다. 하지만, 이것은 빈도의 효과를 반영한다.

> 이러한 습득의 순서들은 정확하게 네덜란드어 전체 대명사들의 빈도 서열(빈도가 높은 것과 중간인 것, 그리고 낮은 것)을 반영한다. 특히 SLA의 초기 단계에서 빈도 효과는 매우 강해서 제1언어의 효과는 최소화된다.
>
> (Broeder와 Plunkett 1994, p. 438)

이러한 관찰은 SLA 연구를 위해 두 가지 측면에서 중요하다. 첫째, 보편적인 제약에 기인한 것처럼 보이는 것들이 사실은 입력 빈도에 기인한 것일 수도 있다. 시제-상 영역에서의 분포편향 가설(Andersen 1993; Andersen과 Shirai 1994)이나 위에서 논의되었던 영어 형태소의 습득 순서에 대한 빈도 기반의 설명들(Larsen-Freeman 1976)과 유사하게 전에는 보편적인 제약(혹은 내재된 실라버스)에 기인한 것으로 주장되었던 습득 패턴이 사실은 입력 빈도에 기인한 것일 수도 있다. 둘째, 언어 습득의 초기 단계가 (교육을 받지 않은 모든 L2 학습자들에게 공통적인 기본적인 L1의 변인인) 전이로부터 자유롭다는 관찰(Klein과 Perdue 1997)도 최소한 부분적으로는 빈도 요인에 기인한 것일 수 있다. 앞으로의 연구는 빈도 요인, 인지적 제약들, 그리고 L1의 전이들이 L2 발달의 어떤 단계에서 어떻게 상호작용하는지 정확하게 이해할 필요가 있다. 학습자를 향한 발화의 코퍼스를 확인하기 어려운 실제 세계의 학습과 달리 신경망 시뮬레이션의 경우 입력의 빈도를 정확하게 알 수 있기 때문에, 연결주의 시뮬레이션은 빈도 효과를 평가하는 데 유용할 것이다.

단어 재인과 읽기 과정
Word Recognition and Reading Process

　　　　　Koda(1996)는 연결주의 관점에서 L2 단어 재인 연구에 대한 비판적인 리뷰를 내놓았다. 부분적으로는 L2 교육에 전반적으로 의사소통적인 접근이 도입됨으로 인해, L2 연구는 읽기에 수반되는 상향적 과정에 대해 많은 관심을 쏟지 못했고, 그 결과 L2 단어 재인에 대해 밝혀진 것이 별로 없는 상황이었다. Koda는 읽기 과정에 대한 연결주의의 프레임워크(e.g. Seidenberg와 McClelland 1989)에 기대어 L2 읽기에 대한 우리의 이해를 넓힘으로써 이러한 상황을 바로잡아야 한다고 주장했다. Seidenberg와 McClelland(1989)는 영어 원어민들의 단어 재인 과정과 언어 구사력 습득을 기술하는 연결주의 모델을 개발했는데, 이것은 전통적인 단어 재인 모델과 달리 소리와 기호의 대응 규칙이나 어휘부를 가정하지 않고 영어의 철자법에 대한 지식을 '글자 패턴들과 음운들, 그리고 음절과 형태소들의 상호관련성으로 이루어진 정교한 메트릭스'라고 보았고(p. 525), 그것의 습득은 영어의 철자 체계에 대한 반복적인 처리 경험을 통해 철자간 결속 네트워크가 형성됨으로써 이루어진다고 주장했다. 그러므로 처리 능력이란 학습자들이 단어들 안에 있는 철자간 결속 관계를 얼마나 내면화하는지를 뜻하는 것으로 정의된다. 활성화의 패턴(즉, 철자 연쇄의 조합)이 더 자주 경험될수록 연결의 강도는 더 높아진다. 예를 들면, 영어에서 단어 첫머리의 th와 같이 매우 빈도가 높은 조합은 읽기 경험이 많은 독자들이 더 빠르게 처리한다(Adams 1990). 단어 재인의 능숙성을 가장 많이 촉진하는 것은 이런 종류의 연결 강화이다. Koda는 L2 읽기의 맥락에서 L1의 읽기 경험이 L2 단어 재인의 처리에 영향을 주는 중심축의 역할을 한다고 제안했다.

Koda(1996, p. 458)는 연결주의의 전제를 토대로 기존의 L2 단어 재인에 대한 연구들을 검토하고 잠정적으로 다음과 같은 결론을 내렸다.

a. L2 독해에서 단어 재인 능력은 이전에 추정되었던 것보다 훨씬 더 중요한 역할을 한다.

b. L2 철자 체계에 대한 처리 경험의 양은 수행 능력과 직접적으로 관련된다(e.g. Segalowit와 Segalowitz 1993); (L2 처리 경험의 효과)

c. L1-L2 철자 체계의 차이는 L1의 철자 체계가 L2와 가까운 학습자와 그렇지 않은 학습자들의 전반적인 수행 능력에 영향을 줄 뿐만 아니라 L1의 철자에 대한 지식이 L2 단어 재인을 촉진하는 방식에도 영향을 준다(e.g. Koda 1989); (L1-L2 표기법적 거리 효과)

d. L1으로 이루어진 읽기 경험의 다양성은 특정한 처리 과정에 대한 선호도를 높일 수도 있고, 그로 인해 L2 처리 방식의 질적인 차이들을 낳을 수 있다(e.g. Ryan & Meara 1991); (L1 처리의 경험 효과)

Muljani, Koda와 Moates(1998)는 표기법이 다른 두 L1의 배경을 가진 ESL 학습자들, 즉 알파벳 방식을 쓰는 인도네시아인들과 알파벳을 쓰지 않는 중국인들을 대상으로 수행한 L2 단어 재인 실험에 대해 연결주의 관점에서 도출한 예측을 테스트했다. (인도네시아어 원어민, 중국어 원어민, 영어 원어민으로 구성된 세 집단이 어휘 판단 과제(lexical decision task)에 참여했다. 그들의 실험은 네 개의 어휘적 조건들을 수반했는데, 두 개는 어휘 빈도 조건(고빈도 vs 저빈도)이고, 두 개는 표기 패턴 조건

(일치 vs 불일치)이었다. ('garden'이나 'murder'의 CVC 패턴처럼) 단어내의 표기 연쇄가 L1(인도네시아어)과 L2에서 모두 가능한 경우는 '일치' 조건에 해당되고, ('thought'나 'chance'의 CCVCC 패턴처럼) L2에서만 허용되는 경우는 '불일치' 조건에 해당된다. 중국어는 표의문자이기 때문에, 표기 패턴 효과와는 무관할 것으로 가정되었다. 이 실험의 중요한 발견들은 다음과 같았다. (a) 네 가지 조건에서 모두 L1이 인도네시아어인 ESL 학습자들이 중국인 학습자들을 능가했다. (b) 두 집단에서 모두 단어의 높은 빈도가 어휘 판단 속도를 향상시켰다. (c) 단어내의 표기 패턴 일치는 인도네시아 학습자들에게만 효과가 있었다. 이런 결과들은 L1-L2 철자법의 유사성이 L2 어휘 처리를 가속화시키고, 철자법의 차이는 서로 다른 철자법을 배경으로 가지고 있는 L2 학습자들의 다양한 수행 변이를 유발한다는 것을 보여주는데, Muljani, Koda와 Moates(1998)는 이것이 (1) (L2 경험 효과로 인한) 강력한 L2의 빈도 효과, (2) L1-L2 철자법 차이 효과 등을 예상하는 연결주의의 관점을 지지한다고 제안했다.

Koda의 연구들은 L1과 L2에 대한 학습자들의 사전 경험을 강조하는 연결주의 접근을 토대로 한 L2 읽기 연구에 교차언어적인 접근을 도입했다는 점에서 중요하다. Muljani 외(1998)은 다음과 같이 주장했다.

그동안 보고되어 온 다양성에도 불구하고, 언어간의 상호작용은 L2 읽기 연구자들에게 별로 관심을 끌지 못했다. 교차언어적인 특성에 대한 관심의 부족은 L2와의 현저한 차이에 대한 적절한 고려 없이 L1 이론에 지나치게 의존하는 L2 연구자들의 탓으로 돌릴 수 있을 것 같다. L2의 처리 과정은 L1 읽기와는 달리 하나 이상의 언어를 수반한다. 더 나아가, L1 읽기 이론들은 특정 언어의 처리 과정에 맞춘 적절한 메커니즘을 고려하지 않고 전통적으로 영어 원어민들로부터 얻은 자료들만을 토대로 세워진다.

(Muljiani 외 1998, p. 100)

위에서 주목한 바와 같이 Gasser(1990)는 L1의 전이 문제에 대한 연결주의의 설명력을 강조했는데, 이것은 Koda가 선행 L1 읽기 경험의 중요성을 강조한 것에서도 잘 나타난다. 이러한 접근의 발달 과정은 Koda(2004, 2007, 2012)와 Koda와 Zehler(2008)를 보라.

언어 교육
Language Teaching

이 하위절에서는 제2언어 교육과 관련된 4개의 연구가 검토될 것이다. 연결주의와 언어 교육을 직접적으로 연결짓는 것은 어려울 수도 있겠지만, 전통적인 기호주의 접근과 근본적으로 다른 연결주의 접근은 우리가 언어를, 즉 언어의 표상과 처리 과정, 그리고 마음/뇌에서 일어나는 학습을 바라보는 관점에 강력한 영향을 줄 것이다. 예를 들어서, 만약 우리가 내면화하고 있는 것이 언어적인 규칙이 아니라 뉴런의 반복되는 점화를 통해 대규모로 만들어지는 네트워크 연결들의 병렬적인 패턴들이라면, 언어를 가르치는 방법도 달라져야 할 것이다. 이어지는 연구들은 이러한 이슈를 다룬다.

언어 교육 방법론: Ney와 Pearson (1990)
Language Teaching Methodology: Ney and Pearson (1990)

매우 이른 시기에 연결주의 접근을 언어 교육에 적용하려 했던 Ney와 Pearson(1990)은 전통적인 생성언어학과 대비하여 언어에 대한 연결주의의 시각을 제시하였고, L2 교육에 대한 그것의 시사점을 논의했다. 이 저술은 매우 일찍 출판되었기 때문에, 대부분의 이론적인 논의는 Rumelhart와 McClelland(1986, 1987)의 과거 시제 학습 모델과 기호주의 접근 진영이 『Cognition(인지)』 특집 이슈에서 다룬 그에 대한 반론 (Fodor와 Pylyshyn 1988, Lachter과 Bever 1988, Pinker와 Prince 1988)을 조명했다. 여기서 Ney와 Pearson은 연결주의의 편에 서서 Chomsky의 접근이 궁극적으로 언어 학습자들이 학습해야 할 언어의 불규칙적/반규칙적(semi-regular) 측면을 희생시키고 규칙만을 강조한다고 비판했다[6].

언어 교육과 관련하여 Ney와 Pearson(1990)이 강조한 것은 R&M 모델이 통과한 세 국면들[7], 즉 무턱대고 외우기(1단계), 규칙에 집중하기(2단계), 규칙과 암기 사이의 균형 유지하기(3단계)가 언어 교육 문헌에서 논의되어 왔던 수업의 실제 양상과 비슷하게 난다는 사실이었다. 그들은

---

6) 애초에 Chomsky는 언어 교육에 관심이 없었기 때문에(Chomsky 1966) 이러한 비판은 뜬금없는 것처럼 보인다. 하지만, 언어 교육 공동체의 이러한 비판은 언어의 (대부분 규칙에 기반한) 작은 영역에만 초점을 맞추고 중요한 (관용표현, 반규칙적인(semi-regular) 패턴들과 같은) 다른 영역들을 무시하는 생성언어학의 근본적인 문제점을 잘 반영하고 있다. 이러한 다른 영역들은 언어의 모든 양상들을 습득할 필요가 있는 제2언어 학습자들에게도 중요하지만 언어와 언어 습득에 대한 이론의 완성을 위해서도 중요하다(제1장, 13-14쪽 참조).
7) 이것은 Karmiloff-smith(1986)의 3단계 모델과도 평행을 이룬다.

〈표 5.2〉와 같은 유사성을 제안했다.

표 5.2 R&M 네트워크 트레이닝의 세 국면과 언어교육 실제의 유사성

R&M(1986)	Rivers(1983)	Paulston(1970)
암기 학습	기술 습득	기계적이고 유의미한 반복 연습
규칙 학습	기술 사용	의사소통적 반복 연습
통합		

〈표 5.2〉에 나타난 상응 관계가 그렇게 많이 설득력 있어 보이지는 않지만, Ney와 Pearson의 견해는 L2의 의사소통 능력을 신장시키기 위하여 (의사소통 활동 없는) 반복적인 연습과 암기, 혹은 (기술 습득이나 암기가 배제된) 자연적인 의사소통적 접근 둘 중 하나만을 강조하는 것은 효과적이지 않다는 것을 제안했다는 점에서 유용했다. 그들의 주장은 1990년대에 발표되었지만, 그들의 논점은 오늘날까지 유용하다.

이중언어 사용와 이중언어 교육: Hawson (1996)
Billingualism and Bilingual Education: Hawson(1996)

Hawson(1996)은 이중언어 사용과 이중언어 교육에 대한 연결주의 관점을 제안하고, Cumins(1984)의 문지방 가설(threshold hypothesis)을 재해석했다. 그녀는 L2 학습자들이 학업 성취에서 뒤쳐지는 이유는 L2의 유창성 부족으로 인해 청각적 과정보다는 시각적 과정에 의존하기 때문이라고 주장했다. 이것은 왜 L2 학습자들이 캐나다의 몰입 교육(Lambert와 Tucker 1972)과 미국의 이중언어 교육(Collier 1987, 1989) 환경에서 청각적 과정에 덜 의존하는 수학 과목을 탁월하게 수행하

느지 설명해준다. L1이나 L2에서의 유창성이 낮으면 시각 체계에 배당되는 주의가 증가하고, 평가되는 인지적인 능력들의 상당수가 시각지향적인 과제를 통해 측정되기 때문에 인지적인 고점을 차지하는 결과가 나타나게 된다.

Hawson은 연결주의라는 용어를 빈번하게 사용했지만, 주로 신경과학의 영향을 더 많이 받았다(P. M. Churchland 1989, P. S. Churchland 1986). 더욱이 시각적 처리와 청각적 처리에 대한 그녀의 주요 논쟁들은 연결주의보다는 일반적인 정보처리적 접근에서 기원한 것들이었다. 그녀의 제안은 흥미롭기는 하지만 다소 미심쩍은 부분이 있어서 더 많은 검증이 필요하지만, 그 검증은 아직까지 이루어지지 않았다.

언어 평가: Meara, Rogers, and Jacobs (2000)
Language Assessment: Meara, Rogers, and Jacobs (2000)

Meara 외(2000)는 L2 학습자들의 글쓰기 평가에 대한 연결주의 모델의 흥미로운 적용 사례를 보고한다. L2 학습자들의 글쓰기 평가에 대한 문헌에서 글쓰기 샘플에 대한 평가자의 채점에 어휘 요인들은 매우 중요하다는 것이 잘 알려져 있다(Harley와 King 1989, McClure 1991). 특히 Engber(1995)는 어휘의 양이 풍부하고 다양하며 오류가 없는 경우 높은 점수를 받는 경향이 있고, 반대로 어휘 선택의 폭이 좁은 경우 낮은 점수를 받는 경향이 있다고 보고한다(Meara 외 2000, p. 346). 이 연구에서 영감을 받은 Meara와 그의 동료들은 연결주의 모델을 사용하여 작문의 질을 평가하는 컴퓨터 기반 시스템 제작을 시도했다. 그들은 잠재적 의미 분석 방식(e.g. Langauer와 Dumais 1997)을 토대로 WinNN(신경망 시뮬레이션을 운영하는 PC 기반의 프로그램)을 트레이닝했는데, 이 네트워크는 글쓰기 표본에 사용된 어휘 항목들에 대한 정보를 바탕으로 작문을 평가하는 프랑스어 원어민 교사를 모방하도록 설계된 것이었다. 그들은 영국의 대학에서 매우 중요한 구분인 상위 이등급과 하위 이등급에 상응하도록 삼층(입력-은닉-출력) 연결주의 네트워크를 가동했다. 그들이 입력한 것은 비즈니스 프랑스어를 수강하는 영어가 L1인 학습자 36명이 실제로 작성한 300단어 정도로 된 글에서 특정한 학생이 (모두 100개의 세트 가운데) 특정한 열 개의 어휘들을 사용했는지에 관한 열 자리 숫자들의 목록들이었다. 예를 들어 하나의 입력 스트링은 001101001이었는데, 이 열 자리의 숫자들은 작문 표본이 열 개의 단어들을 사용했는지(1=사용함, 0=사용 안함)를 나타낸다. 데이터는 또한 프랑스어 원어민 채점자들의 평균에 기초하여 0과 1로 특정한 표본이 준거점수인 60점보다 높게 평가되었는지 아닌지를 나타냈고, 이것은 네트워크에 의해 산출되는 결과에 대한 피드백에 사용되었다. 어휘 항목들의 목록은 학생들 작문의 50%에 나타난 단어들로 구성되었는데, 그 이유는 이 정도 수준의 난이도를 가진 단어들이 좋은 작문과 나쁜 작문을 분별하는 데 가장 유용하기 때문이다.

그들의 논문에 명시되어 있지는 않지만, 그들이 사용했던 〈그림 7〉(이 책의 〈그림 5.5〉)을 참고하면, 이 네트워크에는 10개의 입력 유닛과 6개의 은닉 유닛, 그리고 한 개의 출력 유닛이 있으며 피드백을 위해서 오차 역전파(back-propagation) 알고리듬이 사용된 것으로 보인다.

이 네트워크는 1280번의 반복 후에 (60점을 준거로) 인간 평가자들의 평가에 부합하는 결과를 보이기 시작했다.

이것은 매우 흥미로운 시스템이며 Meara와 그의 동료들이 제안하는 것처럼 인간 평가자를 보완할 수 있는 평가도구로 유용하게 쓰일 수 있을 것이다. 하지만 이 시스템은 새로운 데이터로 검증되지 않았고 단지 트레이닝을 했던 데이터에 대해서만 좋은 결과를 산출했기 때문에 아직 결정적인 검증은 이루어지지 않은 상태다. 그리고 Meara 등이 지적한 바와 같이, 만약 새로운 데이터의 예측에 성공한다 하더라도, 타당성, 특히 안면 타당성(face validity)의 문제는 남게 된다. 하지만, 안면 타당성은 보는 사람의 주관에 달린 것이다. IBM의 왓슨(Watson)이 의사들이 알아낼 수 없었던 암 환자의 처방을 제시한 것처럼, 현재의 인공지능은 인간이 제시할 수 없는 유용한 정보를 제공할 수 있는 수준에 와 있다. 사용자에게 정보가 어떤 방식으로 제시되느냐에 따라, 신경망의 평가 결과는 그 시험이 중대한 이해 관계가 걸려 있는 게 아니라면 수용될 수도 있을 것이다.

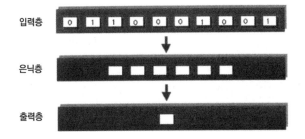

그림 5.5 Mear 외(2000, p. 350)의 3층 네트워크 구조

청해력: Hulstijn (2003)
Listening ComprehensionL Hulstijn (2003)

앞에서 논의되었듯이, 읽기에서 하향식 과정보다 상향식 과정이 더 강조되는 것에 공명하여 Hulstijn(2003)은 청해 교육에 대한 연결주의 관점과 컴퓨터 보조 언어 학습(CALL, computer assisted language laerning)에 그것을 적용하는 방안을 제안했다. Hulstijn은 기호 기반의 규칙보다 일반화를 도출하는 반복 패턴의 빈도에 기반한 연결주의 학습의 원리를 강조했다.

> 학습자들은 많은 양의 입력에 노출되는 것을 통해서 어떤 패턴이 많이 나타나고 어떤 표현이 많이 나타나지 않는지를 실질적으로 배우게 된다. 예를 들어 'sm'이라는 음운론적 조합은 영어에서 흔하지만, 'ms'는 그렇지 않다.
>
> (Hulstijn 2003, p. 419)

그는 또한 L2 능력의 네 가지 기능들, 즉 듣기, 읽기, 말하기, 쓰기 중에서 가장 자동화된 처리 과정을 요구하는 청해력의 독특성을 지적했는데, 특히 L1의 음운론적인 구조는 L2의 (음운 분절과 같은) 음운론적 처리 과정에 영향을 주어 간섭을 일으킬 수 있다. 이를 토대로 그는 다음과 같은 청해력 연습을 위한 특별한 절차를 제안했다.

(1) 녹음 자료를 듣는다. (2) 들은 것을 모두 이해했는지 스스로 생각해 본다. (3) 필요한 만큼 자주 녹음 자료를 반복해서 듣는다. (4) 텍스트를 가렸던 종이를 내리면서 직전에 들었던 것을 읽는다. (5) 이해했

어야 하는 내용이 무엇인지 확인한다. (6) 텍스트의 도움을 받지 않고 들은 것을 모두 이해할 수 있을 때까지 녹음 자료를 반복해서 듣는다.

(Hulstijn 2003, p. 420)

제안된 절차가 새로운 것도 아니고 전통적으로 보이기도 하지만, 학습의 연결주의적 원리와 부합해 보이기 때문에 효과가 있을 것으로 예상된다. 다음에는 이런 방식의 효과를 검증하기 위해서 통제된 실험을 사용한 경험적인 연구가 필요할 것이다(cf. Vandergrift 2007). Hulstijn은 이러한 절차를 적용하여 암스테르담 대학교에서 개발한 소프트웨어인 CALL에 대해서 논의하기도 했다.

과제의 설계: Moonen, de Graff, Westhoff와 Brekelmans (2014)
Task Design: Moonen, de Graff, Westhoff와 Brekelmans (2014)

Moonen 외(2014)는 분산 처리(parallel processing), 연쇄 활성화(speading activation), 분산 표상(distributed representation)과 같은 기본적인 연결주의의 원리들에 기반한 과제 설계 가설을 검증하는 연구를 수행했다. 이 가설은 질문에 들어 있는 언어 단위와 관련된 속성들이 많이 수반된 과제가 학습에 더 유리하다는 것이었다. 예를 들어 L2 어휘 항목들을 회상하려고 할 때 다양한 원천으로부터 활성화가 전달되면 오직 하나의 원천으로부터 활성화가 전달되는 것보다 점화(회상)가 발생할 가능성이 커질 것이므로, 이 말은 일리가 있다(제5장에서 논의된 Gasser의 산출 모델을 보라). 그들이 다중 속성 가설이라 부르는 이 생각을 근거로 Moonen 외(2014)는 제한된 속성들을 수반한 '빈약한' 과제(이 경우에는 목록 학습하기 과제)와 다양한 속성들을 수반한 '풍부한' 과제(혼자서, 혹은 둘이서 수행하는 다양한 활동들을 수반한 짧은 이야기 작문 과제)의 어휘 학습에 대한 상대적인 효과를 검증했다. 독일어를 학습하는 네덜란드 중학생 수업 집단(N=98, 평균 연령 16세)을 대상으로 진행한 이 준실험 연구의 결과는 작문 과제를 수행한 집단이 목록 학습을 수행한 집단에 비해 번역 테스트, 그림 묘사 테스트, 사후 즉시 시험, (일주일 후의) 사후 지연 시험 등 모든 평가에서 월등했다는 것이다.

이 결과는 고무적이며, 과제 설계뿐만 아니라 일반적인 교수법에도 시사하는 바가 많다. 하지만 안타깝게도 과제에 할당된 시간 요인을 제대로 통제하지 못했는데, 목록을 학습했던 집단에게는 과제 수행에 20분이 주어진 반면 작문 과제를 수행했던 집단에게는 50분의 활동 시간이 주어졌다. 이 연구는 과제 수행 시간을 동등하게 조정하여 다시 이루어질 필요가 있다.

요약과 결론
Summary and Cnclusion

이 장에서는 SLA 연구뿐 아니라 제2언어 교육 분야에도 새로운 관점을 공급해 준 연결주의 기반의 연구들을 검토했다. 먼저 SLA에 연쇄 활성화라는 새로운 관점을 도입한 Gasser(1990)의 국부 연결주의 모델과, 그것을 언어 전이의 조건에 초점을 맞추어 개념적으로 검토하는 데 적용한 Shirai(1992)의 모델, 그리고 L1 전이의 문제들을 다룬 Gasser의 분산 연결주의 모델을 검토했다. Gasser의 국부 연결주의 모넬은 Duff(1997)의 의사소통 전략에 적용되기도 했다. 두 번째로, 대명사 체계들을 학습한 연결주의 모델에 초점을 맞춘 빈도 효과에 대한 연구 (Blackwell과 Broeder 1993)와 Koda의 L2 단어 재인에 대한 연결주의 해석 연구를 검토했다. 마지막으로는 연결주의를 언어 교수법, 이중언어 교육, 언어 평가, 청해력, 과제 설계를 포함한 언어 교육에 적용한 연구들을 검토했다.

이 장에서 검토된 대부분의 연구들은 Gasser의 두 모델과 Meara 등의 평가 도구, 그리고 Blackwell과 Broeder의 모델을 제외하면 실제 연결주의 시뮬레이션을 수행하지는 않았다. 그럼에도 불과하고 그들은 연결주의가 아니었으면 생각해 낼 수 없었을 제2언어 학습과 교육에 대한 새로운 시각들을 제공해주었다. 그런 개념적인 논의들이 SLA 분야에 믿을 만한 기여를 하기에는 너무 사변적인 것이 아닌지 의아해 할 사람도 있겠지만, Shirai와 Yap(1993)에서 말한 것처럼 그 일반성과 '활성화', '교점', '연결'과 같은 간단한 개념들을 가지고 광범위한 현상들을 이해하는 데 도움을 줄 수 있다는 것이 연결주의의 매력임을 다시 한번 강조하고 싶다. 더 나아가 MacKay(1988)는 이성적인 인식론 아래에서는 양적인 설명이 본질적인 것이 아니고 질적인 설명이야말로 새로운 통찰을 가져오며 이론의 구축을 진전시키는 데 도움을 준다고 주장한다. 또한 '표상의 변화'와 '학습'에 대한 연결주의의 강조(Bate와 Elman 1993)는 이론적인 수준에서 학습과 교육의 과정을 이해하는 데도 도움을 줄 것이다. 이런 의미에서 이 장에서 검토된 논문들은 연결주의의 적용 대상으로서의 SLA에 독특한 기여를 한다. SLA 분야는 연결주의와 사용 기반 접근을 UG에 대한 유력한 대안으로 끌어안고 있으며, 그 영향력은 점차 커지고 있다.

제6장

결론과
미래 연구의
방향

Conclusions and Future Directions

제6장

결론과 미래 연구의 방향
Conclusions and Future Directions

이 장에서는 각 장의 주요 내용을 요약하고 SLA에서 이루어진 연결주의 연구의 현황을 평가할 것이다. 연결주의는 인지과학에 전반적으로 큰 영향을 끼쳤으나, SLA에 끼친 영향은 이 책에서 검토된 바와 같이 비교적 크지 않았다. 이 평가에 근거해서 SLA에서 진행되어야 할 연결주의적 연구의 방향을 논의하도록 하겠다.

제1장에서는 인지와 언어에 대한 연결주의 접근에 대해 소개하고, 그 강점과 한계에 대해 설명했다. 특히 기호주의 접근에서 연결주의 접근으로 전환된 역사적인 발전 과정과 그 배경이 설명되었다. 부서지기 쉬운 기호주의 접근의 취약성은 인지과학이 기호주의 접근을 버리고 인간과 유사한 유연성을 보이는 연결주의로 관심을 돌리도록 자극했다. 이와 함께 언어 습득 분야의 관심도 기호주의, 생성주의 접근으로부터 멀어지고 연결주의에 더 잘 부합하는 기능적, 사용 기반적 접근으로 전환되었다.

제2장에서는 SLA 분야에서 어떻게 연결주의 접근이 도입되고 자리잡게 되었는지 논의했다. 그리고 '암묵적 지식 vs 명시적 지식', '입력 vs 출력', '문법적 발달을 위한 입력 처리 과정'과 같은 SLA의 핵심적인 이슈들

을 연결주의 관점에서 논의했다.

제3장에서는 인지과학 분야에서 가장 논쟁이 많이 되었던 영역들 중 하나인 '규칙 vs 연결주의'의 이슈에 초점을 맞췄다. SLA 연구에서도 이 이슈는 광범위하게 조사되어 왔는데, 특히 '규칙-불규칙 분리'나 '단일 vs 이중 메커니즘 모델'의 이슈가 많이 다루어졌다. 더 구체적으로 (1) 규칙 형태는 빈도에 민감하고 불규칙 형태는 그렇지 않은지, (2) 불규칙적인 형태가 인접 구조의 영향을 받지만 규칙적인 형태는 그렇지 않은지, (3) L2 형태소의 습득은 단계유순(Kiparsky 1982)의 제약을 받는지, (4) L2 학습자들은 동사에서 파생된 동사와 명사에서 파생된 동사의 차이에 민감한지 등에 관한 이슈들이 논의되었다. 이어서 상 가설(Andersen과 Shirai 1994)과 관련된 L2 시제-상 표지의 연결주의 기반 학습에 대한 연구를 검토하면서, 규칙적인 형태의 습득은 의미, 즉 어휘 상의 영향을 받고 불규칙적인 형태는 그 영향을 받지 않는지의 문제, 그리고 L2 이탈리아어 시제-상의 연결주의 시뮬레이션 등에 관하여 논의하였다. 마지막으로 UG나 연결주의가 L2로서의 일본어 어순 학습을 잘 설명해줄 수 있는지의 문제, 그리고 (프랑스어와 다른 언어들의 성별표지 체계, 러시아어와 독일어의 격표지의) '유연한 규칙들(soft rules)'이나 '반규칙성(semi-regularity)'의 습득이 검토되었다.

제4장에서는 결정적 시기 가설, 즉 언어 학습의 연령 요인을 다룬 연결주의적 연구가 검토되었다. Sokolik(1990), Elman(1993), Rhode와 Plaut(1999), Li(2009), Vallabha와 McClelland(2009)에 의한 연결주의 시뮬레이션이 논의되었다. 전반적으로 SLA에서의 연령 요인에 대한 연결주의 시뮬레이션은 생물학적으로 미리 결정되어 있는 발달 과정보다

는 L1의 신경망 선점이 L2 학습에서의 가소성(plasticity) 결핍을 잘 설명해준다는 것을 뒷받침한다.

제5장에서는 SLA 현상들에 대한 새로운 연결주의 관점이나 L2 교육에 적용된 연결주의 관점을 제공하는 연구들이 검토되었다. Gasser(1988, 1990)의 L1과 L2 습득/처리에 관한 연결주의 모델들이 검토되었는데, 이 모델은 SLA의 국부 연쇄 활성화 모델과 분산 학습 모델에 대한 새로운 관점을 보여주었다. 이 모델은 다시 Shirai(1992)의 전이 현상 해석 및 Duff(1997)의 의사소통 전략 해석에도 적용되었다. 다음으로 네덜란드어의 대명사 습득에 나타나는 빈도 효과를 검증한 연결주의 모델이 논의되었다. 마지막으로 이중언어 교육, L2 읽기(단어 재인), L2 교육(교수법, 과제 설계)에 대한 연결주의적 해석, 그리고 언어 평가에 대한 연결주의의 적용 등이 논의되었다.

지금까지 연결주의가 SLA 분야에 끼친 영향을 살펴보았다. 다음으로 연결주의 모델을 사용한 다양한 연구들이 L2 습득을 어떻게 모델링했는지 더 면밀히 살펴보겠다. 〈표 6.1〉은 이 책에서 검토했던 연구의 모델들이 L2 습득을 어떻게 나타내고 있는지 요약한 것이다. L1의 습득을 모델링한 연구들은 많은 편이지만 L2의 습득을 모델링한 연구는 많지 않다. 어떤 의미에서 보면 L2 학습을 모델링한 출간된 연구들은 10편에 지나지 않는다[1]. 연결주의 기반의 SLA 연구들은 (대부분 제3장에서 논의된) 인간

---

1) 이 책에서 L2를 표상한 네트워크 모델들의 목록을 빠짐없이 제시한 것은 아니다. L2의 인간 데이터만 다루고 L2의 네트워크를 다루지 않은 연구들은 포함되지 않았다(e.g. Ellis와 Schmidt 1997, 1998; Ellis와 Larsen-Freeman 2009b, Taraban과 Roark 1996). 그 외에도 출간되지 않은 논문들(e.g. Henning과 Roiblat 1991), 이중언어의 연결주의 모델(e.g. Dijkstra와 Van Heuven 2002, French와 Jacquet 2004, Nelson 2013) 등은 직접적으로 SLA를 다루

을 대상으로 수행된 경험적인 연구로 연결주의와 기호주의의 논쟁을 다루었거나 (제5장에서 논의된 것처럼) 네트워크 모델링 작업 없이 개념적으로만 적용된 경우가 대부분이다. 한편, L2 학습을 모델링한 네트워크들은 SLA를 시뮬레이션 하기 위해서 대부분 L1을 먼저 학습하고 L2를 나중에 학습했다는 것을 관찰할 수 있다. 이것은 아마도 SLA를 모델링하는 가장 직접적이고 유용한 전략일 것이다. 개념적으로, 이 전략은 L2가 습득되는 시기를 조절함으로써 성인 제2언어 학습자들의 순차적인 실제 학습, Li(2009)에서 보인 것과 같은 동시에 두 언어를 습득하거나 어린이가 L2를 습득하는 다른 유형의 L2 학습, 제3언어의 학습, (어순, 형태, 음운 등의) 매우 특정한 언어 패턴의 전이 등을 시뮬레이션할 수 있다.

그렇다면 연결주의가 SLA 연구에 영향을 끼친 범위는 어디까지인가? 이것은 평가하기가 쉽지 않다. 이를 더 잘 알아보기 위해 구글 스칼러(Googel Scholar)에서 인용 검색을 해본 결과 〈표 6.2〉에 보이는 경향을 발견했다[2].

지 않았기에 포함되지 않았다. 하지만, 주자 언급되었듯이 이중언어와 SLA의 경계를 구분하는 것은 쉽지 않을 때가 많다.
2) 이전 연구(Shirai 2015)에서 구글 스칼러의 인용 집계를 사용해봤기 때문에 이 방식의 문제점도 알고 있다. 가장 심각한 문제는 부정확한 인용인데, 그로 인해 각 인용의 정확성을 점검하고 관련성이 없는 것은 제외했다.

표 6.1 이 책에서 다루어진 L2 습득을 모델로 나타낸 연구들

연구	데이터 포맷	목표	구조	L1과 L2 차이 표상 방법
Rosi(2009a)	학습자+네트 워크	L1 독일어, 프랑스어 L2 이탈리아어 시제와 상	삼층 네트워크 자가 구성 지도(SOMs)	네트워크의 L1 학습 후 L2 학습
Sokolic과 Smith(1992)	네트워크 단독	프랑스어 성별표지	이층 네트워크 오차역전파	L2의 느린 학습률, 초기 연결 강도 (L1은 0, L2는 무작위)
Kempe와 MacWhinney (1998)	학습자+네트 워크	L1 영어 L2 독일어/러시아어 격표지	오차역전파 SRN	네트워크의 L1 학습 후 L2 학습
Sokolik(1990)	네트워크 단독	비명시적인 특성 X	이층 네트워크	L2의 느린 학습률
Li(2009)	네트워크 단독	L1과 L2 어휘 (영어-중국어)	자가 구성 지도 (Dev-Lex II)	L2가 네트워크에 공급되기 시작하는 시기
Vallabha와 McClelland(2 007)	McCandliss 외(2001)의 학습자+네트 워크	L1 일본어 L2 영어 r/l 발음 구분	자가 구성 지도	네트워크의 L1 학습 후 L2 학습
Gasser(1989)	네트워크 단독	L1 일본어, L2 영어	국지 모델	수작업
Gasser(1990)	네트워크 단독	기본 어순	삼층 네트워크 자동 연합 오차역 전파	네트워크의 L1 학습 후 L2 학습
Blackwell과 Broeder(1992)	Broeder(19 91)+네트워 크	L1 아랍어, 터키어 네트워크 L2 네덜란드어 대명사 체계	삼층 네트워크 오차역 전파	네트워크의 L1 학습 후 L2 학습

표 6.2 Studies in Second Language Acquisition에서 연결주의를 언급한 논문들과 인용 현황

1990	1991	1992	1993	1994	1995	1996	1997	1998	1999
5	2	2	3	6	1	4	4	4	3
(283)	(208)	(704)	(889)	(1456)	(581)	(1406)	(921)	(484)	(332)

2000	2001	2002	2003	2004	2005	2006	2007	2008	2009
1	0	9	4	4	4	5	5	1	3
(963)	(0)	(2547)	(829)	(920)	(1889)	(1276)	(191)	(81)	(166)

2010	2011	2012	2013	2014	2015	2016			
2	2	2	5	4	3	2			
(283)	(105)	(44)	(151)	(83)	(39)	(9)			

이 표에는 이 분야의 최고 학술지인 『Studies in Second Language Acquisition(SSLA)』에 실린 논문이나 논평들 중 'connectionism', 'connectionist'이라는 키워드로 검색된 것들만 포함되어 있고, 서평이나 책 소개 등은 포함되어 있지 않다. 검색은 2017년 9월 중순에 이루어졌는데, 1980년부터 기간을 설정했지만 1990년까지는 연결주의에 대한 언급을 찾을 수 없었다. 연도 아래에 있는 숫자는 연결주의를 언급한 논문의 수를 나타내고, 그 밑에 괄호 안에 있는 숫자는 그 논문들의 인용지수를 나타낸다.

1990년부터 2016년까지 연결주의에 대한 언급은 0과 9의 범위 안에서 일정한 수준을 유지했다. 어떤 연도의 높은 수치는 특집 이슈(SLA의 보편성에 대한 논문, Andersen 1990, 5번 언급)나 논평이 곁들여진 기획 논문(빈도 효과에 대한 논문, Ellis 2002, 9번 언급)으로 인한 것인데, 후자의 경우 인용지수도 2547번으로 1990년부터 2016년 사이에 가장 높았다.

'connectionist'를 언급한 논문의 인용지수는 더욱 해석하기가 힘들다. 왜냐하면 (특히 2010년 이후에 발간된) 더 최근의 논문들은 나온지가 얼마 안 되었기 때문에 인용이 덜 되었을 수 있기 때문이다. 1990년부터 2015년까지를 같은 길이의 세 기간(1989-1997, 1998-2006, 2007-2015)으로 나누고 각 기간의 인용지수를 합산하면 각각 6,448, 9,279, 그리고 1,160이 된다. 그러므로 두 번째 기간(1998-2006)에 연결주의의 영향력이 극적으로 증가했다는 것만은 분명해 보이지만, 이런 추세가 앞으로도 계속될지 더 지켜봐야 할 것이다.

단지 연결주의에 대한 언급 횟수만으로는 비교가 어렵기 때문에 UG와 'universal grammar'이라는 키워드로 검색을 해보았다. 'universal grammar'를 언급한 논문의 수는 적어도 SSLA에서는 꾸준히 줄어들고 있는 것으로 보이는데, 1990년대에는 한 해에 5.2편, 2000년대에는 4.7편, 2010년대에는 2.1편이었다. 이런 추세가 계속될지 지켜보는 것은 흥미롭다. 같은 방식으로 연결주의에 대해 언급한 논문의 수를 살펴보면 1990년대에는 3.4편, 2000년대에는 3.5편, 2010년대에는 2.9편이다. 꾸준하게 유지되고 있기는 하지만 연결주의에 대한 언급이 극적으로 증가하지는 않고 있다. 아마도 (수업 활동 기반의 SLA와 같은 주제에 비해서) UG와 연결주의의 대결 구도에 대한 이슈가 끌어오던 관심이 줄어들고 있는 것일지도 모른다.

위와 같은 인용지수들을 토대로, 우리는 SLA에서 존재감마저 없었던 연결주의의 영향력이 1990년 이후로 급격히 증가했음을 알 수 있다. SLA 교재(e.g. Mitchell과 Myles 1998)와 핸드북(e.g. Doughty와 Long 2003)에서 연결주의에 초점을 두고 다룬 장이나 절이 포함된 것에도 이런 추세가 반영되고 있다.

　다른 일반적인 인지과학 분야에 비해서 SLA에서 연결주의 시뮬레이션이 영향력을 크게 펼치지 못한 주된 이유는 SLA 연구자들의 양성 과정에서 찾을 수 있을지 모른다. SLA 분야나 응용언어학 박사학위를 제공하는 프로그램 참가자들은 대부분 언어학이나 응용언어학의 훈련을 받은 교수들의 지도를 받으며, 연결주의 시뮬레이션에 대한 교육이 널리 제공되는 심리학이나 컴퓨터 과학을 잘 알고 있는 교수의 지도를 받을 기회는 드물다. 그러므로, 앞으로 SLA에서 네트워크 시뮬레이션에 대한 연구가 계속 증가할 것인지는 확실하지 않지만, 제1장에서 개관한 것처럼 언어와 언어 습득에 대한 (연결주의 접근을 포함한) 사용 기반 접근의 영향력은 인지과학 분야에서 계속 증가할 것으로 보이며, 이는 다시 SLA에도 영향을 줄 것이다.

　1990년에 Gasser는 SSLA에 실린 논문에 다음과 같이 서술했다.

　삼십삼년 전에 Chomsky는 언어학자들에게 학습자들이 접근하는 입력의 종류가 제한되어 있다는 점을 심각하게 받아들이도록 압력을 가했다. 실제 사용되는 진짜 언어가 다루기 힘든 과제라는 것은 모든 응용언어학자들이 잘 알고 있는 사실이다. Chomsky는 학습자들이 어떻게든 이 제한된 입력들만을 가지고 학습하고 있는 언어의 순전한 문법, 즉 성인 원어민 화자의 언어능력을 특징짓는 지식을 구성해야 한다고 주장했다. 그의 주장에 의하면 성인이 완성하는 언어의 그림은 어떤 대가를 치르더라도 잉여성이 최소화되고, 개념들 사이와 언어의 구성요소들 사이, 그리고 언어와 다른 모든 것들 사이에 분명한 구분선이 그어지는 것이어야 했다. 그것은 언어 학습자가 이루어야 하는 어마어마한 과업을 가능하게 만드는 내재된 제약들의 집합을 설정하기 위한 논리적인 수순이었다.

연결주의는 이제 이러한 시각에 대하여 근본적인 대안을 제공한다. 성인의 '문법'이 애초에 전혀 정돈된 것이 아니라면 어쩔 것인가? 성인의 언어 수행에 대한 최상의 설명이 생성 이론이 우리에게 믿도록 심어주었던 이상적인 그림과 매우 다르다면? 일단 우리가 성인의 언어 체계에서 잉여성이 넘쳐나고, 개념들이 유동적이며, 은유가 핵심적인 과정이고, 예외가 곧 규칙일 가능성을 받아들이게 된다면 학습자에 대한 우리의 그림과 우리의 연구 전략은 극적으로 변하게 된다. 내재된 제약들에 초점을 맞추기 보다는 입력으로부터 규칙성을 추출하는 강력한 방법들을 찾아야 한다. 이러한 기술들을 사용하여 학습자는 자유롭게 입력을 조사하고 선이 그어져야 하는지, 만약 그렇다면 어디에 선이 그어져야 하는지 결정하게 된다.

이제 SLA 연구는 어떤 상황에 처하게 되는가? 내재성, 마음과 몸, 그리고 아는 것이 무엇을 의미하는지에 대한 오래된 질문들이 되물어지면서 새로운 대답들이 제시되고 있다. 만약 급진적인 연결주의가 맞다면 인지과학의 다른 영역들과 마찬가지로 SLA 이론에서도 다시 생각해야 할 것들이 많아질 것이다. 이것은 크게 위안을 주는 소식은 아닐지 모르지만, 최종적으로 훨씬 더 우아한 습득 모델이 만들어져서 그것이 마음의 나머지 부분 및 더 나아가서는 두뇌와 통합될 가능성이 있다는 사실은 우리에게 보상이 될 수 있다.

(Gasser 1990, pp. 196-197)

Gasser가 이렇게 말한 후 거의 30년이 지나고, Chomsky(1957)의 책 망 이후 60년이 지난 지금의 현황은 어떤가? SLA 연구자들은 연결주의자들이 옹호했던 성인의 언어와 인지 체계를 받아들였는가? 물론 모두가 그런 가능성을 수용한 것은 아니지만, 연결주의의 영향을 받은 다양한 연구

결과들이 출판되고 인용되면서 많은 SLA 연구자들의 마음에 그러한 가능성이 뿌리를 내린 것 같다. 인용지수가 높은 수많은 이론적 연구와 경험적 연구들(Ellis 1996, 2002, 2003, 2005)을 발표한 Nick Ellis, 연결주의와 밀접한 경쟁 모델(MacWhinney 1989, 2005)의 지지자인 Brian MacWhinney, 역동적 체계 접근의 옹호자들 가운데 잘 알려진 Diane Larsen-Freeman(1997, 2006)과 Keith De Bot(2008) 등은 모두 이 분야의 주요 공헌자들이다.

Larsen-Freeman과 Long(1990)이 제안한 것처럼 Corder(1967)의 저서를 SLA 분야의 시작점으로 여긴다면, SLA는 아직 50년의 역사를 가진 비교적 젊은 분야라고 할 수 있다. 역사의 발단에서부터 SLA는 언어학과 심리학의 영향을 받아 왔다. 구조주의 언어학자들과 행동주의 심리학자들은 대조 분석 가설을 응용언어학에 도입했다. Chomsky의 변형 문법으로 인해 그들의 영향력이 소멸한 이후 SLA는 보편문법적인 발상의 영향을 크게 받아 왔다. Corder(1971)의 오류 분석이나 Krashen(1977)의 보편적인 형태소 습득 순서 가설이 그 사례들이다. Krashen의 보편적 형태소 습득 순서에 대한 주장이 오랜 세월을 버텨내고 SLA와 SLA 교재에 빠지지 않고 올라오는 것은 흥미로운 일이다. Luk과 Shirai(2009), 그리고 그 뒤에 학술지『Language Learning』의 특집이 된 Hulstijn, Ellis와 Eskildsen(2015)는 이러한 보편성에 의문을 품고 재검증을 시도했다. 특히 Luk과 Shirai(2009)는 Krashen과 그를 지지하는 여러 SLA 교재들의 내용에 반대하면서, 연결주의와 사용 기반 모델을 토대로 형태소 습득 순서에 L1의 효과가 나타나는 이유를 설명하고 있다. 영어의 형태소 습득 순서에 나타나는 L1의 효과에 대해 강력한 실험적 증거를 보여준

Murakami와 Alexopoulou(2016)는 SSLA에 게재되고 뛰어난 논문으로 평가되어 앨버트 발드만(Albert Valdman) 상을 받는 쾌거를 이루기도 했다. SLA의 보편주의에 대한 이러한 재평가는 우연에 의한 것이 아니며 L2의 학습에 L1의 네트워크를 결부시키는 것을 당연시하는 연결주의의 영향을 받은 것이다.

그러면 SLA에서 연결주의의 미래는 무엇인가? 인지과학의 다른 분야들과 달리 SLA 연구자들의 양성 체계로 인해, SLA의 이슈들을 다루는 연결주의 모델들이 극적으로 증가하지는 않을 것이다. 하지만 언어학과 심리학을 포함하는 더 넓은 인지과학 분야들의 추세에 따라 연결주의와 사용 기반 접근의 영향은 미래에도 계속 증가할 것으로 보인다.

언어 습득의 메커니즘을 이해하는 것은 쉽지 않은 일이다. 물론, 연결주의 학습 원리와 사용 기반 언어학의 공조(Bybee와 McClelland 2005)가 제1언어와 제2언어 습득의 메커니즘을 얼마나 밝혀낼지는 아직 더 지켜봐야 한다. 어쩌면 우리에게는 다시 언어 학습자들에게 도움을 줄 영역 특정적인 내재적 원리가 필요할지도 모른다. Shirai와 Juffs(2017)는 언어 습득에 대한 기능적 접근과 형식적 접근의 건강한 경쟁과 협력을 요청하기도 했다. 이중 목적어 구문(double-object construction)에 대한 연구에서 볼 수 있듯이 어떤 언어학의 영역에서는 건강한 경쟁이 이미 진행되고 있다. 언어학의 더 많은 영역에서 이러한 경쟁, 혹은 협력이 이루어진다면 연결주의와 보편문법의 최종 목표인 언어 습득의 메커니즘에 대한 완전한 이해에 더 가까워질 수 있을 것이다.

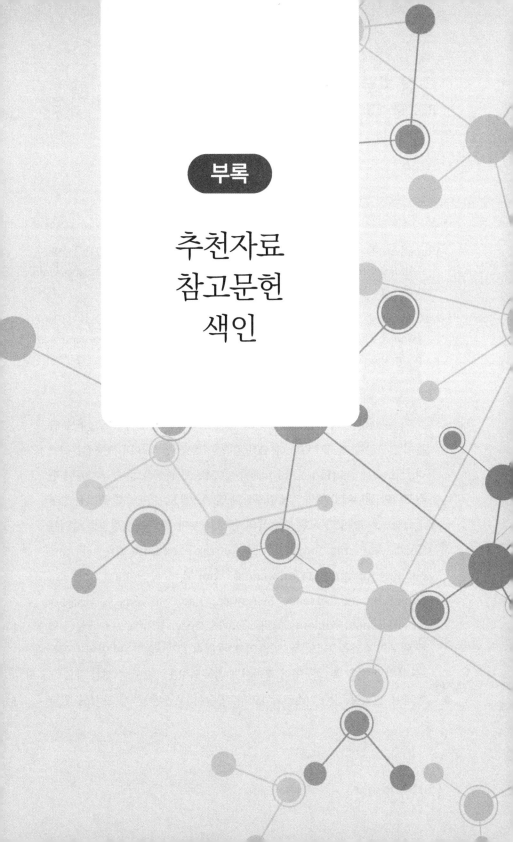

부록

추천자료
참고문헌
색인

Rumelhart, D. E., McClelland, J. L., & the PDP Research Goup (Eds.) (1986). *Parallel distributed Processing: Exploration in the microstructures of cognition: Vol. 1, Foundations.* Cambridge, MA: MIT Press.

McClelland, J. L., Rumelhart, D. E., & the PDP Research Group (Eds.) (1986). *Parallel Distributed Processing: Explorations in the microstructures of cognition. Vol. 2, Psychological and biological models.* Cambridge, MA: MIT Press.

이 두 책들은 마치 연결주의 연구사의 초석과도 같으며 오늘날에도 충분히 읽을만한 가치가 있다. 1980년대 초에 인간 인지의 PDP(병렬분산처리, parallel distributed processing) 모델에 관심을 둔 연구자들이 캘리포니아 샌디에고 대학교의 인지과학 연구소에 모여 PDP 연구 그룹을 형성했다. 샌디에고가 모든 회원들의 근거지는 아니었지만, 회원들 중에는 Chisto Asanuma, Francis Crick, Jeffrey Elman, Geoffrey Hinton, Michael Jordan, Alan Kawamoto, Paul Munro, Donald Norman, daniel Rabin, Terrence Sejnowski, Paul Smolensky, Gregory Stone, Ronald Williams, 그리고 David Zipser 등이 있었다. 그들은 협동 연구의 결과를 2권의 책, 27개의 장에 걸쳐 제시했는데, 이 안에는 규칙-불규칙 논쟁을 촉발한 영어 과거시제 습득의 R&M 모델에 대한 장도 포함되어 있었다. PDP 소프트웨어와 연습이 포함된 자매 도서도 있다

(McClelland와 Rumelhart 1988).

Pinker, S., & Mehler, J. (Eds). (1988). *Connections and symbols*. Cambridge, MA: MIT Press.

이 책은 원래 'Cognition'이라는 저널의 특집으로 나왔던 '연결주의와 상징 체계'의 편집본이다. 세 편의 논문이 연결주의에 대한 비판적 평가를 제공하고 있다. Fodor와 Pylyshyn은 연결주의에 대해 전반적으로 논하고 있고, Pinker와 Prince, Lachter, Bever의 장에서는 Rumelhart와 McClelland의 과거시제 습득 모델을 중점적으로 다루고 있다.

Clark, A. (1989). *Microcognition: Philoophy, cognitive science, and parallel distributed processing*. Cambridge, MA: MIT Press.

일찌기 철학적인 견지에서 생물학과 진화적인 논의를 통합하여 연결주의가 인지과학에 끼친 영향을 종합적으로 다룬 책이다. (제8장에서 다루었던) Foder와 Pylyshin(1988), (제9장에서 다루었던) Pinker와 Prince(1988)의 비판에 대한 체계적인 반박을 포함하고 있다.

Elman, J. L., Bates, E. A., Johnson, M. H., Karmiloff-Smith, A., Parisi, D., & Plunkett, K. (1996). *Rethinking innateness: A connectionist perspective on development*. Cambridge, MA: MIT Press.

연결주의 발달과학을 주도하는 연구자들이 함께 집필한 책으로 생성언어학자들이 주장하는 언어능력의 영역 특정성, 모듈 기반의 내재성 가설에 대해 강력한 반론을 제시하고 있다. 이 책에서는 "행동이 내재되어 있다는 말이 진정으로 의미하는 것은 무엇인가?"라는 질문을 던지면서 유전자가 결정하는 영역 특정적인 방식이 아닌 모든 수준에서 발생하는 상호작용이 (벌집의 육각형처럼) 구조화되고 보편화된 것처럼 보이는 형태와 행동을 발생시킨다고 주장하고 있다. 이 책의 자매판인 Plunkett과 Elman(1997)은 시뮬레이션 소프트웨어 'tlearn'과 연습문제가 동봉되어 있다.

Bechtel, W., & Abrahamsen, A. (2002). *Connectionism and the mind: Parallel processing, dynamics, and evolution in networks* (2nd edn). Malden, MA: Blackwell.

초판(1991)을 확장한 이 책은 연결주의의 연구 사업과 여러 이슈들을 소개한 읽기 쉬운 입문서이다. 모두 열 개의 장에서 네트워크 vs 기호 체계 접근, 연결주의 아키텍처, 학습, 패턴 인식과 인지, 규칙들, 통사적으로 구조화된 표상들, 고등 인지, 역동적 접근, 로봇과 인공지능, 두뇌 등을 다루며 연결주의에 대한 종합적인 안내를 제공하고 있다. 부록으로 전문 용어에 대한 해설이 실려 있다.

Ellis, N. C. (2003). Constructions, chunking, and connectionism: The emergence of second language structure. In C. J. Doughty & M. H. Long (Eds.), *The handbook of second language acquisition* (pp. 63-103). Oxford: Blackwell.

Nick-Ellis는 몇 편의 논문들을 통해 언어 입력 처리의 빈도가 언어 습득의 핵심 요인이라고 보는 사용 기반의 연결주의 접근을 옹호했지만, 이

핸드북에 실린 글이야말로 연결주의 모델이 그러한 학습 메커니즘을 설명하기에 적합하다는 것을 주장한 가장 명쾌한 논의일 것이다. 그는 이 책에서 인지언어학, 특히 구문문법을 L1과 L2 학습자들이 습득해야 하는 언어 지식에 대한 대안 이론으로 옹호하고 있으며, Tomasello(2003)와 마찬가지로 입력 기반의 학습이 말덩이(chunk)가 한정된 범위의 패턴으로 발전하고 마침내 생산적인 구문이 되는 순서로 진행된다고 주장했다.

Tomasello, M. (2003). *Constructing a Language: A Usage-Based Theory of Language Acquisition*. Harvard University Press.

Tomasello(2003)는 연결주의에 대한 판단을 어느 정도 유보하고 있음을 내비쳤지만, Ellis는 구문 학습의 완성에 대한 연결주의의 가능성을 단호하게 주장했다.

Ellis, N. C., & Larsen-Freeman, D. (Eds.) (2009a). *Language as a complex adaptive system*. Chichester, UK: John Wiley.

이 책은 원래 'Language Learning'이라는 저널의 특집으로 언어가 '복잡적응계(complex adaptive system)'이라는 관점을 공유하는 연구자들이 참여하였다. '복잡'이라는 말은 여러 주체들(화자)의 상호작용으로 구성된 체계라는 의미이고, '적응'은 주체의 행동이 과거의 상호작용에 기반하여 현재와 미래의 행동에 피드백된다는 의미이다. 이 관점은 생성언어학의 언어 모듈에 대한 관점과 대조를 이룬다. 이 책에는 언어를 복잡적응계로 보는 다양한 관점의 연구자들이 참여했는데, 그 중에는 인지/기능 언어학 연구자들인 Goldberg, Croft, Bybeel, Matthiessen, 언어 진화론을 연구하는 Christiansen, Kirby, L2 학습의 개인차를 연구하는 Dörnyei, 언어 평가 분야의 Mislevy 등이 있다.

Li, P., & Zhao, X. (2013). Connectionsism. Oxford Bibliograpies: Linguistics. www.oxfordbibliographies.com/view/document/obo-9780199772810/obo-9780199772810-0010.xml에서 이용 가능.

연결주의 연구, 특히 언어 연구와 관련된 다양한 참고 자료들의 링크와 중요한 업적 및 개념들에 대한 짧은 설명들, 서지사항들이 제공된다. 자료 전체를 이용하기 위해서는 개인이나 기관의 가입이 필요하다.

Rogers, T. T., & McClelland, J. L. (Eds.). (2014). *Parallel distributed processing at 25: Further explorations in the microstructure of cognition.* Special Issue of Cognitive Science, 38(6).

이 책은 'Cognitive Science'라는 저널에서 1986년 PDP가 출간된 후 25년을 회고하며 연결주의가 인지과학 분야에 끼친 영향을 특집으로 다룬 것이다. 편집자들의 안내에 이어 각각의 논문들이 PDP 연구의 핵심적인 이슈들을 다루고 있다. McClelland와 동료들은 연결주의의 역사와 현황, 상호작용적 활성화 등을 다루었고, Cleeremans는 의식적 처리 과정과 무의식적 처리 과정을, O'Reiley 등은 보완적 학습 체계를, Smolensky 등은 최적성 및 관련 이론들을, Hinton은 볼츠만 머신(Boltzman machine)을, Botvinick와 Cohen은 인지적 통제를, Seidenberg와 Plaut는 과거시제에 대한 논쟁을 다루었다. PDP가 세상에 나온 1986년 이래로 연결주의 연구가 인지과학의 지형을 어떻게 변화시켰는지, 그리고 현재의 상태는 어떤지 이해하고자 한다면 이 책은 아마 가장 많은 도움을 줄 것이다.

참고문헌
REFERENCES

Adams, M. J. (1990). *Beginning to read.* Cambridge, MA: MIT Press.

Albright, A., & Hayes, B. (2003). Rules vs. analogy in English past tenses: A computational/experimental study. *Cognition, 90*(2), 119–161.

Allman, W. F. (1989). *Apprentices of wonder: Inside the neural network revolution.* New York: Bantam Books.

Andersen, R. W. (1983). Transfer to somewhere. In S. M. Gass & L. Selinker (Eds.), *Language transfer in language learning* (pp. 177–201). Rowley, MA: Newbury House.

Andersen, R. W. (Ed.) (1990). *Universals of second language acquisition* [Special issue of *Studies in Second Language Acquisition*]. Cambridge: Cambridge University Press.

Andersen, R. W. (1993). Four operating principles and input distribution as explanations for undeveloped and mature morphological systems. In K. Hyltenstam & Å. Viborg (Eds.), *Progression and regression in language* (pp. 309–339). Cambridge: Cambridge University Press.

Andersen, R., & Shirai, Y. (1994). Discourse motivations for some cognitive acquisition principles. *Studies in Second Language Acquisition, 16*, 133–156.

Andersen, R. W., & Shirai, Y. (1996). Primacy of aspect in first and second language acquisition: The pidgin–creole connection. In W. C. Ritchie & T. K. Bhatia (Eds.), *Handbook of second language acquisition* (pp. 527–570). San Diego, CA: Academic Press.

Anderson, J. A. (1972). A simple neural network generating an interactive memory. *Mathematical Biosciences, 14*, 197–220.

Anderson, J. R. (1976). *Language, memory, and thought.* Hillsdale, NJ:

Lawrence Erlbaum.

Antinucci, F., & Miller, R. (1976). How children talk about what happened. *Journal of Child Language, 3*, 169–189.

Atkinson, M. (1986). Learnability. In P. Fletcher & M. Garman (Eds.), *Language acquisition* (2nd edn) (pp. 90–108). Cambridge: Cambridge University Press.

Baayen, H., Dijkstra, T., & Schreuder, R. (1997). Singulars and plurals in Dutch: Evidence for a dual parallel route model. *Journal of Memory and Language, 37*, 94–119.

Baayen, H., Piepenbrock, R., & van Rijn, H. (1993). *The CELEX lexical database* (CD-ROM). Linguistic Data Consortium, University of Pennsylvania.

Babcock, L., Stowe, J. C., Maloof, C. J., Brovetto, C., & Ullman, M. T. (2012). The storage and composition of inflected forms in adult-learned second language: A study of the influence of length of residence, age of arrival, sex, and other factors. *Bilingualism: Language and Cognition, 15*(4), 820–840.

Bailey, N., Madden, C., & Krashen, S. D. (1974). Is there a "natural sequence" in adult second language learning? *Language Learning, 24*(2), 235–243.

Bandi-Rao, S., & Murphy, G. L. (2007). The role of meaning in past-tense inflection: Evidence from polysemy and denominal derivation. *Cognition, 104*(1), 150–162.

Bates, E. A. (1984). Bioprograms and the innateness hypothesis. *Behavioral and Brain Sciences, 7*(2), 188–190.

Bates, E. A., & Elman, J. L. (1993). Connectionism and the study of change. In M. Johnson (Ed.), *Brain development and cognition: A reader* (pp. 623–642). Oxford: Blackwell.

Bates, E. A., & MacWhinney, B. (1982). Functionalist approaches to grammar. In E. Wanner & L. R. Gleitman (Eds.), *Language acquisition: The state of the art* (pp. 173–211). New York: Cambridge University Press.

Bates, E. A., & MacWhinney, B. (1987). Competition, variation, and language learning. In B. MacWhinney (Ed.), *Mechanisms of language acquisition* (pp. 157–193). Hillsdale, NJ: Lawrence Erlbaum.

Bates, E., & MacWhinney, B. (1989). Functionalism and the competition model. In B. MacWhinney & E. Bates (Eds.), *The crosslinguistic study of sentence processing* (pp. 3–73). Cambridge: Cambridge University Press.

Bechtel, W., & Abrahamsen, A. (2002). *Connectionism and the mind: Parallel processing, dynamics, and evolution in networks* (2nd edn). Malden, MA: Blackwell.

Beck, M. L. (1997). Regular verbs, past tense and frequency: Tracking down a potential source of NS/NNS competence differences. *Second Language Research, 13*, 93–115.

Beebe, L. M., & Giles, H. (1984). Speech-accommodation theories: A discussion in terms of second-language acquisition. *International Journal of the Sociology of Language, 46*, 5–32.

Bennett-Kastor, T. L. (1986). The two fields of child language research. *First Language, 6*(18), 161–174.

Berko, J. (1958). The child's learning of English morphology. *Word, 14*, 150–177.

Bialystok, E. (1978). A theoretical model of second language learning. *Language Learning, 28*, 69–84.

Bickerton, D. (1981). *Roots of language.* Ann Arbor, MI: Karoma.

Bickerton, D. (1984a). The language bioprogram hypothesis. *Behavioral and Brain Sciences, 7*, 173–188.

Bickerton, D. (1984b). Creole is still king. *Behavioral and Brain Sciences, 7*, 212–218.

Bird, H., Ralph, M. A. L., Seidenberg, M. S., McClelland, J. L., & Patterson, K. (2003). Deficits in phonology and past-tense morphology: What's the connection? *Journal of Memory and Language, 48*, 502–526.

Birdsong, D. (1999). Introduction: Whys and why nots of the Critical Period Hypothesis for second language acquisition. In D. Birdsong (Ed.), *Second language acquisition and the critical period hypothesis* (pp. 1–

22). Mahwah, NJ: Lawrence Erlbaum.

Birdsong, D., & Flege, J. E. (2001). Regular–irregular dissociations in L2 acquisition of English morphology. In A. H.-J. Do, L. Domínguez, & A. Johansen (Eds.), *Proceedings of the 25th Annual Boston University Conference on Language Development* (pp. 123–132). Somerville, MA: Cascadilla Press.

Blackwell, A., & Broeder, P. (1992). Interference and facilitation in SLA: A connectionist perspective. (Seminar on Parallel Distributed Processing and Natural Language Processing, University of California at San Diego, May.) Cited in Broeder & Plunkett (1994).

Blom, E., & Paradis, J. (2013). Past tense production by English second language learners with and without language impairment. *Journal of Speech, Language, and Hearing Research, 56*(1), 281–294.

Bloom, L. (1970). Child language: Adult model. Review of P. Menyuk, *Sentences children use. Contemporary Psychology, 15*, 182–184.

Bloom, L., & Harner, L. (1989). On the developmental contour of child language: A reply to Smith & Weist. *Journal of Child Language, 16*(1), 207–216.

Blything, R. P., Ambridge, B., & Lieven, E. V. (2014). Children use statistics and semantics in the retreat from overgeneralization. *PlOS One, 9*(10), e110009.

Blything, R. P., Ambridge, B., & Lieven, E. V. (2018). Children's acquisition of the English past tense: Evidence for a single-route account from novel verb production data. *Cognitive Science, 42*, 621–639.

Bongaerts, T., Planken, B., & Schils, E. (1995). Can late starters attain a native accent in a foreign language? A test of the critical period hypothesis. In D. M. Singleton & Z. Lengyel (Eds.), The age factor in second language acquisition (pp. 30–50). Clevedon: Multilingual Matters.

Bookheimer, S. (2002). Functional MRI of language: New approaches to understanding the cortical organization of semantic processing. *Annual Review of Neuroscience, 25*(1), 151–188.

Bowden, H. W., Gelfand, M. P., Sanz, C., & Ullman, M. T. (2010). Verbal inflectional morphology in L1 and L2 Spanish: A frequency effects study examining storage versus composition. *Language Learning, 60*(1), 44–87.

Braine, M. D. (1987). What is learned in acquiring word classes: A step toward an acquisition theory. In B. MacWhinney (Ed.), *Mechanisms of language acquisition* (pp. 65–87). Hillsdale, NJ: Lawrence Erlbaum.

Broeder, P. (1991). *Talking about people: A multiple case study on adult language acquisition.* Amsterdam: Swets en Zeitlinger.

Broeder, P., & Plunkett, K. (1994). Connectionism and second language acquisition. In N. C. Ellis (Ed.), *Implicit and explicit learning of languages* (pp. 421–453). London: Academic Press.

Bronckart, J. P., & Sinclair, H. (1973). Time, tense, and aspect. *Cognition, 2,* 107–130.

Brown, R. (1973). *A first language: The early stages.* Cambridge, MA: Harvard University Press.

Brown, R., & Hanlon, C. (1970). Derivational complexity and the order of acquisition in child speech. In J. Hayes (Ed.), *Cognition and the development of language* (pp. 155–207). New York: Wiley.

Budd, M. J., Paulmann, S., Barry, C., & Clahsen, H. (2013). Brain potentials during language production in children and adults: An ERP study of the English past tense. *Brain & Language, 127,* 345–355.

Bybee, J. L. (1985). *Morphology: A study of the relation between meaning and form.* Amsterdam: John Benjamins.

Bybee, J. L. (1995). Regular morphology and lexicon. *Language and Cognitive Processes, 10,* 425–455.

Bybee, J. (2007). *Frequency of use and the organization of language.* Oxford: Oxford University Press.

Bybee, J. (2010). *Language, usage and cognition.* Cambridge: Cambridge University Press.

Bybee, J., & McClelland, J. L. (2005). Alternatives to the combinatorial paradigm of linguistic theory based on domain general principles of human cognition. *The Linguistic Review, 22,* 381- 410.

Cancino, H. (1979). Grammatical morphemes in second language acquisition: Marta. Unpublished Ph.D. qualifying paper, Harvard University, Cambridge, MA. Cited in Andersen (1983).

Carroll, S. E. (1995). The hidden dangers of computer modelling: Remarks on Sokolik and Smith's connectionist learning model of French gender. *Second Language Research, 11,* 193–205.

Chan, H. L., Finberg, I., Costello, W., & Shirai, Y. (2012). L2 acquisition of tense–aspect morphology Lexical aspect, morphological regularity. In L. Filipović & K. M. Jaszczolt (Eds.), *Space and time in languages and cultures: Linguistic diversity* (pp. 181–204). Amsterdam: John Benjamins.

Chang, F., Dell, G. S., & Bock, K. (2006). Becoming syntactic. *Psychological Review, 113*(2), 234–272.

Chomsky, N. (1957). *Syntactic structures.* The Hague: Mouton.

Chomsky, N. (1959). Review of B. F. Skinner, Verbal Behavior. *Language, 35,* 26–58.

Chomsky, N. (1966). Linguistic theory. In R. C. Mead (Ed.), *Reports of the working committee.* New York: Northwest Conference on the Teaching of Foreign Languages.

Chomsky, N. (1981). *Lectures on government and binding.* Dordrecht: Foris.

Chomsky, N. (2005). Three factors in language design. *Linguistic Inquiry, 36*(1), 1–22.

Churchland, P. M. (1989). *A neurocomputational perspective: The nature of mind and the structure of science.* Cambridge, MA: MIT Press.

Churchland, P. S. (1986). *Neurophilosophy: Toward a unified science of the mind/brain.* Cambridge, MA: MIT Press.

Clahsen, H. (1995). German plurals in adult second language development: Evidence for a dual mechanism model of inflection. In L. Eubank, L. Selinker, & M. Sharwood Smith (Eds.), *The current state of interlanguage: Studies in honor of William E. Rutherford* (pp. 123–137). Amsterdam: John Benjamins.

Clahsen, H. (1997). The representation of participles in the German mental lexicon: Evidence for the dual-mechanism model. In G. Booij & J. van Marle (Eds.), *Yearbook of morphology 1996* (pp. 73–96). Dordrecht: Kluwer.

Clahsen, H., Rothweiler, M., Woest, A., & Marcus, G. F. (1992). Regular and irregular inflection in the acquisition of German noun plurals. *Cognition, 45*(3), 225–255.

Clark, A. (1989). *Microcognition: Philosophy, cognitive science, and parallel distributed processing.* Cambridge, MA: MIT Press.

Collier, V. P. (1987). Age and rate of acquisition of second language for academic purpose. *TESOL Quarterly, 21*(4), 617–641.

Collier, V. P. (1989). How long? A synthesis of research on academic achievement. *TESOL Quarterly, 23*(3), 509–531.

Cook, V. J. (1992). Evidence for multicompetence. *Language Learning, 42*(4), 557–591.

Cook, V. J. (Ed.) (2003). *Effects of the second language on the first.* Clevedon: Multilingual Matters.

Corbett, G. (1991). *Gender.* Cambridge: Cambridge University Press.

Corder, S. P. (1967). The significance of learner's errors. *IRAL: International Review of Applied Linguistics in Language Teaching, 5,* 161–170.

Corder, S. P. (1971). Idiosyncratic dialects and error analysis. *IRAL: International Review of Applied Linguistics in Language Teaching, 9*(2), 147–160.

Cottrell, G. W, & Plunkett, K. (1994). Acquiring the mapping from meaning to sounds. *Connection Science, 6,* 379–412.

Cottrell, G. W., & Small, S. L. (1983). A connectionist scheme for modelling word sense disambiguation. *Cognition & Brain Theory, 6*(1), 89–120.

Crain, S., & Thornton, R. (2012). Syntax acquisition. *Wiley Interdisciplinary Reviews: Cognitive Science, 3*(2), 185–203.

Croft, W. (2001). *Radical construction grammar: Syntactic theory in typological perspective.* Oxford: Oxford University Press.

Culicover, P. W. (1999). *Syntactic nuts: Hard cases, syntactic theory, and language acquisition.* New York: Oxford University Press.

Culicover, P. W., & Jackendoff, R. (2005). *Simpler syntax.* Oxford: Oxford University Press.

Cummins, J. (1984). *Bilingualism and special education.* Clevedon, UK: Multilingual Matters.

Cummins, R. (1983). *The nature of psychological explanation.* Cambridge, MA: MIT Press.

Cunnings, I., & Clahsen, H. (2007). The time-course of morphological constraints: Evidence from eye-movements during reading. *Cognition, 104*(3), 476–494.

Curtiss, S. (1977). Genie: A psycholinguistic study of a modern-day "wild child". Boston, MA: Academic Press.

Dabrowska, E. (2008). The effects of frequency and neighborhood density of adult speakers' productivity with Polish case inflections: An empirical test of usage-based approaches to morphology. *Journal of Memory and Language, 58*(4), 931–951.

Dahl, Ö. (2010). The future of linguistics: Survival of the fittest? Plenary talk delivered at the NordLing 1.5 PhD Student Conference, May 28–29, University of Southern Denmark, Odense.

Daugherty, K. G., MacDonald, M. C., Petersen, A. S., & Seidenberg, M. S. (1993). Why no mere mortal has ever flown out to center field, but people often say they do. In *Proceedings of the Annual Meeting of the Cognitive Science Society* (pp. 383–388). Hillsdale, NJ: Lawrence Erlbaum.

De Bot, K. (2008). Introduction: Second language development as a dynamic process. *Modern Language Journal, 92*(2), 166–178.

De Bot, K., Lowie, W., & Verspoor, M. (2007). A dynamic systems theory approach to second language acquisition. *Bilingualism: Language and Cognition, 10*(1), 7–21.

De Villiers, J. G., & de Villiers, P. A. (1973). A cross-sectional study of the acquisition of grammatical morphemes in child speech. *Journal of*

Psycholinguistic Research, *2*(3), 267–278.

Dell, G. (1986). A spreading-activation theory of retrieval in sentence production. *Psychological Review*, *93*, 283–321.

Dijkstra, T., & Van Heuven, W. J. (2002). The architecture of the bilingual word recognition system: From identification to decision. *Bilingualism: Language and Cognition*, *5*(3), 175–197.

Doughty, C. J. & Long, M. H. (2003). *The handbook of second language acquisition*. Oxford: Blackwell.

Doumas, L. A., Hummel, J. E., & Sandhofer, C. M. (2008). A theory of the discovery and predication of relational concepts. *Psychological Review*, *115*(1), 1–43.

Duff, P. (1997). The lexical generation gap: A connectionist account of circumlocution in Chinese as a second language. In G. Kasper & E. Kellerman (Eds.), *Communication strategies: Psycholinguistic and sociolinguistic perspectives* (pp. 192–215). London: Longman.

Dulay, H. C., & Burt, M. K. (1974). Natural sequences in child second language acquisition. *Language Learning*, *24*(1), 37–53.

Dunn, L., & Dunn, L. (1997). *The Peabody Picture Vocabulary Test* (3rd edn). Circle Pines, MN: AGS.

Educational Testing Service (1987). *Secondary Level English Proficiency Test*. Princeton, NJ: Educational Testing Service.

Egi, T. (2007). Interpreting recasts as linguistic evidence: The roles of linguistic target, length, and degree of change. *Studies in Second Language Acquisition*, *29*(4), 511–537.

Ellis, A. W., & Lambon Ralph, M.A. (2000). Age of acquisition effects in adult lexical processing reflect loss of plasticity in maturing systems: Insights from connectionist networks. *Journal of Experimental Psychology: Learning, Memory, and Cognition*, *26*(5), 1103–1123.

Ellis, N. C. (1996). Sequencing in SLA: Phonological memory, chunking and points of order. *Studies in Second Language Acquisition*, *18*, 91–126.

Ellis, N. C. (1998). Emergentism, connectionism and language learning. *Language Learning*, *48*, 631–664.

Ellis, N. C. (1999). Cognitive approaches to SLA. *Annual Review of Applied Linguistics, 19*, 22–42.

Ellis, N. C. (2002). Frequency effects in language processing. *Studies in Second Language Acquisition, 24*(2), 143–188.

Ellis, N. C. (2003). Constructions, chunking, and connectionism: The emergence of second language structure. In C. J. Doughty & M. H. Long (Eds.), *The handbook of second language acquisition* (pp. 63–103). Oxford: Blackwell.

Ellis, N. C. (2005). At the interface: Dynamic interactions of explicit and implicit language knowledge. *Studies in Second Language Acquisition, 27*, 305–352.

Ellis, N. C., & Collins, L. (2009). Input and second language acquisition: The roles of frequency, form, and function (Introduction to the special issue). *Modern Language Journal, 93*(3), 329–335.

Ellis, N. C., & Larsen-Freeman, D. (2009a). *Language as a complex adaptive system*. Chichester, UK: John Wiley.

Ellis, N. C., & Larsen-Freeman, D. (2009b). Constructing a second language: Analyses and computational simulations of the emergence of linguistic constructions from usage. *Language Learning, 59*(Supplement 1), 93–128.

Ellis, N. C., & Robinson, P. (2008). An introduction to cognitive linguistics, second language acquisition, and language instruction. In P. Robison & N. C. Ellis (Eds.), *Handbook of cognitive linguistics and second language acquisition* (pp. 3–24). New York: Routledge.

Ellis, N. C., & Sagarra, N. (2010). Learned attention effects in L2 temporal reference: The first hour and the next eight semesters. *Language Learning, 60*(s2), 85–108.

Ellis, N. C., & Sagarra, N. (2011). Learned attention in adult language acquisition. *Studies in Second Language Acquisition, 33*(4), 589–624.

Ellis, N. C., & Schmidt, R. (1997). Morphology and longer distance dependencies: Laboratory research illuminating the A in SLA. *Studies in Second Language Acquisition, 19*, 145–171.

Ellis, N. C., & Schmidt, R. (1998). Rules or associations in the acquisition of morphology? The frequency by regularity interaction in human and PDP learning of morphosyntax. *Language and Cognitive Processes*, *13*, 307–336.

Ellis, R. (1985). *Understanding second language acquisition*. Oxford: Oxford University Press.

Ellis, R. (1992). Learning to communicate in the classroom. *Studies in Second Language Acquisition*, *14*(1), 1–23.

Ellis, R. (2004). The definition and measurement of L2 explicit knowledge. *Language Learning*, *54*(2), 227–275.

Ellis, R. (2005). Measuring implicit and explicit knowledge of a second language: A psychometric study. *Studies in Second Language Acquisition*, *27*(2), 141–172.

Ellis, R. (2006). Modelling learning difficulty and second language proficiency: The differential contributions of implicit and explicit knowledge. *Applied Linguistics*, *27*(3), 431–463.

Elman, J. L. (1989). Connectionist approaches to acoustic/phonetic processing. In W. Marslen-Wilson (Ed.), *Lexical representation and process* (pp. 227–260). Cambridge, MA: MIT Press.

Elman, J. L. (1990). Finding structure in time. *Cognitive Science*, *14*, 179–211.

Elman, J. L. (1991). Distributed representations, simple recurrent networks, and grammatical structure. *Machine Learning*, *7*, 195–225.

Elman, J. L. (1993). Learning and development in neural networks: The importance of starting small. *Cognition*, *48*, 71–99.

Elman, J. L., Bates, E. A., Johnson, M. H., Karmiloff-Smith, A., Parisi, D., & Plunkett, K. (1996). *Rethinking innateness: A connectionist perspective on development*. Cambridge, MA: MIT Press.

Engber, C. A. (1995). The relationship of lexical proficiency to the quality of ESL compositions. *Journal of Second Language Writing*, *4*(2), 139–155.

Ervin, S. M. (1964). Imitation and structural change in children's language. In E. Lenneberg (Ed.), *New directions in the study of language* (pp. 163–189). Cambridge, MA: MIT Press.

Fantuzzi, C. (1992). Connectionism: Explanation or implementation? *Issues in Applied Linguistics, 3*, 319–340.

Fantuzzi, C. (1993). Does conceptualization equal explanation in SLA? *Issues in Applied Linguistics, 4*, 295–314.

Fauconnier, G. (1985). *Mental spaces: Aspects of meaning construction in natural language.* Cambridge, MA: MIT Press.

Feldman, J. A. (1986). Neural representation of conceptual knowledge (Technical Report TR 189). Rochester, NY: University of Rochester, Department of Cognitive Science.

Festman, J., & Clahsen, H. (2016). How Germans prepare for the English past tense: Silent production of inflected words during EEG. *Applied Psycholinguistics, 37*(2), 487–506.

Fillmore, C. J. (1988). The mechanics of "Construction Grammar." In *Proceedings of the 14th Annual Meeting of the Berkeley Linguistic Society* (pp. 35–55). Berkeley, CA: Berkeley Linguistics Society.

Fillmore, C. J., Kay, P., & O'Connor, M. C. (1988). Regularity and idiomaticity in grammatical constructions: The case of let alone. *Language, 64*, 501–538.

Fitch, W. T., Hauser, M. D., & Chomsky, N. (2005). The evolution of the language faculty: Clarifications and implications. *Cognition, 97*(2), 179–210.

Fitz, H., & Chang, F. (2017). Meaningful questions: The acquisition of auxiliary inversion in a connectionist model of sentence production. *Cognition, 166*, 225–250.

Flege, J. E. (1992). Speech learning in a second language. In C. A. Ferguson, L. Menn, & C. Stoel-Gammon (Eds.), *Phonological development: Models, research, implications* (pp. 565–604). Timonium, MD: York Press.

Flege, J. E., Munro, M. J., & MacKay, I. R. A. (1995). Factors affecting strength of perceived foreign accent in a second language. *Journal of the Acoustical Society of America, 97*, 3125–3134.

Flege, J. E., Yeni-Komshian, G. H., & Liu, S. (1999). Age constraints on second language acquisition. *Journal of Memory and Language, 41*, 78–104.

Fodor, J. A., & Pylyshyn, Z. W. (1988). Connectionism and cognitive architecture: A critical analysis. *Cognition, 28*(1), 3–71.

Forster, K. I., & Davis, C. (1984). Repetition priming and frequency attenuation in lexical access. *Journal of Experimental Psychology: Learning, Memory, and Cognition, 10*, 680–698.

Francis, W., & Kučera, H. (1982). *Frequency analysis of English usage: Lexicon and grammar*. Boston, MA: Houghton Mifflin.

Freeman, W. J. (1987). Simulation of chaotic EEG patterns with a dynamic model of the olfactory system. *Biological Cybernetics, 56*, 139–150.

French, R. M., & Jacquet, M. (2004). Understanding bilingual memory: Models and data. *Trends in Cognitive Sciences, 8*(2), 87–93.

Frost, R., Deutsch, A., & Forster, K. I. (2000). Decomposing morphologically complex words in a nonlinear morphology. *Journal of Experimental Psychology: Learning, Memory and Cognition, 26*, 751–765.

Fukushima, K. (1980). Neocognitron: A self organizing neural network model for a mechanism for pattern recognition unaffected by shift in position. *Biological Cybernetics, 36*, 193–202.

García Mayo, M. D. P. (2006). Synthetic compounding in the English interlanguage of Basque–Spanish bilinguals. *International Journal of Multilingualism, 3*(4), 231–257.

Gass, S., & Alvarez-Torres, M. (2005). Attention when? An investigation of the ordering effect of input and interaction. *Studies in Second Language Acquisition, 27*, 1–31.

Gasser, M. E. (1988). A connectionist model of sentence generation in a first and second language. Ph.D. dissertation, University of California, Los Angeles.

Gasser, M. E. (1990). Connectionism and universals of second language acquisition. *Studies in Second Language Acquisition, 12*, 179–199.

Gasser, M. (1997). Transfer in a connectionist model of the acquisition of morphology. In G. Booij & J. van Marle (Eds.), *Yearbook of morphology 1996* (pp. 97–115). Dordrecht: Kluwer Academic..

Geeraerts, D. (2010). Recontextualizing grammar: Underlying trends in thirty years of cognitive linguistics. In E. Tabakowska, M. Choi ́nski, & L. Wiraszka (Eds.), *Cognitive linguistics in action: From theory to application and back* (pp. 71–102). Berlin: Mouton de Gruyter.

Gibson, E. A. F. (1992). On the adequacy of the competition model [Review of *The crosslinguistic study of sentence processing*]. *Language, 68*, 812–830.

Givón, T. (1979). *On understanding grammar*. New York: Academic Press.

Goldberg, A. E. (1995). *Constructions: A construction grammar approach to argument structure*. Chicago: University of Chicago Press

Goldberg, A. E. (2003). Constructions: A new theoretical approach to language. *Trends in Cognitive Sciences, 7*(5), 219–224.

Goodman, J. C., Dale, P. S., & Li, P. (2008). Does frequency count? Parental input and the acquisition of vocabulary. *Journal of Child Language, 35*(3), 515–531.

Gor, K., & Cook, S. (2010). Nonnative processing of verbal morphology: In search of regularity. *Language Learning, 60*(1), 88–126.

Gordon, P. C. (1985). Level-ordering in lexical development. *Cognition, 21*, 73–93.

Goto, H. (1971). Auditory perception by normal Japanese adults of the sounds "l" and "r". *Neuropsychologia, 9*(3): 317–323.

Grainger, J., & Jacobs, A. M. (Eds.) (1998). *Localist connectionist approaches to human cognition*. Mahwah, NJ: Lawrence Erlbaum.

Gregg, K. R. (1993). Taking explanation seriously; or, let a couple of flowers bloom. *Applied Linguistics, 14*, 276–294.

Gregg, K. R. (2003). The state of emergentism in second language acquisition. *Second Language Research, 19*(2), 95–128.

Grossberg, S. (1976). Adaptive pattern classification and universal recoding: I. Parallel development and coding of neural feature detectors. *Biological Cybernetics, 23*(3), 121–134.

Gvozdev, A. D. (1961). *Voprosy izucheniya detskoy rechi* [Problems of studying children's speech]. Moscow: Izdatelstvo Akademii Pedagogicheskikh Nauk RSFSR. Cited in Taraban and Kempe (1999).

Hahn, U., & Nakisa, R. C. (2000). German inflection: Single or dual route? *Cognitive Psychology, 41*, 313–360.

Hahne, A., Mueller, J. L., & Clahsen, H. (2006). Morphological processing in a second language: Behavioral and event-related brain potential evidence for storage and decomposition. *Journal of Cognitive Neuroscience, 18*(1), 121–134.

Hakuta, K. (1974). A preliminary report on the development of grammatical morphemes in a Japanese girl learning English as a second language. *Working Papers on Bilingualism, 3*, 18–38.

Hakuta, K., Bialystok, E., & Wiley, E. (2003). Critical evidence: A test of the critical-period hypothesis for second-language acquisition. *Psychological Science, 14*(1), 31–38.

Harley, B., & King, M. L. (1989). Verb lexis in the written compositions of young L2 learners. *Studies in Second Language Acquisition, 11*(4), 415–440.

Harris, C. L. (1989). A connectionist approach to the story of over. In *Proceedings of the Fifteenth Annual Meeting of the Berkeley Linguistics Society* (pp. 126–137). Berkeley, CA: Berkeley Linguistics Society.

Harris, C. L. (1992a). Connectionism and cognitive linguistics. In N. Sharkey (Ed.), *Connectionist natural language processing: Readings from connection science* (pp. 1–27). Dordrecht: Kluwer Academic.

Harris, C. L. (1992b). Understanding English past-tense formation: The shared meaning hypothesis. In *Proceedings of the 14th Annual Conference of the Cognitive Science Society* (pp. 100–105). Hillsdale, NJ: Lawrence Erlbaum.

Harris, C. L. (1993). Using old words in new ways: The effect of argument structure, form class and affixation. *CLS 29: Papers from parasession on the correspondence of conceptual, semantic and grammatical representations* (pp. 139–153). Chicago: Chicago Linguistic Society.

Harris, C. L., & Shirai, Y. (1997). Selecting past-tense forms for new words: What's meaning got to do with it. In M. G. Shafto & P. Langley (Eds.), *Proceedings of the Nineteenth Annual Conference of the Cognitive Science Society* (pp. 295–300). Mahwah, NJ: Lawrence Erlbaum.

Hartshorne, J. K., Tenenbaum, J. B., & Pinker, S. (2018). A critical period for second language acquisition: evidence from 2/3 million English speakers. *Cognition, 177,* 263–277

Haskell, T. R., MacDonald, M. C., & Seidenberg, M. S. (2003). Language learning and innateness: Some implications of compounds research. *Cognitive Psychology, 47*(2), 119–163.

Hatch, E. M. (1978). Introduction. In E. M. Hatch (Ed.), *Second language acquisition: A book of readings* (pp. 1–18). Rowley, MA: Newbury House.

Hatch, E., Shirai, Y., & Fantuzzi, C. (1990). The need for an integrated theory: Connecting modules. *TESOL Quarterly, 24,* 697–716.

Hauser, M. D., Chomsky, N., & Fitch, W. T. (2002). The faculty of language: What is it, who has it, and how did it evolve? *Science, 298,* 1569–1579.

Hawson, A. (1996). A neuroscientific perspective on second language learning and academic achievement. *Bilingual Review, 21,* 101–122.

Hebb, D. O. (1949). *The organization of behavior: A neuropsychological approach.* New York: John Wiley.

Henning, M., & Roitblat, H. (1991). Developmental stages of negation: A connectionist model. Paper presented at Second Language Research Forum, University of Southern California, Los Angeles.

Hernandez, A., & Li, P. (2007). Age of acquisition: Its neural and computational mechanisms. *Psychological Bulletin, 133*(4), 638–650.

Hernandez, A. E., Hofmann, J., & Kotz, S. A. (2007). Age of acquisition modulates neural activity for both regular and irregular syntactic functions. *NeuroImage, 36*(3), 912–923.

Hernandez, A., Li, P., & MacWhinney, B. (2005). The emergence of competing modules in bilingualism. *Trends in Cognitive Sciences, 9*(5), 220–225.

Hernandez, A. E., Kotz, S. A., Hoffman, J., Valentin, V. V., Dapretto, M., Bookheimer, S. Y. (2004). The neural correlates of grammatical gender decisions in Spanish. *NeuroReport, 15,* 863–866.

Hilles, S. (1986). Interlanguage and the pro-drop parameter. *Second Language Research, 2,* 33–52.

Hirata, Y. (2004). Training native English speakers to perceive Japanese length contrasts in word versus sentence contexts. *Journal of the Acoustical Society of America, 116*(4), 2384–2394.

Hopper, P. J. (1987). Emergent grammar. In *Annual Meeting of the Berkeley Linguistics Society* (pp. 139–157). Berkeley, CA: Berkeley Linguistics Society.

Housen, A. (2000). Verb semantics and the acquisition of tense–aspect in L2 English. *Studia Linguistica, 54,* 249–259.

Housen, A. (2002). The development of tense-aspect in English as a second language and the variable influence of inherent aspect. In R. M. Salaberry & Y. Shirai (Eds.), *The L2 acquisition of tense-aspect morphology* (pp. 155–198). Amsterdam: John Benjamins.

Huang, Y. T., & Pinker, S. (2010). Lexical semantics and irregular inflection. *Language and Cognitive Processes, 25*(10), 1411–1461.

Hulstijn, J. H. (2003). Connectionist models of language processing and the training of listening skills with the aid of multimedia software. *Computer Assisted Language Learning, 16*(5), 413–425.

Hulstijn, J. H., & Hulstijn, W. (1984). Grammatical errors as a function of processing constraints and explicit knowledge. *Language Learning, 34*(1), 23–43.

Hulstijn, J. H., Ellis, R., & Eskildsen, S. W. (2015). Orders and sequences in the acquisition of L2 morphosyntax, 40 years on: An introduction to the special issue. *Language Learning, 65*(1), 1–5.

Hummel, J. E., & Holyoak, K. J. (1997). Distributed representations of structure: A theory of analogical access and mapping. *Psychological Review, 104,* 427–466.

Hyams, N. (1986). *Language acquisition and the theory of parameters.*

Dordrecht: Reidel.

Ijaz, I. H. (1986). Linguistic and cognitive determinants of lexical acquisition in a second language. *Language Learning, 36*(4), 401–451.

Ingram, D. (1989). *First language acquisition: Method, description, and explanation.* Cambridge: Cambridge University Press.

Ingvalson, E. M., Holt, L. L., & McClelland, J. L. (2012). Can native Japanese listeners learn to differentiate /r–l/ on the basis of F3 onset frequency? *Bilingualism: Language and Cognition, 15*(2), 255–274.

Ingvalson, E. M., McClelland, J. L., & Holt, L. L. (2011). Predicting native English-like performance by native Japanese speakers. *Journal of Phonetics, 39*(4), 571–584.

Ioup, G., Boustagui, E., El Tigi, M., & Moselle, M. (1994). Reexamining the critical period hypothesis: A case study of successful adult SLA in a naturalistic environment. *Studies in second language acquisition, 16*(1), 73–98.

Jackendoff, R., & Pinker, S. (2005). The nature of the language faculty and its implications for evolution of language (Reply to Fitch, Hauser, and Chomsky). *Cognition, 97*(2), 211–225.

Jaeger, J. J., Lockwood, A. H., Kemmerer, D. L., Van Valin Jr, R. D., Murphy, B. W., & Khalak, H. G. (1996). A positron emission tomographic study of regular and irregular verb morphology in English. *Language, 72,* 451–497.

Jensen, K.A., & Ulbaek, I. (1994). The learning of the past tense of Danish verbs: Language learning in neural networks. *Applied Linguistics, 15,* 15–35.

Johnson, J. & Newport, E. (1989). Critical period effects in second language learning: the influence of maturational state on the acquisition of English as a second language. *Cognitive Psychology, 21,* 60–69.

Karmiloff-Smith, A. (1986). Stage/structure versus phase/process in modeling linguistic and cognitive development. In I. Levin (Ed.), *Stage and structure: Reopening the debate* (pp. 164–190). Norwood, NJ: Ablex.

Kay, P., & Fillmore, C. J. (1999). Grammatical constructions and linguistic generalizations: The *What's X doing Y?* construction. *Language, 75*(1), 1 –33.

Kellerman, E. (1978). Giving learners a break: Native speaker intuitions as a source of predictions about transferability. *Working Papers on Bilingualism, 15,* 59–92.

Kellerman, E. (1983). Now you see it, now you don't. In S. M. Gass & L. Selinker (Eds.), *Language transfer in language learning* (pp. 112–134). Rowley, MA: Newbury House.

Kempe, V., & MacWhinney, B. (1997). On-line processing of morphological cues: Evidence from Russian and German. Manuscript, University of Toledo. (Cited in Kempe & MacWhinney, 1998.)

Kempe, V., & MacWhinney, B. (1998). The acquisition of case marking by adult learners of Russian and German. *Studies in Second Language Acquisition, 20,* 543–587.

Keuleers, E., Sandra, D., Daelemans, W., Gillis, S., Durieux, G., & Martens, E. (2007). Dutch plural inflection: The exception that proves the analogy. *Cognitive Psychology, 54*(4), 283–318.

Kielar, A., Joanisse, M. F., & Hare, M. L. (2008). Priming English past tense verbs: Rules or statistics? *Journal of Memory and Language, 58*(2), 327–346.

Kim, J. J., Marcus, G. F., Pinker, S., Hollander, M. & Coppola, M. (1994). Sensitivity of children's inflection to grammatical structure. *Journal of Child Language, 21,* 173–209.

Kim, J. J., Pinker, S., Prince, A., & Prasada, S. (1991). Why no mere mortal has ever flown out to center field. *Cognitive Science, 15,* 173–218.

Kiparsky, P. (1982). Lexical phonology and morphology. In I. S. Yang (Ed.), *Linguistics in the morning calm* (pp. 3–91). Seoul: Hansin.

Klein, W., & Perdue, C. (1997). The basic variety (or: Couldn't natural languages be much simpler?). *Second Language Research, 13*(4), 301–347.

Koda, K. (1989). The effects of transferred vocabulary knowledge on the development of L2 reading proficiency. *Foreign Language Annals, 22*(6), 529–540.

Koda, K. (1996). L2 word recognition research: A critical review. *Modern Language Journal, 80,* 450–460.

Koda, K. (2004). *Insights into second language reading: A cross-linguistic approach.* Cambridge: Cambridge University Press.

Koda, K. (2007). Reading and language learning: Crosslinguistic constraints on second language reading development. *Language Learning, 57*(s1), 1–44.

Koda, K. (2012). Development of second language reading skills: Cross-linguistic perspectives. In S. Gass & A. Mackey (Eds.), *The Routledge handbook of second language acquisition* (pp. 303–318). New York: Routledge.

Koda, K., & Zehler, A. M. (Eds.). (2008). *Learning to read across languages: Cross-linguistic relationships in first-and second-language literacy development.* New York: Routledge.

Kohonen, T. (1972). Correlation matrix memories. *IEEE Transactions on Computers, C-21,* 353–359.

Kohonen, T. (1982). Self-organized formation of topologically correct feature maps. *Biological Cybernetics, 43,* 59–69.

Kohonen, T. (1993). Physiological interpretation of the self-organizing map algorithm. *Neural Networks, 6,* 895–905.

Kohonen, T. (2001). *Self-organizing maps* (3rd edn). Berlin: Springer-Verlag.

Koike, I. (1981). Second language acquisition of grammatical structures and relevant verbal strategies. Unpublished doctoral dissertation, Georgetown University, Washington, DC.

Köpcke, K. M., & Zubin, D. A. (1983). Die kognitive Organisation der Genuszuweisung zu den einsilbigen Nomen der deutschen Gegenwartssprache. *Zeitschrift für germanistische Linguistik, 11*(2), 166–182.

Köpcke, K., & Zubin, D. (1984). Sechs Prinzipein fur die Genuszuweisung im Deutschen: Ein Beitrag zur natürlichen Klassifikation. *Linguistiche Berichte, 93,* 26–50.

Krashen, S. D. (1977). Some issues relating to the monitor model. In H. Brown, C. Yorio, & R. Crymes (Eds.), *On TESOL '77: Teaching and learning English as a Second Language: Trends in research and practice* (pp. 144–158). Washington, DC: TESOL.

Krashen, S. D. (1981). *Second language acquisition and second language learning.* New York: Pergamon.

Kučera, H., & Monroe, G. K. (1968). *A comparative quantitative phonology of Russian, Czech, and German.* New York: Elsevier.

Kuhl, P. K. (1991). Human adults and human infants show a "perceptual magnet effect" for the prototypes of speech categories, monkeys do not. *Attention, Perception, & Psychophysics, 50*(2), 93–107.

Kuhl, P. K. (2000). A new view of language acquisition. *Proceedings of the National Academy of Sciences, 97*(22), 11850–11857.

Kuhn, T. (1962). *The structure of scientific revolutions.* Chicago: University of Chicago Press.

Labov, W. (1969). Contraction, deletion, and inherent variability of the English copula. *Language, 45*(4), 715–762.

Lachter, J., & Bever, T. G. (1988). The relation between linguistic structure and associative theories of language learning: A constructive critique of some connectionist learning models. *Cognition, 28*(1), 195–247.

Ladd, D. R., Remijsen, B., & Manyang, C. A. (2009). On the distinction between
regular and irregular inflectional morphology: Evidence from Dinka. *Language, 85*(3), 659–670

Lakoff, G. (1987). *Women, fire, and dangerous things: What categories reveal about the mind.* Chicago: University of Chicago Press.

Lakoff, G. (1988). A suggestion for a linguistics with connectionist foundations. In D. S. Touretzky, G. E. Hinton, & T. J. Sejnowski (Eds.), *Proceedings of the 1988 Connectionist Models Summer School* (pp. 301–314). San Mateo, CA: Morgan Kaufmann.

Lalleman, J. A., van Santen, A. J., & van Heuven, V. J. (1997). L2 processing of Dutch regular and irregular verbs. *ITL-International Journal of Applied Linguistics, 115*(1), 1-26.

Lambert, W. E., & G. R. Tucker (1972). *Bilingual education of children: The St. Lambert experiment.* Rowley, MA: Newbury House.

Landauer, T. K., & Dumais, S. T. (1997). A solution to Plato's problem: The latent semantic analysis theory of acquisition, induction, and representation of knowledge. *Psychological Review, 104*(2), 211-240.

Langacker, R. W. (1987). *Foundations of cognitive grammar: Vol. 1, Theoretical prerequisites.* Stanford, CA: Stanford University Press.

Langacker. R. (1988). A usage-based model. In B. Rudzka-Ostyn (Ed.), *Topics in cognitive linguistics* (pp. 127-161). Amsterdam: John Benjamins.

Lardiere, D. (1995a). L2 acquisition of English synthetic compounding is not constrained by level-ordering (and neither, probably, is L1). *Second Language Research, 11*, 20-56.

Lardiere, D. (1995b). Differential treatment of regular vs irregular inflection in compounds as nonevidence for level-ordering. *Second Language Research, 11*, 267-269.

Larsen-Freeman, D. (1976). An explanation for the morpheme acquisition order of second language learners. *Language Learning, 26*(1), 125-134.

Larsen-Freeman, D. (1985). State of the art on input in second language acquisition. In S. Gass & C. Madden (Eds.), *Input in second language acquisition* (pp. 433-444). Rowley, MA: Newbury House.

Larsen-Freeman, D. (1997). Chaos/complexity science and second language acquisition. *Applied Linguistics, 18*, 141-165.

Larsen-Freeman, D. (2006). The emergence of complexity, fluency, and accuracy in the oral and written production of five Chinese learners of English. *Applied Linguistics, 27*(4), 590-619.

Larsen-Freeman, D., & Cameron, L. (2008). *Complex systems and applied linguistics.* Oxford: Oxford University Press.

Larsen-Freeman, D., & Long, M. H. (1990). *Introduction to second language acquisition research*. London: Longman.

LeCun, Y., Bengio, Y., & Hinton, G. (2015). Deep learning. *Nature, 521*(7553), 436–444.

Lenneberg, E. (1967). *Biological foundations of language*. New York: Wiley.

Li, P. (2009). Lexical organization and competition in first and second languages: Computational and neural mechanisms. *Cognitive Science, 33*(4), 629–664.

Li, P., & Farkas, I. (2002). A self-organizing connectionist model of bilingual processing. In R. Heredia & J. Altarriba (Eds.), *Bilingual sentence processing* (pp. 59–88). North Holland: Elsevier Science.

Li, P., & Shirai, Y. (2000). *The acquisition of lexical and grammatical aspect*. Berlin: Mouton de Gruyter.

Li, P., Zhao, X., & MacWhinney, B. (2007). Dynamic self-organization and early lexical development in children. *Cognitive Science, 31*, 581–612.

Long, M. H. (1990). Maturational constraints on language development. *Studies in Second Language Acquisition, 12*, 251–286.

Long, M. H. (2006). *Problems in SLA*. Mahwah, NJ: Lawrence Erlbaum Associates.

Long, M. H., & Doughty, C. J. (2003). SLA and cognitive science. In C. J. Doughty & M. H. Long (Eds.), *The handbook of second language acquisition* (pp. 866–870). Oxford: Blackwell.

Lück, M., Hahne, A., Friederici, A., & Clahsen, H. (2001). Developing brain potentials in children: An ERP study of German noun plurals. Paper presented at the 26th Boston University Conference on Language Development, November.

Luk, Z. P. S., & Shirai, Y. (2009). Is the acquisition order of grammatical morphemes impervious to L1 knowledge? Evidence from the acquisition of plural -s, articles, and possessive 's. *Language Learning, 59*(4), 721–754.

Lukács, Á., & Pléh, C. (1999). Hungarian cross-modal priming and treatment of nonsense words supports the dual-process hypothesis. *Behavioral and Brain Sciences, 22*(6), 1030–1031.

Lyster, R. (2006). Predictability in French gender attribution: A corpus analysis. *Journal of French Language Studies, 16*(1), 69–92.

MacKay, D. G. (1987). *The organization of perception and action: A theory for language and other skills.* New York: Springer-Verlag.

MacKay, D. G. (1988). Under what conditions can theoretical psychology survive and prosper? Integrating the rational and empirical epistemologies. *Psychological Review, 95,* 559–565.

Mackey, A. (1999). Input, interaction and second language development. *Studies in Second Language Acquisition, 21,* 557–587.

MacNamara, J. (1982). *Names for things: A study of human learning.* Cambridge, MA: MIT Press.

MacWhinney, B. (1978). Processing a first language: The acquisition of morphophonology. *Monographs of the Society for Research in Child Development, 43.*

MacWhinney, B. (1989). Competition and connectionism. In B. MacWhinney & E. Bates (Eds.), *The crosslinguistic study of sentence processing* (pp. 423–457). New York: Cambridge University Press.

MacWhinney, B. (1993). Connections and symbols: Closing the gap. *Cognition, 49*(3), 291–296.

MacWhinney, B. (Ed.). (1999). *The emergence of language.* Mahwah, NJ: Lawrence Erlbaum.

MacWhinney, B. (2000). *The CHILDES project: Tools for analyzing talk.* Mahwah, NJ: Lawrence Erlbaum.

MacWhinney, B. (2004). A multiple process solution to the logical problem of language acquisition. *Journal of Child Language, 31*(4), 883-914.

MacWhinney, B. (2005). A unified model of language acquisition. In J. F. Kroll & A. M. B. de Groot (Eds.), *Handbook of bilingualism: Psycholinguistic approaches* (pp. 49–67). Oxford: Oxford University Press.

MacWhinney, B., & Bates, E. (1994). The competition model and UG. Unpublished manuscript, Carnegie Mellon University. Available at:

http://repository.cmu.edu/cgi/viewcontent.cgi?article=1191&context
=psychology

MacWhinney, B., & Leinbach, J. (1991). Implementations are not conceptualizations: Revising the verb learning model. *Cognition, 40*, 121–157.

MacWhinney, B., & O'Grady, W. (2015). *The handbook of language emergence*. Chichester, West Sussex: John Wiley.

MacWhinney, B., Leinbach, J., Taraban, R., & McDonald, J. (1989). Language learning: Cues or rules? *Journal of Memory and Language, 28*(3), 255–277.

Maratsos, M. (1982). The child's construction of grammatical categories. In E. Wanner & L. Gleitman (Eds.), *Language acquisition: The state of the art* (pp. 240–266). Cambridge: Cambridge University Press.

Maratsos, M., & Chalkley, M. A. (1980). The internal language of children's syntax: The ontogenesis and representation of syntactic categories. In K. E. Nelson (Ed.), *Children's language. Vol. 2* (pp. 127–214). New York: Gardner Press.

Marchman, V. A. (1993). Constraints on plasticity in a connectionist model of the English past tense. *Journal of Cognitive Neuroscience, 5*, 215–234.

Marchman, V. A. (1997). Children's productivity in the English past tense: The role of frequency, phonology, and neighborhood structure. *Cognitive Science, 21*(3), 283–304.

Marcus, G. F. (1993). Negative evidence in language acquisition. *Cognition, 46*(1), 53–85.

Marcus, G. F. (1995). L2 learners treat regular and irregular inflection differently in compounding. *Second Language Research, 11*, 88–89.

Marcus, G. (2009). How does the mind work? Insights from biology. *Topics in Cognitive Science, 1*(1), 145–172.

Marcus, G. (2014). PDP and symbol manipulation: What's been learned since 1986? In P. Calvo & J. Symons (Eds.), *The architecture of cognition: Rethinking Fodor and Pylyshyn's systematicity challenge* (pp. 103–114).

Cambridge, MA: MIT Press.

Marcus, G. F., Brinkmann, U., Clahsen, H., Wiese, R., & Pinker, S. (1995). German inflection: The exception that proves the rule. *Cognitive Psychology, 29*(3), 189–256.

Marcus, G.F., Brinkmann, U., Clahsen, H., Wiese, R., Woest, A., & Pinker, S. (1993). German inflection: The exception that proves the rule. Occasional Paper No. 47. Center for Cognitive Science, MIT, Cambridge, MA.

Marslen-Wilson, W. D., & Tyler, L. K. (2003). Capturing underlying differentiation in the human language system. *Trends in Cognitive Sciences, 7*(2), 62–63.

Matthews, C. (1999). Connectionism and French gender attribution: Sokolik and Smith revisited. *Second Language Research, 15*, 412–427.

Matthews, C. (2013). On the analogical modelling of the English past-tense: A critical assessment. *Lingua, 133*, 360–373

Matthews, D. E., & Theakston, A. L. (2006). Errors of omission in English-speaking children's production of plurals and the past tense: The effects of frequency, phonology, and competition. *Cognitive Science, 30*(6), 1027–1052.

McCandliss, B. D., Fiez, J. A., Protopapas, A., Conway, M., & McClelland, J. L. (2002). Success and failure in teaching the [r]-[l] contrast to Japanese adults: Predictions of a Hebbian model of plasticity and stabilization in spoken language perception. *Cognitive, Affective and Behavioral Neuroscience, 2*(2), 89–108.

McClelland, J. L. (1998). Complementary learning systems in the brain: A connectionist approach to explicit and implicit cognition and memory. *Annals of the New York Academy of Sciences, 843*(1), 153–169.

McClelland, J. L. (2006). How far can you go with Hebbian learning, and when does it lead you astray? In Y. Munakata, & M. H. Johnson (Eds.), *Processes of change in brain and cognitive development: Attention and performance XXI* (pp. 33–69). Oxford: Oxford University Press.

McClelland, J. L. (2014). Learning to discriminate English /r/ and /l/ in adulthood: Behavioral and modeling studies. *Studies in Language Sciences: Journal of the Japanese Society for Language Sciences, 13*, 32–52.

McClelland, J. L., & Patterson, K. (2002). Rules or connections in past-tense inflections: What does the evidence rule out? *Trends in Cognitive Sciences, 6*(11), 465–472.

McClelland, J. L., & Rumelhart, D. E. (1988). *Explorations in Parallel Distributed Processing: Handbook of models, programs, and exercises.* Cambridge, MA: MIT Press.

McClelland, J. L., Botvinick, M. M., Noelle, D. C., Plaut, D. C., Rogers, T. T., Seidenberg, M. S., & Smith, L. B. (2010). Letting structure emerge: Connectionist and dynamical systems approaches to cognition. *Trends in Cognitive Sciences, 14*(8), 348–356.

McClelland. J. L., McNaughton. B. L., & O'Reilly. R. C. (1995). Why there are complementary learning systems in the hippocampus and neocortex: Insights from the successes and failures of connectionist models of learning and memory. *Psychological Review, 102*(3), 419–457.

McClelland, J. L., Rumelhart, D. E., & the PDP Research Group (Eds.). (1986). *Parallel Distributed Processing: Explorations in the microstructures of cognition. Vol. 2, Psychological and biological models.* Cambridge, MA: MIT Press.

McClelland, J., Thomas, A., McCandliss, B., & Fiez, J. (1999). Understanding failures of learning: Hebbian learning, competition for representational space, and some preliminary experimental data. In J. Reggia, E. Ruppin, & D. Glanzman (Eds.), *Progress in brain research. Disorders of brain, behavior and cognition: The neurocomputational perspective* (Vol. 121, pp. 75–80). Amsterdam: Elsevier.

McCloskey, M., & Cohen, N. J. (1989). Catastrophic interference in connectionist networks: The sequential learning problem. In G. H. Bower (Ed.), *The psychology of learning and motivation, Vol. 24* (pp. 109–165). New York: Academic Press.

McClure, E. (1991). A comparison of lexical strategies in L1 and L2 written English narratives. *Pragmatics and Language Learning, 2*, 141–154.

McLaughlin, B. (1978). The monitor model: Some methodological considerations. *Language learning, 28*(2), 309–332.

McLaughlin, B., & Harrington, M. (1989). Second language acquisition. *Annual Review of Applied Linguistics, 10,* 122–134.

Meara, P., Rogers, C., & Jacobs, G. (2000). Vocabulary and neural network in the computational assessment of texts written by second-language learners. *System, 28,* 345–354.

Medin, D. L., & Schaffer, M. M. (1978). Context theory of classification learning. *Psychological Review, 85*(3), 207–238.

Meisel, J. M., Clahsen, H., & Pienemann, M. (1981). On determining developmental stages in natural second language acquisition. *Studies in Second Language Acquisition, 3*(2), 109–135.

Mellow, J. D. (2004). Connectionism, HPSG signs and SLA representations: Specifying principles of mapping between form and function. *Second Language Research, 20*(2), 131–165.

Mellow, D., & Stanley, K. (2002). Theory development in applied linguistics: Toward a connectionist framework for understanding second language acquisition. *Issues in Applied Linguistics, 13*(1), 3–40.

Meunier, F., & Marslen-Wilson, W. (2000). Regularity and irregularity in French inflectional morphology. In *Proceedings of the 22nd Annual Meeting of the Cognitive Science Society* (pp. 346–351). Mahwah, NJ: Lawrence Erlbaum.

Minsky, M. L. & Pappert, S. (1969). *Perceptrons.* Cambridge, MA: MIT Press.

Mitchell, R., & Myles, F. (1998). *Second language learning theories.* New York: Routledge.

Moonen, M., de Graaff, R., Westhoff, G., & Brekelmans, M. (2014). The multi-feature hypothesis: Connectionist guidelines for L2 task design. *Language Teaching Research, 18*(4), 474–496.

Muljani, D., Koda, K., & Moates, D. R. (1998). The development of word recognition in a second language. *Applied Psycholinguistics, 19,* 99–113.

Murakami, A., & Alexopoulou, T. (2016). L1 influence on the acquisition order of English grammatical morphemes. *Studies in Second Language*

Acquisition, 38(3), 365–401.

Murphy, V. A. (1997). The effect of modality on a grammaticality judgement task. *Second Language Research, 13*(1), 34–65.

Murphy, V.A. (2000). Compounding and the representation of L2 morphology. *Language Learning, 50,* 153–197.

Murphy, V. A. (2004). Dissociable systems in second language inflectional morphology *Studies in Second Language Acquisition, 26*(3), 433–459.

Murphy, V. A., & Hayes, J. (2010). Processing English compounds in the first and second language: The influence of the middle morpheme. *Language Learning, 60*(1), 194–220.

Neidle, C. (1982). Case agreement in Russian. In J. Bresnan (Ed.), *The mental representation of grammatical relations* (pp. 391–426). Cambridge, MA: MIT Press.

Nelson, K. E. (1977). Facilitating children's syntax acquisition. *Developmental Psychology, 13*(2), 101–107.

Nelson, R. (2013). Expanding the role of connectionism in SLA theory. *Language Learning, 63*(1), 1–33.

Neubauer, K., & Clahsen, H. (2009). Decomposition of inflected words in a second language: An experimental study of German participles. *Studies in Second Language Acquisition, 31*(3), 403–435.

Newell, A. (1980). Physical symbol systems. *Cognitive Science, 4*(2), 135–183.

Newell, A., & Simon, H. A. (1976). Computer science as empirical inquiry: Symbols and search. *Communications of the ACM, 19*(3), 113–126.

Newport, E. L. (1990). Maturational constraints on language learning. *Cognitive Science, 14,* 11–28.

Ney, J. W., & Pearson, B. A. (1990). Connectionism as a model of language learning: Parallels in foreign language teaching. *Modern Language Journal, 74,* 474–482.

Norman, D.A. (1986). Reflections on cognition and parallel distributed processing. In J. L. McClelland, D. E. Rumelhart & the PDP Research Group (Eds.), *Parallel distributed processing: Explorations in the microstructures of cognition.* (Vol. 2) *Psychological and biological models* (pp. 531–546). Cambridge, MA: MIT Press.

Oller, J. W. (1976). Evidence for a general language proficiency factor: An expectancy grammar. *Die neueren sprachen, 75*(2), 165–174.

Oller, J. W. (1983). Some working ideas for language teaching. In J. W. Oller & P. A. Richard-Amato (Eds.), *Methods that work: A smorgasbord of ideas for language teachers* (pp. 3–20). Rowley, MA: Newbury House.

O'Malley, J. M., Chamot, A. U., & Walker, C. (1987). Some applications of cognitive theory to second language acquisition. *Studies in Second Language Acquisition, 9*(3), 287–306.

O'Reilly, R. C., Bhattacharyya, R., Howard, M. D., & Ketz, N. (2014). Complementary learning systems. *Cognitive Science, 38*(6), 1229–1248.

Orsolini, M., & Marslen-Wilson, W. D. (1997). Universals in morphological representation: Evidence from Italian. *Language and Cognitive Processes, 12*, 1–47.

Oyama, S. (1976). A sensitive period for the acquisition of a nonnative phonological system. *Journal of Psycholinguistic Research, 5*(3), 261–283.

Paulston, C. B. (1970). Structural pattern drills: A classification. *Foreign Language Annals, 4*(2), 187–193.

Pavlenko, A., & Jarvis, S. (2002). Bidirectional transfer. *Applied Linguistics, 23*(2), 190–214.

Penke, M., Weyerts, H., Gross, M., Zander, E., Münte, T., & Clahsen, H. (1997). How the brain processes complex words: An event-related potential study of German verb inflections. Cognitive Brain Research 6, 37–52.

Perdue, C. (Ed.) (1993). *Adult language acquisition: cross-linguistic perspectives. Volume 1, Field methods.* Cambridge: Cambridge University Press.

Pinker, S. (1984). *Language learnability and language development.* Cambridge, MA: Harvard University Press.

Pinker, S. (1991). Rules of language. *Science, 253*, 530–535.

Pinker, S. (1998). *Words and rules. Lingua, 106*, 219–242.

Pinker, S. (1999). *Words and rules: The ingredients of language.* New York: Basic Books.

Pinker, S. (2013). *Learnability and cognition: The acquisition of argument structure* (2nd edn). Cambridge, MA: MIT Press.

Pinker, S., & Jackendoff, R. (2005). The faculty of language: What's special about it? *Cognition, 95*(2), 201–236.

Pinker, S. & Mehler, J. (Eds.). (1989). *Connections and symbols.* Cambridge, MA: MIT Press.

Pinker, S., & Prince, A. (1988). On language and connectionism: Analysis of a parallel distributed processing model of language acquisition. *Cognition, 28,* 73–193.

Pinker, S., & Prince, A. (1991). Regular and irregular morphology and the psychological status of rules of grammar. In *Proceedings of the 17th Annual Meeting of the Berkeley Linguistic Society* (pp. 230–251). Berkeley, CA: Berkeley Linguistics Society.

Pinker, S., & Ullman, M. T. (2002). The past and future of the past tense. *Trends in Cognitive Sciences, 6*(11), 456–463.

Pitts, W., & McCulloch, W. S. (1947). How we know universals the perception of auditory and visual forms. *The Bulletin of Mathematical Biophysics, 9*(3), 127–147.

Pliatsikas, C., & Marinis, T. (2013). Processing of regular and irregular past tense morphology in highly proficient second language learners of English: A self-paced reading study. *Applied Psycholinguistics, 34*(5), 943–970.

Plunkett, K. (1995). Connectionist approaches to language acquisition. In P. Fletcher & B. MacWhinney (Eds.), *The handbook of child language* (pp. 36–72). Oxford: Blackwell.

Plunkett, K., & Elman, J. L. (1997). *Exercises in rethinking innateness.* Cambridge MA: MIT Press.

Plunkett, K., & Marchman, V. (1991). U-shaped learning and frequency effects in a multi-layered perceptron: Implications for child language acquisition. *Cognition, 38,* 43–102.

Plunkett, K., & Marchman, V. (1993). From rote learning to system building: Acquiring verb morphology in children and connectionist net. *Cognition, 48,* 21–69.

Port, R. F., & van Gelder, T. (1991). Representing aspects of language. In *Proceedings of the 13th Annual Meeting of Cognitive Science Society* (pp. 487–492). Hillsdale, NJ: Lawrence Erlbaum.

Port, R. F., & van Gelder, T. (Eds.) (1995). *Mind as motion: Explorations in the dynamics of cognition.* Cambridge, MA: MIT Press.

Prasada, S., & Pinker, S. (1993). Generalization of regular and irregular morphological patterns. *Language and Cognitive Processes, 8,* 1–56.

Prasada, S., Pinker, S., & Snyder, W. (1990). Some evidence that irregular forms are retrieved from memory but regular forms are rule-governed. Paper presented at the 31st meeting of the Psychonomic Society, New Orleans.

Purcell, E. T., & Suter, R. W. (1980). Predictors of pronunciation accuracy: A reexamination. *Language Learning, 30,* 271–87.

Purves, D. (1986). The trophic theory of neural concentrations. *Trends in Neurosciences, 9,* 486–489.

Quillian, M. R. (1968). Semantic memory. In M. Minsky (Ed.), *Semantic information processing* (pp. 227–270). Cambridge, MA: MIT Press.

Radford, A. (1990). *Syntactic theory and the acquisition of English syntax: The nature of early child grammars of English.* Oxford: Blackwell.

Ramscar, M. (2002). The role of meaning in inflection: Why the past tense does not require a rule. *Cognitive Psychology, 45*(1), 45–94.

Reid, A., & Marslen-Wilson, W. D. (2002). Regularity and irregularity in an inflectionally complex language: Evidence from Polish. In *Proceedings of the 23rd Annual Conference of the Cognitive Science Society.* Mahwah, NJ: Lawrence Erlbaum.

Rice, M. L., & Wexler, K. (2001). *Test of early grammatical impairment.* New York: The Psychological Corporation.

Rivers, W. M. (1983). *Communicating naturally in a second language: Theory and practice in language teaching.* Cambridge: Cambridge University

Press.

Robenalt, C., & Goldberg, A. E. (2016). Nonnative speakers do not take competing alternative expressions into account the way native speakers do. *Language Learning, 66*(1), 60–93.

Rocca, S. (2002). Lexical aspect in child second language acquisition of temporality: A bidirectional study. In R. M. Salaberry & Y. Shirai (Eds.), *The L2 acquisition of tense-aspect morphology* (pp. 249–284). Amsterdam: John Benjamins.

Rocca, S. (2007). *Child second language acquisition: A bi-directional study of English and Italian tense-aspect morphology*. Amsterdam: John Benjamins.

Rogers, T. T., & McClelland, J. L. (2014). Parallel distributed processing at 25: Further explorations in the microstructure of cognition. *Cognitive Science, 38*(6), 1024–1077.

Rohde, A. (1996). The aspect hypothesis and emergence of tense distinction in naturalistic L2 acquisition. *Linguistics, 34*, 1115–1138.

Rohde, D. L. T., & Plaut, D. C. (1999). Language acquisition in the absence of explicit negative evidence: How important is starting small? *Cognition, 72*, 67–109.

Rohde, D. L., & Plaut, D. C. (2003). Less is less in language acquisition. In P. T. Quinlan (Ed.), *Connectionist models of development* (pp. 189–231). Hove, UK: Psychology Press.

Rosenblatt, F. (1961). *Principles of neurodynamics: Perceptrons and the theory of brain mechanisms*. Washington, DC: Spartan Press.

Rosi, F. (2009a). Connectionist modelling of aspect acquisition in Italian L2. *EUROSLA Yearbook, 9*, 4–32.

Rosi, F. (2009b). *Learning aspect in Italian L2: Corpus annotation, acquisitional patterns, and connectionist modeling*. Milan: FrancoAngeli.

Rumelhart, D. E. (1990). Brain style computation: Learning and generalization. In S. F. Zornetzer, J. L. Davis, & C. Lau (Eds.), *An introduction to neural and electronic networks* (pp. 405–420). San Diego, CA: Academic Press.

Rumelhart, D. E., & McClelland, J. L. (1986). On learning the past tenses of English verbs. In J. L. McClelland, D. E. Rumelhart, & the PDP Research Group (Eds.), *Parallel distributed processing. Explorations in the microstructures of cognition: Vol. 2. Psychological and biological models* (pp. 216–271). Cambridge, MA: MIT Press.

Rumelhart, D. E., & McClelland, J. L. (1987). Learning the past tenses of English verbs: Implicit rules or parallel distributed processing? In B. MacWhinney (Ed.), *Mechanisms of language acquisition* (pp.195–248). Hillsdale, NJ: Lawrence Erlbaum.

Rumelhart, D. E., McClelland, J. L., & the PDP Research Group (Eds.) (1986). *Parallel distributed processing: Exploration in the microstructures of cognition: Vol. 1. Foundations.* Cambridge, MA: MIT Press.

Ryan, A., & Meara, P. (1991). The case of the invisible vowels: Arabic speakers reading English words. *Reading in a Foreign Language, 7,* 531–540.

Sachs, J., Bard, B., & Johnson, M. L. (1981). Language learning with restricted input: Case studies of two hearing children of deaf parents. *Applied Psycholinguistics, 2*(1), 33–54.

Sag, I., & Wasow, T. (1999). *Syntactic theory: A formal introduction.* Stanford, CA: CSLI Publications.

Sagarra, N., & Ellis, N. C. (2013). From seeing adverbs to seeing verbal morphology: Language experience and adult acquisition of L2 tense. *Studies in Second Language Acquisition, 35*(2), 261–290.

Sampson, G. (1987). Review of *Parallel distributed processing* by D. E. Rumelhart, J. L. McClelland, & the PDP research group. *Language, 63,* 871–886.

Sasaki, M. (1987). Is Uguisu an exceptional case of "idiosyncratic variation"? Another counterexample to the "natural order." *Chugoku-Shikoku Academic Society of Education Research Bulletin, 32,* 170–174 (in Japanese).

Saville-Troike, M. (1988). Private speech: Evidence for second language learning strategies during the 'silent' period. *Journal of Child Language,*

15(3), 567–590.

Schmidt, R. (1988). The potential of parallel distributed processing for SLA theory and research. *University of Hawaii Working Papers in ESL, 7*, 55–66.

Schmidt, R. W. (1990). The role of consciousness in second language learning. *Applied Linguistics, 11*(2), 129–158.

Schneider, W. (1987). Connectionism: Is it a paradigm shift for psychology? *Behavior Research Method, Instruments & Computers, 19*, 73–83.

Schumann, J. H. (1990). Extending the scope of the acculturation/ pidginization model to include cognition. *TESOL Quarterly, 24*(4), 667–684.

Schumann, J. H. (1993). Some problems with falsification: An illustration from SLA research. *Applied Linguistics, 14*(3), 295–306.

Segalowitz, N. S., & Segalowitz, S. J. (1993). Skilled performance, practice, and the differentiation of speed-up from automatization effects: Evidence from second language word recognition. *Applied Psycholinguistics, 14*, 369–385.

Seidenberg, M. S. (1997). Language acquisition and use: Learning and applying probabilistic constraints. *Science, 275*, 1599–1603.

Seidenberg, M. S., & Hoeffner, J. H. (1998). Evaluating behavioral and neuroimaging data on past tense processing. *Language, 74*, 104–122.

Seidenberg, M. S., & McClelland, J. L. (1989). A distributed, developmental model of word recognition and naming. *Psychological Review, 96*(4), 523–568.

Seidenberg, M. S., & Plaut, D. C. (2014). Quasiregularity and its discontents: The legacy of the past tense debate. *Cognitive Science, 38*(6), 1190–1228.

Sejnowski, T. J., & Rosenberg, C. R. (1987). Parallel networks that learn to pronounce English text. *Complex Systems, 1*, 145–168.

Sereno, J. A., & Jongman, A. (1997). Processing of English inflectional morphology. *Memory & Cognition, 25*(4), 425–437.

Sharwood Smith, M. A. (1983). On first language loss in the second language acquirer: Problems of transfer. In S. M. Gass & L. Selinker (Eds.), *Language transfer in language learning* (pp. 222–231). Rowley, MA: Newbury House.

Shehadeh, A. (2002). Comprehensible output, from occurrence to acquisition: An agenda for acquisitional research. *Language Learning*, *52*(3), 597–647.

Sherkina-Lieber, M., Pérez-Leroux, A. T., & Johns, A. (2011). Grammar without speech production: The case of Labrador Inuktitut heritage receptive bilinguals. *Bilingualism: Language and Cognition*, *14*(3), 301–317.

Shibatani, M. (2016). The role of morphology in valency alternation phenomena. In T. Kageyama & W. Jacobsen (Eds.), *Transitivity and valency alternations: Studies on Japanese and beyond* (pp. 445–478). Berlin & Boston: De Gruyter Mouton.

Shin, S., & Milroy, L. (1999). Bilingual language acquisition by Korean schoolchildren in New York City. *Bilingualism: Language and Cognition*, *2*(2), 147–167.

Shintani, N., Li, S., & Ellis, R. (2013). Comprehension-based versus production-based grammar instruction: A meta-analysis of comparative studies. *Language Learning*, *63*(2), 296–329.

Shirai, Y. (1991). *Primacy of aspect in language acquisition: Simplified input and prototype.* Unpublished doctoral dissertation, University of California, Los Angeles.

Shirai, Y. (1992). Conditions on transfer: A connectionist approach. *Issues in Applied Linguistics*, *3*, 91–120.

Shirai, Y. (1997). Is regularization determined by semantics, or grammar, or both? Comments on Kim, Marcus, Pinker, Hollander & Coppola (1994). *Journal of Child Language*, *24*, 495–501.

Shirai, Y. (2009). Temporality in first and second language acquisition. In W. Klein & P. Li (Eds.), *The expression of time* (pp. 167–193). Berlin: Mouton de Gruyter.

Shirai, Y. (2010). Semantic bias and morphological regularity in the acquisition of tense-aspect morphology: What is the relation? *Linguistics, 48*(1), 171–194.

Shirai, Y. (2015). L2 acquisition of Japanese. In M. Nakayama (Ed.), *Handbook of Japanese psycholinguistics* (pp. 217–234). Berlin: de Gruyter Mouton.

Shirai, Y., & Andersen, R. W. (1995). The acquisition of tense/aspect morphology: A prototype account. *Language, 71*, 743–762.

Shirai, Y., & Juffs, A. (2017). Convergence and divergence in formal and functional approaches to SLA. Introduction to the Special Issue. *Second Language Research, 33*(1) 3–12.

Shirai, Y., & Yap, F.-H. (1993). In defense of connectionism. Issues in Applied Linguistics, 4, 119–133.

Silva, R., & Clahsen, H. (2008). Morphologically complex words in L1 and L2 processing: Evidence from masked priming experiments in English. *Bilingualism: Language and Cognition, 11*(2), 245-260.

Skinner, B. F. (1957). *Verbal behavior.* New York: Appleton-Century-Crofts.

Sokolik, M. E. (1990). Learning without rules: PDP and a resolution of the adult language learning paradox. *TESOL Quarterly, 24,* 685–696.

Sokolik, M. E., & Smith, M. E. (1992). Assignment of gender to French nouns in primary and secondary language: A connectionist model. *Second Language Research, 8,* 39–58.

Spencer, J. P., Thomas, M. S., & McClelland, J. L. (Eds.) (2009). *Toward a unified theory of development: Connectionism and dynamic systems theory re-considered.* Oxford: Oxford University Press.

Spolsky, B. (1988). Bridging the gap: A general theory of second language learning. *TESOL Quarterly, 22*(3), 377–396.

Squire, L. R. (1992). Memory and the hippocampus: A synthesis from findings with rats, monkeys, and humans. *Psychological Review, 99*(2), 195–231.

Stemberger, J. P. (1985). An interactive activation model of language production. In A. W. Ellis (Ed.), *Progress in the psychology of language* (pp.143–186). London: Lawrence Erlbaum.

Stemberger, J. P., & MacWhinney, B. (1986). Frequency and the lexical storage of regularly inflected forms. *Memory & Cognition, 14*(1), 17–26.

Sun, R. (2017). The CLARION Cognitive Architecture: Toward a comprehensive theory of mind. In S. C. F. Chipman (Ed.), *The Oxford handbook of cognitive science* (pp. 117–135). New York: Oxford University Press.

Sun, R., Slusarz, P., & Terry, C. (2005). The interaction of the explicit and the implicit in skill learning: A dual-process approach. *Psychological Review, 112*(1), 159–192.

Sutskever, I., Vinyals, O., & Le, Q. V. (2014). Sequence to sequence learning with neural networks. *Advances in Neural Information Processing Systems, 27*, 3104–3112.

Swain, M. (1985). Communicative competence: Some roles of comprehensible input and comprehensible output in its development. In S. Gass & C. Madden (Eds.), *Input in second language acquisition* (pp. 235–253). Rowley, MA: Newbury House.

Swain, M. (1995). Three functions of output in second language learning. In G. Cook & B. Seidlhofer (Eds.), *Principle and practice in applied linguistics* (pp. 125–144). Oxford: Oxford University Press.

Tanaka, N., & Shirai, Y. (2014). L1 acquisition of Japanese verb argument structure: How do children acquire grammar in the absence of clear evidence? In S. Nam, H. Ko, & J. Jun (Eds.), *Japanese/Korean Linguistics, 21* (pp. 281–295). Stanford, CA: CSLI Publications.

Tanaka, S., & Abe, H. (1985). Conditions on interlingual semantic transfer. In P. Larson, E. L. Judd, & D. S. Messerschmitt (Eds.), *On TESOL '84: A brave new world for TESOL* (pp. 101–120). Washington, DC: TESOL.

Taraban, R., & Kempe, V. (1999). Gender processing in native and nonnative Russian speakers. *Applied Psycholinguistics, 20*, 119–148.

Taraban, R., & Roark, B. (1996). Competition in learning language-based categories. *Applied Psycholinguistics, 17*(2), 125–148.

Tarone, E. (1988). *Variation in interlanguage.* London: Edward Arnold.

Thal, D., Tobias, S., & Morrison, D. (1991). Language and gesture in late talkers: A 1-year follow-up. *Journal of Speech, Language, and Hearing Research, 34*(3), 604-612.

Tomasello, M. (1992). *First verbs: A case study of early grammatical development.* Cambridge: Cambridge University Press.

Tomasello, M. (1998). The return of constructions. *Journal of Child Language, 25*(2), 431-442.

Tomasello, M. (2000). Do young children have adult syntactic competence? *Cognition, 74*, 209-253.

Tomasello, M. (2003). *Constructing a language: A usage-based theory of language acquisition.* Cambridge, MA: Harvard University Press.

Tomasello, M. (2004). What kind of evidence could refute the UG hypothesis? Commentary on Wunderlich. *Studies in Language, 28*(3), 642-645.

Tsapkini, K., Jarema, G., & Kehayia, E. (2002). Regularity revisited: Evidence from lexical access of verbs and nouns in Greek. *Brain and Language, 81*, 103-119.

Tucker, G. R., Lambert, W. E., & Rigault, A. (1977). *The French speaker's skill with grammatical gender: An example of rule-governed behavior.* Berlin: Mouton De Gruyter.

Ullman, M. T. (2004). Contributions of memory circuits to language: The declarative/procedural model. *Cognition, 92*(1), 231-270.

Ullman, M. T., Corkin, S., Coppola, M., Hickok, G., Growdon, J. H., Koroshetz, W. J., & Pinker, S. (1997). A neural dissociation within language: Evidence that the mental dictionary is part of declarative memory, and that grammatical rules are processed by the procedural system. *Journal of Cognitive Neuroscience, 9*(2), 266-276.

Vallabha, G. K., & McClelland, J. L. (2007). Success and failure of new speech category learning in adulthood: Consequences of learned Hebbian attractors in topographic maps. *Cognitive, Affective, & Behavioral Neuroscience, 7*(1), 53-73.

Vandergrift, L. (2007). Recent developments in second and foreign language listening comprehension research. *Language Teaching, 40*(3), 191–210

Van Gelder, T., & Port, R. F. (1995). It's about time: An overview of the dynamical approach to cognition. In R. F. Port & T. van Gelder (Eds.), *Mind as motion: Explorations in the dynamics of cognition* (pp. 1–43). Cambridge, MA: MIT Press.

Van Valin, R. D. (2017). The acquisition of WH-questions and the mechanisms of language acquisition. In M. Tomasello (Ed.) *The new psychology of language: Cognitive and functional approaches to language structure* (pp. 221–249). Mahwah, NJ: Lawrence Erlbaum Associates.

VanPatten, B. (1996). *Input processing and grammar instruction in second language acquisition.* Norwood, NJ: Ablex.

Vendler, Z. (1957). Verbs and times. *The Philosophical Review, 66,* 143–160.

Veríssimo, J., & Clahsen, H. (2009). Morphological priming by itself: A study of Portuguese conjugations. *Cognition, 112*(1), 187–194.

Von Neumann, J. (1956). Probabilistic logics and the synthesis of reliable organisms from unreliable components. In C. E. Shannon & J. McCarthy (Eds.), *Automata studies* (pp. 43–98). Princeton, NJ: Princeton University Press.

Waltz, D. L., & Pollack, J. B. (1985). Massively parallel parsing: A strongly interactive model of natural language interpretation. *Cognitive Science, 9,* 51–74.

Weist, R., Wysocka, H., Witkowska-Stadnik, K., Buczowska, E., & Konieczna, E. (1984). The defective tense hypothesis: On the emergence of tense and aspect in child Polish. *Journal of Child Language, 11,* 347–374.

Wesche, M., & Skehan, P. (2002). Communicative teaching, content-based instruction, and task-based learning. In R. Kaplan (Ed.), *Handbook of applied linguistics* (pp. 207–228). Oxford: Oxford University Press.

Westermann, G., & Ruh, N. (2012). A neuroconstructivist model of past tense development and processing. *Psychological Review, 119*(3), 649–667.

Wexler, K., & Culicover, P. (1980). *Formal principles of language acquisition*. Cambridge, MA: MIT Press.

White, L. (1987). Against comprehensible input: The input hypothesis and the development of second language competence. *Applied Linguistics, 8*(2), 95–110.

White, L. (1991). Argument structure in second language acquisition. *French Language Studies, 1*, 189–207.

Whitman, R. & Jackson, K. L. (1972). The unpredictability of contrastive analysis. *Language Learning, 22*, 29–41.

Williams, J. (2004). Implicit learning of form–meaning connections. In J. Williams, B. VanPatten, S. Rott, & M. Overstreet (Eds.), *Form–meaning connections in second language acquisition* (pp. 203–218). Mahwah, NJ: Lawrence Erlbaum.

Williams, J. N., & Kuribara, C. (2008). Comparing a nativist and emergentist approach to the initial stage of SLA: An investigation of Japanese scrambling. *Lingua, 118*(4), 522–553.

Wode, H. (1981). *Learning a second language: An integrated view of language acquisition*. Tübingen: Guntar Narr.

Yamashita, H., & F. Chang. (2006). Sentence production in Japanese. In M. Nakayama, R. Mazuka, & Y. Shirai (Eds.), *Handbook of East Asian psycholinguistics: Vol. 2, Japanese* (pp. 291–297). Cambridge: Cambridge University Press.

Yang, C., & Montrul, S. (2017). Learning datives: The Tolerance Principle in monolingual and bilingual acquisition. *Second Language Research, 33*(1), 119-144.

Yap, F.-H., & Shirai, Y. (1994). On the nature of connectionist explanations and connectionist conceptualizations. *Issues in Applied Linguistics, 5*, 173–194.

Zhao, X., & Li, P. (2006). Bilingual lexical representation in a self-organizing neural network. In R. Sun & N. Miyake (Eds.),

Proceedings of the 28th Annual Conference of the Cognitive Science Society (pp. 26–39). Vancouver: Cognitive Science Society.

Zhao, X., & Li, P. (2007). Bilingual lexical representation in a self-organizing neural network. In D. S. McNamara & J. G. Trafton (Eds.), *Proceedings of the 29th Annual Meeting of the Cognitive Science Society* (pp. 755–760). Austin, TX: Cognitive Science Society.

Zhao, X., & Li, P. (2008). Vocabulary development in English and Chinese: A comparative study with self-organizing neural networks. In B. C. Love, K. McRae & V. M. Sloutsky (Eds.), *Proceedings of the 30th Annual Conference of the Cognitive Science Society* (pp. 1900–1905). Austin, TX: Cognitive Science Society.

Zhao, X., & Li, P. (2009). Acquisition of aspect in self-organizing connectionist models. *Linguistics, 47*(5), 1075–1112.

Zhao, X., & Li, P. (2010). Bilingual lexical interactions in an unsupervised neural network model. *International Journal of Bilingual Education and Bilingualism, 13*(5), 505–524.

Zubin, D., & Köpcke, K. M. (1986). Gender and folk taxonomy: The indexical relation between grammatical and lexical categorization. In C. Craig (Ed.), *Noun classes and categorization* (pp. 139–180). Amsterdam: John Benjamins.

색인
INDEX

연결주의와 제2언어 습득

© 글로벌콘텐츠, 2021

1판 1쇄 인쇄_2021년 2월 10일
1판 1쇄 발행_2021년 2월 20일

지은이__Yasuhiro Shirai
옮긴이__정병철
펴낸이__홍정표
펴낸곳__글로벌콘텐츠
　　　　등록__제25100-2008-000024호

공급처__(주)글로벌콘텐츠출판그룹
　　　　대표__홍정표　이사_김미미　편집_하선연 문유진 권군오 이상민 홍명지　기획·마케팅__이종훈, 홍민지
　　　　주소__서울특별시 강동구 풍성로 87-6
　　　　전화__02) 488-3280　팩스__02) 488-3281
　　　　홈페이지__http://www.gcbook.co.kr
　　　　이메일__edit@gcbook.co.kr

값 18,000원
ISBN 979-11-5852-313-8 93370